PREFIXAÇÃO
na LÍNGUA PORTUGUESA
contemporânea

EDITORA AFILIADA

Comitê Editorial de Linguagem
Anna Christina Bentes
Cláudia Lemos Vóvio
Edwiges Maria Morato
Maria Cecília P. Souza-e-Silva
Sandoval Nonato Gomes-Santos
Sebastião Carlos Leite Gonçalves

Conselho Editorial de Linguagem
Adair Bonini (UFSC)
Arnaldo Cortina (UNESP – Araraquara)
Heliana Ribeiro de Mello (UFMG)
Heronides Melo Moura (UFSC)
Ingedore Grünfeld Villaça Koch – *In memoriam* (UNICAMP)
Luiz Carlos Travaglia (UFU)
Maria da Conceição A. de Paiva (UFRJ)
Maria das Graças Soares Rodrigues (UFRN)
Maria Eduarda Giering (UNISINOS)
Maria Helena de Moura Neves (UPM/UNESP – Araraquara)
Mariângela Rios de Oliveira (UFF)
Marli Quadros Leite (USP)
Mônica Magalhães Cavalcante (UFC)
Regina Célia Fernandes Cruz (UFPA)

Dados Internacionais de Catalogação na Publicação (CIP)
(Câmara Brasileira do Livro, SP, Brasil)

Rio-Torto, Graça
    Prefixação na língua portuguesa contemporânea / Graça Rio-Torto. — São Paulo : Cortez, 2019.

    Bibliografia.
    ISBN 978-85-249-2720-1

    1. Gramática 2. Língua portuguesa - Utilização de prefixos 3. Morfologia 4. Semântica I. Título.

19-24491   CDD-469.5

Índices para catálogo sistemático:
1. Prefixos da língua portuguesa : Morfologia : Linguística   469.5

Maria Paula C. Riyuzo - Bibliotecária - CRB-8/7639

Graça Rio-Torto

PREFIXAÇÃO
na LÍNGUA PORTUGUESA
contemporânea

São Paulo – SP

2019

PREFIXAÇÃO NA LÍNGUA PORTUGUESA CONTEMPORÂNEA
Graça Rio-Torto

Capa: de Sign Arte Visual
Edição de texto: Agnaldo Alves
Revisão: Nair Hitomi Kayo
Composição: Linea Editora
Coordenação editorial: Danilo A. Q. Morales

Nenhuma parte desta obra pode ser reproduzida ou duplicada sem autorização expressa da autora e do editor.

© 2019 by Graça Rio-Torto

Direitos para esta edição
CORTEZ EDITORA
Rua Monte Alegre, 1074 — Perdizes
05014-001 — São Paulo — SP
Tel. +55 11 3864 0111 / 3864 4290
E-mail: cortez@cortezeditora.com.br
www.cortezeditora.com.br

Impresso no Brasil — abril de 2019

Sumário

Lista de quadros 11

Lista de abreviaturas e convenções 15

Prefácio — *Maria Helena de Moura Neves* 17

Apresentação 21

1. **Propriedades dos prefixos** 25
   - 1.1 Não subespecificação categorial 26
   - 1.2 Combinatória monocategorial ou policategorial 27
   - 1.3 Classe categorial do produto e propriedades de recategorização do prefixo 28
   - 1.4 Estrutura prosódica 31
   - 1.5 Prefixos 'preposicionais' e prefixos 'adverbiais'/modificadores 33
   - 1.6 Prefixos 'externos/léxicos' e prefixos 'internos/funcionais'. 35
   - 1.7 Intervenção na estrutura argumental e aspectual da base 37
   - 1.8 Síntese: produtos com prefixos de valor preposicional e com prefixos de função modificativa/adverbial 42

1.9 Propriedades das bases e classes de prefixos...................... 44

    1.9.1 Natureza das bases adjetivas e possibilidades combinatórias... 44

    1.9.2 Restrições aspectuais das bases 48

1.10 Semântica 49

    1.10.1 Classes semânticas.. 49

    1.10.2 Heterossemia... 50

    1.10.3 Do sentido matricial aos sentidos cristalizados......... 57

1.11 Estudos sobre os prefixos do português: flutuações e invariantes.. 61

1.12 Preposições, prefixos e natureza dos produtos 71

1.13 As tênues fronteiras entre alguns prefixos e elementos presos de compostos.. 78

    1.13.1 Propriedades comuns a prefixos e constituintes de composição... 79

    1.13.2 Propriedades diferenciais entre prefixos e constituintes de compostos.................................... 80

    1.13.3 Escalaridade. Prefixos mais e menos prototípicos..... 88

1.14 Prefixos que já não são percepcionados como prefixos e palavras [± complexas] não derivadas............................... 91

2. Negação prefixal.. 95

2.1 Derivados em *a(n)*- 97

2.2 Derivados em *des*-... 98

2.3 Derivados em *in*-... 103

2.4 Derivados em *contra*- 106

2.5 Derivados em *anti*- de negação, oposição, contrário............ 108

2.6 Derivados em *não*-... 109

2.7 Síntese 112

3. Prefixos atitudinais 115

3.1 Derivados atitudinais em *anti-* e em *contra-* 115

3.2 Derivados em *pró-* 119

4. Derivados em *re-* com valor iterativo 123

5. Expressão prefixal de conjunção: *co-* 129

6. Expressão prefixal de movimento 133

6.1 Expressão de 'direção ou meta' adlativa/aproximativa
('em direção a') ou ilativa ('para dentro de') 134

6.2 Movimento de elatividade: 'procedência, afastamento',
'para fora de' 136

6.3 Movimento ascendente ('de baixo para cima') e
descendente ('de cima para baixo') 137

6.4 Movimento retroativo ('para trás') e movimento 'para
diante, tendente a' 137

6.5 Movimento 'através de' e 'para além de' 138

7. Expressão prefixal de localização espácio-temporal 141

7.1 Verticalidade: 'acima de' vs. 'abaixo de' 144

7.2 Horizontalidade: frontalidade/anterioridade espacial
vs. posterioridade espacial: 'face a/em frente a' vs.
'atrás de/por trás de' 145

7.3 Interioridade vs. exterioridade: 'interior a/exterior a', 'fora
de vs. dentro de' 146

7.4	Medialidade: 'no meio de, entre'	147
7.5	Adjacência, lateralidade: 'adjunto a', 'ao lado de'	148
7.6	Circundância: 'circundante a, à volta de'	148
7.7	Limiaridade (cislimiaridade vs. translimiaridade): 'aquém de' vs. 'além de'	149
7.8	Transversalidade: 'através de'	151
7.9	Localização temporal	152
7.10	Quadro de prefixos de localização espácio-temporal e de movimento	153

8. Expressão prefixal de ordenação escalar (hierarquia, taxonomia, avaliação) ... 157

8.1	Prefixos e bases	157
8.2	Patamar excessivo, excepcional, 'além de' alguma(s) propriedade(s) do que a base denota	163
8.3	Patamar supremo, máximo de alguma(s) propriedade(s) do que a base denota	165
8.4	Patamar de limiaridade, de medianidade, de 'proximidade/ mais ou menos próximo' de alguma(s) propriedade(s) do que a base denota	168
	8.4.1 Da partição equativa à medianidade, 'mais ou menos'	168
	8.4.2 Limiaridade	171
8.5	Patamar 'abaixo/aquém de' alguma(s) propriedade(s) do que a base denota	173

9. Expressão prefixal de dimensão ... 175

PREFIXAÇÃO NA LÍNGUA PORTUGUESA CONTEMPORÂNEA

10. Expressão prefixal de quantificação... 179

    10.1 Quantidade holonímica 182

    10.2 Quantidade precisa 182

        10.2.1 Cardinalidade multiplicativa... 182

        10.2.2 Submúltiplos e divisores... 184

    10.3 Quantidade imprecisa 186

11. Expressão prefixal de valor de identidade ((dis)semelhança, falsidade) e de dissonância/desconformidade 189

12. Expressão prefixal de reflexividade 193

13. Expressão prefixal de bilateralidade/reciprocidade 195

14. Da marginalidade locativa à limiaridade e proximidade ontológicas 199

15. Conspecto final 201

16. Exercícios: propostas e resolução 207

    16.1 Propostas de exercícios 208

    16.2 Propostas de soluções 221

17. Referências 237

    17.1 Fontes eletrônicas 247

    17.2 Fontes literárias 247

Lista de Quadros

Quadro 1	Algumas propriedades dos prefixos externos e dos internos..	36
Quadro 2	Combinatória de prefixos com bases adjetivas [± relacionais]..	45
Quadro 3	(Im)possibilidades combinatórias entre classes adjetivais e classes prefixais: algumas tendências..........	45
Quadro 4	Algumas propriedades dos prefixos compatíveis com bases qualificativas/tipicamente predicativas e classificatórias/tipicamente não predicativas...................	47
Quadro 5	Combinatória de prefixos com bases/predicados [± perfetivos]...	49
Quadro 6	Heterossemia de alguns prefixos..............................	52
Quadro 7	Manifestações de 'abaixo de' nos derivados em sub- (cf. Rio-Torto, 2012)...	53
Quadro 8	Para uma escala de especialização semântica de prefixos (cf. Rio-Torto; Nunes, 2009).........................	54
Quadro 9	Relação de intermediação codificada por *inter-* (cf. Rio-Torto, 2012)...	55
Quadro 10	Constituintes prefixais e não prefixais em Bechara (2004) e em Cunha e Cintra (1984)..........................	62

Quadro 11	Prefixos, falsos prefixos e elementos de composição: Acordo Ortográfico (1990).	62
Quadro 12	Prefixos e não prefixos no Acordo Ortográfico de 1945...	63
Quadro 13	Alteração de estatuto [+ prefixal] em Varela e Martín García (1999) e em Varela (2005)	65
Quadro 14	Unidades prefixais do português do Brasil (cf. Alves, 2000)	65
Quadro 15	Classes de palavras compósitas em Fernão de Oliveira (1536): "juntas" ou "compostas" e "tiradas" ou "derivadas"	67
Quadro 16	Estudos sobre prefixação no português realizados em Portugal	68
Quadro 17	Dados percentuais sobre os prefixos no português do Brasil organizados a partir de Alves (1993)	69
Quadro 18	Escala de percentagens de uso de prefixos no português do Brasil	69
Quadro 19	Preposições latinas e portuguesas e respectivos prefixos nesta língua	74
Quadro 20	Escala de gramaticalização das preposições portuguesas (cf. Castilho, 2004)	75
Quadro 21	Preposições portuguesas ± introdutoras de argumentos (cf. Neves, 2000)	76
Quadro 22	Marcas categoriais de constituintes neoclássicos	81
Quadro 23	Propriedades de prefixos e de constituintes de composição	82
Quadro 24	Constituintes de composição com posição variável	84
Quadro 25	Fronteiras vocálica e consonântica de constituintes prefixais e de composição: tendências dominantes	88
Quadro 26	Conspecto de propriedades comuns e não comuns a prefixos e constituintes de composição	90
Quadro 27	Classes de palavras quanto à sua [± composicionalidade] interna e à sua natureza [± derivada]	92

PREFIXAÇÃO NA LÍNGUA PORTUGUESA CONTEMPORÂNEA 13

Quadro 28 Prefixos portugueses prototípicos e respectivos produtos 96

Quadro 29 Tipos de bases compatíveis com *não* 111

Quadro 30 Expressão prefixal de oposição, negação, privação, contrariedade, contradição 113

Quadro 31 Expressão prefixal de oposição atitudinal 118

Quadro 32 Classes de derivados portadores do prefixo *re-* 123

Quadro 33 Classes de verbos e valores semânticos de *re-* 126

Quadro 34 Classes semânticas de verbos heterocategoriais prefixados em *a-* e em *en-* (Rio-Torto, 2004; Pereira, 2007) 135

Quadro 35 Classes semânticas de verbos heterocategoriais prefixados em *es-* (Rio-Torto, 2004; Pereira, 2007) 136

Quadro 36 Expressão prefixal de movimento (literal e figural) e respectivos prefixos 139

Quadro 37 Classes de expressão prefixal de localização 142

Quadro 38 Verticalidade ('acima/abaixo de') e limiaridade ('aquém/além de') 143

Quadro 39 Posição de superioridade e de inferioridade e respectivos prefixos 145

Quadro 40 Posição de anterioridade e de posterioridade e respectivos prefixos 146

Quadro 41 Posição de medialidade e respectivos prefixos 148

Quadro 42 Posição de circundância e respectivos prefixos 149

Quadro 43 Limiaridade ou distância/proximidade e respectivos prefixos 150

Quadro 44 Expressão prefixal de temporalidade 153

Quadro 45 Expressão prefixal de localização (espacial e/ou temporal) 154

Quadro 46 Expressão prefixal de avaliação 158

Quadro 47 Patamares de ordenação escalar avaliativa 161

Quadro 48 Natureza morfológica das bases com que *super-* se combina 165

Quadro 49 Combinatórias de *hemi-*, *mei-* e *semi-* 170

Quadro 50 Combinatórias de *hipo-*, *infra-* e *sub-* 173

Quadro 51 Expressão prefixal de dimensão 176

Quadro 52 Expressão prefixal de quantificação 180

Quadro 53 Expressão prefixal de identidade ((dis)semelhança, falsidade) 191

Quadro 54 Expressão prefixal de reflexividade 193

Quadro 55 Expressão prefixal de bilateralidade/reciprocidade 198

Quadro 56 Relações de interface heterossêmica 202

Quadro 57 Conspecto geral da distribuição dos prefixos por classes semânticas 205

Lista de abreviaturas e convenções

A = adjetivo
Adv. = advérbio
arc. = arcaico
cap. = capítulo
cast. = castelhano
cat. = catalão
cf. = confira
cit. = citado
cláss. = clássico
CD = complemento direto
CT = constituinte temático
ed. = edição
esp. = espanhol
ex. = exemplo
fem. = feminino
fig. = figurado (sentido), figurativo
fr. = francês
gr. = grego
GV= grupo verbal
id. = idem

i.e. = isto é
inf. = infinitivo
ing. = inglês
it. = italiano
IT = índice temático
lat. = latim, latino(a)
masc. = masculino
med. = medieval
N = nome
PB = português do Brasil
PE = português europeu
pl. = plural
pop. = popular
port. = português
prep. = preposição
RA = radical adjetival
rad. = radical
RFP = regra de formação de palavras
RN = radical nominal
RV = radical verbal

séc. = século
sg. = singular
SN = sintagma nominal
SU = sujeito
suf. = sufixo

vs. = versus
V = verbo
VT = vogal temática
* = forma agramatical

Quando não especificado, as descrições semânticas registradas representam uma síntese das obtidas (cf. Referências) a partir dos dicionários consultados (Aurélio, Michaelis, Porto Editora).

No conjunto das fontes eletrônicas consultadas, não se incluem na listagem final (cf. Referências) as que o foram de forma esporádica, sendo mencionadas no texto sempre que usadas.

Prefácio

Com a profunda inserção na teoria e na análise morfológica que sua trajetória testemunha, a professora Graça Maria Rio-Torto se lança, nesta obra, à zona de mais espinhoso manejo dentro de tal campo de estudo: a da prefixação. Não à toa ela coloca como um tema inaugural, em sua obra, a consideração dos desafios que lhe cumpre enfrentar na empreitada. Não se pode dizer que essa proposição seja apenas retórica; o que ela representa, relevantemente, é um real finca-pé na direção de desenvolvimentos ainda mais profundos, rigorosos e significativos, nesse "domínio marcado por alguma obscuridade", que é o da prefixação. Não é preciso dizer que essa noção de "obscuridade", em relação ao exame das formas prefixadas, tem relação com outro processo morfológico, que é o de "composição", ponto de discussão em que nossa autora entra, e com força, chegando mesmo à avaliação de casos que considera como de "fronteira com a composição", de que são exemplos formações como "equidistante", "pseudofunção", "parassimpático".

Comecemos pelo simples fato de que, dentro das pesquisas que tomam como objeto a "formação de palavras", a própria colocação tradicional em um plano comum de análise (no geral, sob a rubrica "derivação") dos processos **prefixação** e **sufixação** constitui uma questão se não controversa, pelo menos escorregadia. O que ocorre é que as divergências históricas entre os pesquisadores, quanto a essa organização de quadro, não são meramente "de opinião" e não podem ser buscadas em puros aportes de função argumentativa; elas têm seu cerne na própria ativação do processo morfológico, decorrendo não apenas da natureza particular de cada uma das duas "formas" que se organizam em uma palavra (ambas significativas, lembre-se), mas também daquela verdadeira "química" que ocorre na organização semântica da forma resultante. Assim postos em cotejo o processo de prefixação e o de sufixação, dificilmente poderá ser dito que o panorama seja de mera correlação, ou mera complementaridade, ou mera oposição. Aliás, não é de esquecer que o prefixo, nas línguas em geral (por exemplo, e de modo especialmente evidente, em grego clássico), já tem, originariamente, um estatuto de "classe de palavra" (prevalentemente, de preposição), e isso não é de desprezar, quando se examina, em contraponto, o estatuto dos sufixos, que já por definição são não autônomos.

É diante de tal complexidade que o texto conduz com muita clareza a importante noção da existência, no interior da palavra prefixada, de uma combinatória que parte de classes semânticas já previstas nos diversos domínios de organização e de processamento linguístico em língua portuguesa. Discute por todos os lados a resolução dessa combinatória, perseguindo regradamente a interfuncionalidade das duas peças envolvidas no processo de prefixação, com atenção especial para a complexidade que envolve a seleção (de classe e de semantismo), dos diferentes tipos de base, pelos diferentes prefixos ("preposicionais" ou "adverbiais"; 'internos' ou "externos"). Por exemplo, um prefixo de tal (sub)tipo elege uma base, e a resolução da combinatória lexical (e semântica) encaminha-se a partir da especificidade dessa base, que é, por exemplo: verbal ou adjetiva; transitiva ou intransitiva; estativa ou não estativa; télica ou não télica; adjetiva qualitativa ou relativa; (até) já prefixada, ou preposicionalmente ou adverbialmente; etc. Na contraparte, o texto nada fica a dever quanto à explicitação da possibilidade de um prefixo preposicional intervir na estrutura argumental ou no aspecto lexical (a *Aktionsart*) da base, ou até quanto à capacidade de determinados prefixos se reduplicarem, na combinação. E não falta, ainda, a abertura para uma visão menos presa à pura avaliação componencial, no que diz respeito ao semantismo das diferentes formas "prefixadas": vai-se aos "sentidos lexicalizados", que não anulam o valor matricial da forma, mas que se afastam em graus diversos do sentido composicional, chegando a apresentar-se de uma forma considerada "cristalizada". Vêm, e muito elucidativamente, como exemplos: o caso das palavras (gramaticalizadas) *entretanto* e *sobretudo*, consideradas como "totalmente cristalizadas no seu semantismo", e o caso menos extremo de palavras do estoque mais lexical da língua (por exemplo, verbos), como "conviver", "rebuscar", "ressentir".

A autora já instala seu estudo entrando na natureza semântica do processo (significativamente lembrando "modificação conceptual" e "reanálise"). Isso a leva a penetrar na "composicionalidade" das palavras prefixadas, bem como a lembrar a maior ou menor opacidade das formas, e ainda a contemplar, com pertinência, a possível visão holística que se pode chegar a ter de tais formas, em decorrência, por exemplo, de uma nova maneira de perceber como a palavra "é sentida". Trata-se de um importante enquadramento teórico de processos internos à palavra (morfológicos) naquela típica visão funcional(ista) de que não se pode olhar os fatos gramaticais da língua (funções e categorias) por uma concepção de que na língua existam fronteiras estanques *a priori* estabelecidas.

Outra marca reveladora dessa sensibilidade é a atenção para a prototipia, de grande validade pelo que representa de um correto entendimento das relações da gramática com a cognição. Trata-se de um conceito que também decorre de admitir-se a existência de vaguidade nos limites categoriais, admissão que está na base de formulações que esta obra abriga (por exemplo: "os adjetivos relacionais comungam de várias propriedades com os nomes") e que, por outro lado, está explicitamente assumida na apresentação da obra: "Em articulação com a teoria dos protótipos, adota-se uma concepção não discreta das unidades, das categorias e das funções linguísticas". Essa sensibilidade para a consideração funcional dos fatos, já desde o plano da morfologia, é visível em outros pontos da obra, por exemplo, no tratamento das propriedades dos "adjetivos com comportamento nominal", cuja discussão passa por observações como estas:

> Estas propriedades confirmam a necessidade de as classes derivacionais serem consideradas de forma não discreta, mas em contínuo e em interface. [...] Uma visão não discreta, mas escalar, radial e interarticulada das diferentes funções de um prefixo explica o seu comportamento multifacetado [...]. (p. 73).

Fica evidenciada uma visão que não desconhece o relevante fato de que, no uso linguístico, há uma redefinição contínua da relação entre formas e funções, ou seja, uma redefinição contínua do sistema. E, aliás, por aí se vai, com muita felicidade, à "arquitetura da linguagem", como lembra nossa autora, e consequentemente se vai à "arquitetura da gramática" (como lembro eu).

Afinal, com não menor destaque, merecem menção duas condutas de pesquisa que caracterizam e valorizam a obra: a abundante disponibilização de dados empíricos a abonar as considerações descritivas, e, a partir da descrição das classes semânticas, o avanço para apontamento de algumas delas como quase "universais".

Cabe, enfim, registrar a felicidade e o orgulho de vermos publicada no Brasil esta obra de referência que se põe como de consulta imprescindível, tanto na sustentação de aparato teórico quanto na proposição de procedimento analítico, em estudos de morfologia que visem a atingir uma amplificada visão funcional da expressão prefixal em linguagem.

Maria Helena de Moura Neves

Apresentação

Fabio Montermini deu a um livro seu o título *Il lato sinistro della morfologia. La prefissazione in italiano e nelle lingue del mondo*: ora, o adjetivo *sinistro* quer dizer 'esquerdo', pois os prefixos ocorrem à esquerda das unidades lexicais a que se acoplam, mas *sinistro* significa também 'funesto, de mau agouro, ameaçador, sombrio, cruel'. Não diria que a prefixação tem esse lado funesto que tal título também pode sugerir, mas partilho da opinião de muitos falantes que consideram a prefixação como um domínio marcado por alguma obscuridade, o que torna a sua abordagem mais desafiadora.

A prefixação é um processo de construção de palavras cuja delimitação de fronteiras se revela espinhosa. Assim é porque a prefixação partilha características em comum com a composição, configurando um contínuo, em cada polo do qual há constituintes mais e menos prototípicos.

Não há dois entendimentos iguais sobre quais são os prefixos da língua portuguesa. Há divergências teóricas que presidem a cada forma de considerar o que são e o que não são prefixos por contraste com, por exemplo, os constituintes de composição, e quais são e quais não são os prefixos da língua. Como fonte dessas divergências, podem convocar-se as questões formais e morfológicas de delimitação dos constituintes e o facto de a semântica dos prefixos se revelar bastante reticente a uma unívoca organização.

Muitos dos prefixos da língua portuguesa têm origem em prefixos, em preposições ou em modificadores (adverbiais, adjetivais) greco-latinos, como se observa nos exemplos seguintes.

	Modificadores adverbiais/adjetivais	Preposições	
Origem grega	autoexame megamanifestação policultura pseudotronco	antibalas hipermercado hipoglicemia	
Origem latina	minicurso multicolorido pluridisciplinar recém-casado semiautomático	antecontrato coautor contra-argumento ex-polícia infrassom interligação pós-exílio	pré-datar pró-americano sobreaquecer submundo super-herói ultrarresistente

Mas o facto de assim ser, isto é, de os prefixos terem origem preposicional e/ou adverbial, não faz deles preposições ou advérbios. Durante largos séculos (cf. Rio-Torto, 2014c), e em consonância com os modelos teóricos da época, os prefixos da língua portuguesa foram encarados como 'preposições que funcionam como prefixos'. Este estado de coisas é bastante saliente até à época de Jerônimo Soares Barbosa (1822), que identifica dezesseis preposições que, em seu entender, podem operar como prefixos (*a, ante, apoz, até, com, contra, de, desde, em, entre, para, per, por, sem sob, sobre*). Carolina Michaëlis de Vasconcelos (1916) diferencia os prefixos com origem preposicional (*a-, ante-, contra-, de-, em-, entre-, por-, sobre-, so-, sota-, soto-, tras-, tra-, três-, ultra-*), dos prefixos de origem adverbial (*bem, bis, des, mal, menos, não, mil*). Mas alguns dos prefixos que arrola figuram em ambas as classes (*contra-, entre-, sobre-, so-*), o que corrobora a sublinhada polivalência destes formantes.

A semântica de cada um herda os traços que já possuíam na língua--mãe ao mesmo tempo que desenvolve outros que, ao longo dos séculos, se foram afirmando e consolidando na língua portuguesa, como nas demais línguas românicas. As modificações e extensões de sentido que alguns prefixos sofreram têm, pois, uma explicação diacrônica e conceptual, uma vez que, por exemplo, do primitivo valor locativo, literalmente considerado, se desenvolveram outros de localização conceptual, em que o cenário deixou o estritamente espacial para se deslocar para o nocional e/ou o atitudinal. No âmbito da localização vertical, por exemplo, houve evolução no sentido da expressão da hierarquia, da taxonomia, da avaliação.

Com efeito, os prefixos não estão imunes às alterações de sentido e de valor que afetam todas as unidades lexicais, pelo que se observam inflexões semânticas de vária ordem. Por exemplo, em *coabitar*, *corresponsável* convergem o sentido de conjunção (cf. 'habitar com', 'responsável em conjunto com') e de não hierarquia, traduzível por 'igualmente responsável'; já em *codiretor* o sentido de parceria coexiste, na prática, com o de colateralidade, de hierarquia, de tal modo que se infere que estamos perante um diretor/ dirigente principal e um seu *codiretor* ou *subdiretor*. Na prefixação, como nos demais domínios do léxico, abundam fenômenos de reanálise e de modificação conceptual que conferem a palavras derivadas novos sentidos, quase sempre coindexáveis aos composicionais.

Os prefixos podem sofrer acentuado desgaste, de tal modo que a palavra em que ocorrem já não é sentida como derivada. Assim acontece, por exemplo, em *colaborar, compensar, expurgar, prejuízo, proeminente, reprovar*. Nesses casos, em que não há consciência da composicionalidade formal e semântica do todo, é provável que as palavras sejam processadas de modo holístico. Dada a sua opacidade, reserva-se-lhes um comentário *ad hoc* em cada secção. Palavras como *entretanto* ou *sobretudo*, que são opacas no que diz respeito à sua composicionalidade morfológica e semântica, encontrando-se totalmente cristalizadas no seu semantismo (não correspondem a 'entre x' ou a 'sobre/acima de tudo') e no seu valor funcional, não são aqui consideradas como prefixalmente decomponíveis.

O enquadramento teórico com base no qual se desenvolve a pesquisa aqui plasmada é bastante polidimensional, e amplamente testado ao longo da investigação realizada pelos professores-investigadores do ensino superior que integram a equipa do CELGA-ILTEC, Centro de Estudos de Linguística Geral e Aplicada (http://celga.iltec.pt/), sediado na Faculdade de Letras da Universidade de Coimbra, e que nessa unidade de investigaçação e desen-volvimento (I&D) desenvolvem investigação sobre formação de palavras no português (Nunes, 2006, 2011; Pereira, 2000, 2007; Ribeiro, 2010; Ribeiro e Rio-Torto, 2010; Rio-Torto, 1993, 2004, 2006, 2012, 2014 a, b, c, 2016; e Rio-Torto e Ribeiro, 2009, 2012).

O quadro teórico poder-se-á descrever como léxico-semântico, e como claramente mais lexicalista que sintaticista, na medida em que, embora não ignorando as dimensões comuns à sintaxe e ao léxico duma língua, não subsume este na sintaxe, valorizando diferencialmente o modo como cada domínio se comporta para o funcionamento da linguagem.

O quadro de referências aqui usado apoia-se em Rodrigues (2008, 2012), nomeadamente na aplicação que esta faz ao léxico do modelo da 'arquitetura da linguagem' de Jackendoff e na reflexão empreendida por Pereira (2000, 2007) e por Nunes (2006, 2011) sobre a prefixação do português. No que diz respeito às fronteiras e relações entre a prefixação e a composição, escuda-se este trabalho na investigação desenvolvida por Ribeiro (2010), Ribeiro e Rio--Torto (2010), Rio-Torto (2014b, 2015, 2016) e Rio-Torto e Ribeiro (2009, 2012). Os estudos sobre o espanhol de Martín Garcia (1998, 2005), Felíu Arquiola (2003), Fábregas (2005, 2010), Felíu Arquiola e Fábregas (2003), Serrano-Dolader (2003) e S. Varela (1999, 2005), e os consagrados à composição por Scalise e Bisetto (2009), são também um suporte descritivo de grande influência no nosso pensamento. Em articulação com as teorias de protótipos, adota-se uma concepção não discreta das unidades, das categorias e das funções linguísticas.

Os dados empíricos foram recolhidos em fontes diversas:

i.   *corpora* contemporâneos, disponíveis em linha, nomeadamente

*   www.portaldalinguaportuguesa.org
*   www.linguateca.pt/CETEMPublico
*   www.linguateca.pt/CETENFolha

ii. dicionários, muitos dos quais em linha e elencados nas Referências;

iii. estudos sobre a prefixação.

Este livro encontra-se organizado da seguinte forma: o capítulo 1 é um capítulo introdutório, de explanação das propriedades dos prefixos e dos desafios teóricos que o seu estudo coloca.

Os capítulos 2 a 13 são de descrição das diferentes classes semânticas de prefixos. Antes das Referências, com que o livro termina, apresenta-se um capítulo de síntese das alterações semânticas registradas por alguns prefixos (cap. 14), um de conspecto final (cap. 15) e um de exercícios (cap. 16).

1

Propriedades dos prefixos

Os prefixos são aqui descritos com base num conjunto de propriedades que, em interface entre si, se conjugam para delimitar a identidade de cada um.

> Dos diferentes tipos de propriedades (prosódicas, morfológicas, categoriais, semânticas, funcionais, combinatórias), destacam-se neste livro como mais relevantes:
> (i) as propriedades de natureza semântica;
> (ii) as que assentam na função que os prefixos desempenham; e
> (iii) as propriedades de natureza combinatória e categorial.

As propriedades que se prendem com a estrutura morfológica das bases não se revelam de operacionalidade crucial, na medida em que as bases a que se acoplam os prefixos são necessariamente palavras, e o facto de serem simples ou complexas não tem consequências a qualquer nível, na maior parte dos casos. Prefixos há, como *a-*, *des-*, *in-*, *re-*, que se combinam quer com bases simples (cf. 1), quer com bases complexas (cf. 2). Mais do que a natureza complexa ou não das bases, avultam as propriedades de natureza semântica de que a estrutura morfológica se faz acompanhar, como o facto de a base denotar propriedades ou situações relacionais ou não.

(1) Prefixos a-, des-, in-, re- combinados com bases simples:
 a. acaule, amoral
 b. descrer, desleal, desfazer
 c. inábil, incumprir
 d. resseco, revelho, rever

(2) Prefixos a-, des-, in-, re- combinados com bases complexas:
 a. anaeróbico, analfabeto
 b. desarrumar, descentralizar, desconcentrar, desentorpecer, desmilitarizar, desmonetarizar, dessolidificar
 c. incapacitar, infertilidade
 d. recapitalizar, recompor

1.1 Não subespecificação categorial

Os prefixos, contrariamente a muitos sufixos e aos constituintes de compostos, não são subespecificados lexicalmente, ou seja, não são marcados como N ou como V, por exemplo. Tal não impede que alguns funcionem como modificadores, sejam numerais (*biconvexo, unimarca*), adverbiais (*superelegante, maxifuncional, revelho*) ou adjetivais (*minicomputador, pseudoamigo*). O que acontece é que os prefixos não têm informação categorial, não sendo portanto especializados para formar nomes, adjetivos ou verbos. Ao poder combinar-se com nomes, adjetivos e verbos, um mesmo prefixo não tem subespecificação categorial, como se comprova pelo facto de o produto continuar a ter a mesma marca categorial da base: nominal, em *mãe, ideia* e *supermãe* e *superideia*; adjetival em *lindo* e *superlindo*; verbal em *proteger* e *superproteger*.

(3) Base e produto nominal	(4) Base e produto adjetival	(5) Base e produto verbal
mãe: supermãe	*lindo: superlindo*	*proteger: superproteger*
ideia: superideia	*surdo: supersurdo*	*vender: supervender*

Esta propriedade dos prefixos tem explicação nas primitivas funções que desempenhavam, pois na sua origem muitos dos prefixos tinham estatuto de preposições ou advérbios, e não de agentes de denominação, o que se reflete no seu atual funcionamento e na sua não subespecificação categorial.

A não especificação categorial é comum aos afixos avaliativos, que também não são marcados categorialmente: assim se observa em (6-7), pois os produtos mantêm as marcas categoriais das bases, sem que os sufixos interfiram na classe lexical final dos derivados.

(6) a. *muro > murinho*
     b. *verde > verdinho, esverdear > esverdinhar*
     c. *escrever > escrevinhar*
(7) a. *guerra > guerrilha*
     b. *negro > negrilho*
     c. *ferver > fervilhar*

Com exceção dos afixos avaliativos (cf. Rio-Torto, 1993), os demais sufixos são portadores de marcas categoriais. Ou seja, *-ismo* (cf. Barbosa, 2012), *-ção* (cf. Rodrigues, 2008), *-ite* são marcados como nominalizadores, *-mente* como adverbializador, *-esc-*, *-ific-*, *-iz-* (cf. Pereira, 2007) como verbalizadores.

A observação atenta dos diferentes processos de formação de palavras atuantes na língua portuguesa (cf. Graça Rio-Torto (org.) et al., 2016) permite constatar que a capacidade denominativa é dominante na composição, como se observa pelo nomes *água-pé*, *bebê-proveta*, *saca-rolhas*, *saia-calça*, assim como na derivação por nominalização, seja isocategorial (*laranjal, pazada, sandocha*), seja heterocategorial (*atleticidade, loteamento, recomendação, travagem*); a prefixação e a formação de avaliativos encontram-se essencialmente ao serviço da produção de produtos isocategoriais (nomes, adjetivos e verbos).

1.2 Combinatória monocategorial ou policategorial

Os prefixos podem combinar-se com uma ou com várias classes lexicais de base. Na escala pela qual se distribuem os prefixos, são mais prototípicos os que se combinam com uma gama maior de classes lexicais de base. Um exemplo é o de *pré-*, que se combina com

- nomes (*pré-aviso*);
- adjetivos (*pré-laboral*);
- verbos (*pré-pagar*).

Pelo contrário, são menos prototípicos os prefixos que, como os constituintes dos compostos, permitem um leque mais restrito de combinatórias em termos de classe categorial. Assim acontece com *mono-*, que se combina essencialmente com nomes (*monocasta*) e com adjetivos (*monoparental*), mas não com verbos, razão pela qual se hesita entre a sua inclusão no conjunto dos prefixos ou no âmbito da composição.

De igual modo, o prefixo *dis-* combina-se com bases de classes categoriais diversas, como nominais (*disfunção, dissabor, dissimetria*), adjetivais (*díspar*) e verbais (*dissimular*), mas o prefixo *mini-* já tem mais dificuldade em se combinar com bases verbais e adjetivais, privilegiando largamente as nominais (*minicrise, minicurso, minigolfe, miniférias*).

Por via de regra, estreitamente relacionada com a policategorialidade está a gramaticalização do operador. Assim, quanto mais amplas as possibilidades combinatórias, maior a paradigmaticidade e a gramaticalização acrescidas do operador, que se traduzem pela integração do formante num paradigma e pelo seu funcionamento crescentemente regular. Estas premissas permitem-nos considerar o operador *não* como funcionando com claro valor prefixal, ao passo que *sem* já revela um comportamento mais próximo da composição.

As diferentes possibilidades combinatórias de cada prefixo são descritas em cada secção deste livro.

1.3 Classe categorial do produto e propriedades de recategorização do prefixo

Uma propriedade que se relaciona com o facto de os prefixos não serem subespecificados categorialmente é a que se prende com a possibilidade de alguns terem capacidade categorizadora.

Na maior parte dos casos, os prefixos não alteram a classe categorial da base a que se acoplam, pelo que base e derivado são marcados pela mesma classe lexical.

Mas a possibilidade de alguns prefixos terem capacidade de recategorização emerge nos prefixos lativos (isto é, de movimento/transferência) *a-, en-* e *es-* (cf. Pereira, 2007) que, combinados com bases nominais ou adjetivais, dão origem a verbos:

(8)   [a [larg]$_{RadA}$ ar]$_V$ [a [torment]$_{RadN}$ ar]$_V$

(9)   [en [curt]$_{RadA}$ ar]$_V$ [en [carcer]$_{RadN}$ ar]$_V$

(10) [es [quent]$_{RadA}$ ar]$_V$ [es [burac]$_{RadN}$ ar]$_V$

A possibilidade de alguns prefixos terem capacidade de recategorização foi também sugerida (cf. Corbin, 1987; Pena, 1999, p. 4333, entre outros) em relação a prefixos como *anti-* ou *inter-*, uma vez que, combinados com bases nominais, formam estruturas com valor predicativo (cf. colchão *antiescaras*, viadutos *inter-regiões*).

Tratando-se de um tema muito polêmico, não o vamos aqui dissecar, remetendo para a reflexão empreendida neste livro em 1.12.

Em todo o caso, a posição que aí defendemos inspira-se na de Martín García (1996) e Scalise, Fábregas, Ángeles Cano (2012). O facto de alguns prefixos (cf. *antipessoal*) terem escopo sobre o conteúdo do radical nominal (*pesso-*) do adjetivo em que ocorrem, e não sobre o conteúdo deste (*pessoal*)[1], é explicado por estes autores do seguinte modo: derivados do tipo de *antenupcial, antipessoal, antitabágico, infraglótico, intercontinental, intrauterino, subaxilar, supraglótico* são adjetivos relacionais e, como tal, articulam semântica e conceptualmente o denotado pela base do adjetivo e o denotado pelo nome que o adjetivo modifica. O prefixo conecta o semantismo da base com o do derivado, mas o valor global do derivado adjetival está indexado ao do nome a que se adjunge. Estes prefixos não têm poder categorizador (de transformar um radical nominal em adjetival), e os derivados não têm tipicamente capacidade de funcionar como núcleos de SN.

Por vezes coexistem na língua os derivados adjetivais e nominais corradicais portadores do mesmo prefixo, como se observa nos exemplos seguintes:

---

1. Uma mina *antipessoal* destina-se a proteger *pessoas* e não 'algo que é pessoal, ou seja, que está relacionado com pessoas'. Aparelho/dispositivo *intrauterino* denota algo 'que se coloca no interior do útero', e não no interior de 'algo/tudo o que é uterino', e que pode compreender múltiplas realidades (mucosa, parede, músculo, pólipo, mioma).

(11) (aparelho) *multifunção, multifunções, multifuncional*;
(12) (espaço) *multiempresas/multiempresarial*;
(13) (rota/percurso) *pluricontinente/pluricontinental*;
(14) (alimento/suplemento) *polivitaminas/polivitamínico*.

A opção por cada uma das construções, a nominal ou a adjetival, tem motivações e consequências pragmáticas diferentes: no caso da construção adjetival, atribui-se à entidade que este predica uma propriedade, mais ou menos estável e consubstancial, como sejam a de *multifuncional, multiempresarial, pluricontinental, polivitamínico*; no caso da construção nominal, esta encontra-se em aposição e, como tal, a propriedade pode ser de tipo funcional, que corresponde ao desempenho intervalar de uma função:

(15) aparelho *multifunção, multifunções* 'aparelho com/para múltiplas funções';
(16) espaço *multiempresas* 'espaço de ou para várias/múltiplas empresas';
(17) alimento/suplemento *polivitaminas* 'enriquecido com diversas/múltiplas vitaminas'.

Nem sempre é possível a coexistência das construções nominal e adjetival corradicais: assim acontece com (lâmina) *multicorte*, por exemplo, pois o adjetivo *cortante* tem sentido eventivo de 'que corta', ausente do nome pós-verbal *corte*. Também sucede que alguns adjetivos disponíveis já possuem sentidos cristalizados e mais ou menos especializados, pelo que não se prestam a tal utilização: o adjetivo *bancário* não pode ocupar o espaço de *banco*, em *multibanco* (*multibancário), até pela denotação precisa do nome *multibanco*; *tarefeiro* e *cultural* também exibem sentidos bem específicos (relativo à cultura intelectual, não ao cultivo da terra), pelo que não são alternativas aos substantivos *tarefa* e *cultura* em *multitarefa* e *policultura*, 'cultura diversificada de espécies'.

Assim, e ainda que "fórum *intergovernamental*" e "fórum *intergovernos*" possam ser intersubstituíveis no mesmo cotexto, a verdade é que as propriedades predicadas a *fórum* têm naturezas distintas num e noutro caso, pois aceita-se

(18) este fórum é *intergovernamental*,
      mas não se aceita, estamos em crer;
(19) *este fórum é *intergovernos*.

Ou seja: em *fórum intergovernamental* atribui-se a N uma propriedade que, por ser compatível com SER, é marcada pela consubstancialidade; o semantismo de *fórum* é modificado e definido intersectivamente pela propriedade *intergovernamental*: a propriedade *intergovernamental* é encarada como definitória de *fórum*; o A modifica, delimitando, a extensão de N, ou seja, o conjunto de indivíduos que N nomeia, restringindo o subconjunto de indivíduos denotado pelo SN.

Já em *fórum intergovernos*, denota-se uma propriedade que não é compatível com SER ou com ESTAR, pelo que a propriedade *intergovernos* é aposta ao nome para denotar uma funcionalidade deste: trata-se de um fórum (que se realiza) entre governos, que junta de forma *ad hoc* alguns governos.

Também em outras situações se verifica que o adjetivo denominal (vg. *gorduroso*) não possui um semantismo totalmente equivalente ao da construção mais 'analítica' com o nome corradical ('que tem *gordura*'): "tecido *gorduroso*" é um tecido que 'tem gordura', mas de forma acidental, não consubstancial. Para o tecido que, de forma consubstancial, possui gordura, usa-se "tecido gordo".

1.4   Estrutura prosódica

No conjunto dos prefixos alguns mantêm a sua estrutura prosódica e outros não. Assim, quanto ao seu estatuto prosódico, Schwindt (2001) distingue:

- prefixos que denomina de 'composicionais', como *ante-*, *auto-*, *contra-*, *ex-*, *extra-*, *hiper-*, *infra-*, *macro-*, *micro-*, *mono-*, *não-*, *neo-*, *pan-*, *pós-*, *pré-*, *pró-*, *pseudo-*, *recém-*, *semi-*, *tri-*, *ultra-*, *vice-*, que se configuram prosodicamente como palavras fonológicas independentes;
- e prefixos a que chama de 'legítimos', como *a(b)-*, *ad-*, *a(n)-*, *co-*, *en-*, *des-*, *dis-*, *es-*, *in-*, *re-*, *sub-*, *trans-*, que se estruturam como sílabas átonas adjuntas ou incorporadas à base a que se ligam.

Os prefixos (20) não se constituem como domínio acentual. Já os (21) configuram um domínio acentual, pelo que estão mais próximos dos compostos.

(20) *a(d)-, a(n)-, co-, en-, des-, in-*;
(21) *anti-, contra-, entre-, hiper-, inter-, sobre-, ultra-.*

Nos constituintes prefixais que constituem domínio acentual secundário (cf. em **bold**, a segunda sílaba, contada da esquerda para a direita, de *semiesfera*, ou a primeira sílaba de exoesqueleto, de *intramuros*, por exemplo), as vogais tônicas não sofrem o processo de elevação e recuo típico do vocalismo pré-tônico do português europeu (cf. Mateus, 2003): *exo-, hetero-, macro-, maxi-, poli-, pré-, pós-* mantêm as vogais <a>, <e> e <o> baixas.

A não aplicação da regra do vocalismo átono do português europeu é comum a compostos (22), a advérbios (23) e a prefixos (24). As vogais baixas estão sublinhadas.

(22) agroalimentar, rodovia, termonuclear;
(23) alegremente, fortemente, rapidamente;
(24) exocêntrico, heterossexual, macroeconomia, maxidomínio, polidesportivo, pré-tônico, pós-guerra.

Nos casos em que *pré-* e *pós-* já são pronunciados em português europeu como vogais não baixas (*pospor, posposição, preconceito, predizer, predispor, preencher, pretexto, pressupor, pressuposto, preposição, prever, previsão*), muitos falantes já não reconhecem a presença dos prefixos nestas palavras.

A estrutura prosódica tem sido amplamente invocada para integrar na composição todos os constituintes que ocorrem apenas em posição inicial e mantêm o seu domínio acentual. Ficam fora do conjunto dos compostos apenas os prefixos prototípicos *a(d)-, a(n)-, co-, en-, des-, in-*. Sem desvalorizar o critério prosódico, o funcionamento da língua é pautado por motivações essencialmente cognitivas e de interação, pelo que outros critérios avultam na delimitação de prefixos e de constituintes de compostos. Aliás, há circunstâncias (nomeadamente em palavras herdadas) em que os

PREFIXAÇÃO NA LÍNGUA PORTUGUESA CONTEMPORÂNEA 33

prefixos prototípicos se constituem como domínio acentual — como nas palavras herdadas *áfono, átono, díspar, ímpar, ímpio, ínvio* —, e não é por esse facto que deixam de ser prefixos. Ainda assim, reserva-se um estatuto mais próximo da composição a constituintes como *ambi-, epi-, hemi-, hipo-, macro-, maxi-, micro-*, pelo facto de, entre outras propriedades, manterem domínio acentual próprio, tendo contorno entoacional de uma palavra prosódica. Mas apenas prosodicamente se podem manipular esses constituintes independentemente do todo em que se situam.

1.5 Prefixos 'preposicionais' e prefixos 'adverbiais'/modificadores

A origem preposicional ou adverbial de muitos prefixos está na base da caracterização destes nas seguintes três classes:

(i) prefixos preposicionais, assim chamados por terem correlatos preposicionais, nas línguas-mãe, mas não necessariamente na língua portuguesa: *ante-, con-, contra-, en-, entre-, ex-, extra-, post-, pró-, sobre-, sub-, ultra-*, de origem latina, e *anfi-, anti-*, de origem grega;

(ii) prefixos adverbiais, os que têm correlato adverbial, como *mei-, quase-*;

(iii) prefixos que não coincidem com qualquer preposição ou advérbio, como *des-* ou *re-*, originários de prefixos latinos.

Em simultâneo, as designações de prefixos 'preposicionais' e 'adverbiais' assentam também nas funções de núcleo preposicional e de adjunto/ modificador que o prefixo desempenha (cf. Varela; Martín García, 1999). Por exemplo, os prefixos *des-* (*desleal*) e *pré-* (*pré-aviso*) funcionam como adverbiais, e *sub-* (*subcave*) ou *en-* (*encarcerar*) como preposicionais.

Os prefixos de origem preposicional podem ter utilização preposicional e transitiva, quando selecionam um complemento (*sobrepeliz, submarino*), ou uma utilização intransitiva, quando o prefixo atua como modificador da base, como em *subgrupo*. Neste caso, o produto denota um tipo particular do denotado pela base (*subgrupo*, 'grupo que é parte de outro'), o que não acontece necessariamente no primeiro conjunto, como se observa através do sentido de *submarino:* 'embarcação especialmente concebida para navegar submersa, que se destinava inicialmente a fins bélicos, e mais recentemente usada em pesquisas oceanográficas e para outros fins científicos'.

A origem não se sobrepõe ao funcionamento atual do prefixo. Há prefixos com origem preposicional, como *ante-, entre-, sobre-*, que funcionam com valor adverbial (cf. *antepropor, entreabrir, sobrecarregar*). No conjunto dos prefixos com função de modificadores, incluem-se igualmente prefixos com origem prefixal, como os negativos *in-* e *des-*, o iterativo-intensivo *re-* e o disfórico *dis-*.

Uma mesma forma prefixal pode ter uso preposicional (*entrecruzar*, 'cruzar x com y'; *subcave*, 'compartimento por debaixo da cave') e adverbial (*entreabrir* 'semiabrir', *subespécie*).

Como se observa na secção 1.7., os **prefixos preposicionais** podem alterar o aspecto lexical ou a *Aktionsart* do verbo a que se acoplam[2], assim como a estrutura argumental deste. Por exemplo, *voar* é verbo intransitivo monoargumental (x *voa*) de processo (cf. *o avião voou durante nove horas*), mas *sobrevoar* funciona como verbo transitivo de dois lugares (x *sobrevoa* y) e pode ocorrer em construções de processo (cf. *o avião sobrevoou toda a zona durante duas horas*) ou de processo culminado (cf. *o avião sobrevoou toda a zona em duas horas*). Ao invés, os **prefixos adverbiais** não desencadeiam qualquer uma destas alterações: *avaliar* e *sobreavaliar* são ambos transitivos e de '*accomplishment*' (ou de processo culminado).

Os **prefixos modificadores** funcionam como adjuntos da base/do predicador com que se combinam, e que denota uma situação expressa pelo verbo ou uma propriedade codificada pelo adjetivo; veiculam informação de temporalidade, avaliação/grau, negação, reversão, iteração. Os prefixos modificadores (*refazer, desfazer, enterrar, desenterrar*) funcionam, portanto, como adjuntos, e não como argumentos, e são descritos por Di Sciullo e Klipple (1994, p. 72)[3] com base nas seguintes quatro propriedades:

---

2. A *Aktionsart* ou aspecto lexical é uma propriedade inerente das situações, e tem a ver com o modo como estas se estruturam em função do tempo. Na conhecida classificação de Vendler (1957), os verbos distribuem-se por quatro classes aspectuais: (i) *activities*, atividades ou processos; (ii) *accomplishments* ou processos culminados; (iii) *achievements*, culminações ou pontos; e (iv) *states* ou estados.

3. Reproduzem-se aqui as palavras das autoras: "The proposal that French prefixes [*refaire, défaire, enterrer, désenterrer*] are adjuncts is further motivated by their semantic properties. They are

PREFIXAÇÃO NA LÍNGUA PORTUGUESA CONTEMPORÂNEA   35

(i)   são modificadores, ou seja, predicadores de uma entidade ou de um evento;
(ii)   acrescentam informação sobre a base, mas não funcionam como cabeça do constructo;
(iii) não alteram a classe sintática da base;
(iv)   não funcionam como argumentos.

1.6   Prefixos 'externos/léxicos' e prefixos 'internos/funcionais'

Em função do seu escopo e das funções que desempenha, o prefixo pode ser interno e externo à projeção verbal. Os prefixos 'internos' (cf. *a-*, *en-*) são também denominados de 'funcionais' e os 'externos' (cf. *de-*, *re-*) de 'léxicos' (cf. Varela; Haouet, 2000; Felíu Arquiola, 2003).

Na linha do que propõem Di Sciullo e Klipple (1994), os prefixos 'externos' situam-se fora da projeção verbal (*recompor*, *de(s)compor*) e contrapõem-se aos prefixos 'internos' à projeção verbal, como os que ocorrem nos verbos prefixados *acorrer/incorrer* ou nos verbos deadjetivais e denominais do tipo de *enviuvar* ou de *ensacar*.

Os **prefixos internos** são prefixos transitivos com uma função relacional que se realizam lexicalmente com um comportamento próximo do de uma preposição diádica, e que podem afetar a estrutura argumental da base.

Os prefixos léxicos são **prefixos externos** que não modificam as propriedades aspectuais da base e veiculam eles mesmos informação aspectual (repetição, inversão, negação). Estes prefixos são modificadores adverbiais ou adjetivais da base.

Os prefixos **preposicionais** são os mais internos (cf. *en-* em *des-en-carcerar*) e os **adverbiais** são os mais externos (cf. *re-* em *re-en-carcerar* ou em *re-in-correr*).

---

modifiers, elements which are predicates of an entity or event, adding further information about the event without becoming the head, without changing the syntactic category, and without serving as an argument. Modifiers occur in adjunct positions, correlating with the semantic properties". Tradução nossa: "A proposta de que os prefixos franceses [em *refaire*, *défaire*, *enterrer*, *désenterrer*] são adjuntos é motivada pelas suas propriedades semânticas. Eles são modificadores, elementos que são predicadores de uma entidade ou de um evento, adicionando informações sobre o evento, sem serem a cabeça do produto, sem alterarem a categoria sintática e sem servirem como argumento. Os modificadores ocorrem em posições de adjunto, em conexão com as suas propriedades semânticas".

Decorre destas propriedades a possibilidade de um prefixo adverbial se poder combinar com uma base já portadora de prefixo preposicional (25) ou adverbial (26).

(25) *des-en-latar, des-a-conselhar*;
(26) *arqui-super-famoso, ex-vice-diretor, hiper-re-forçado, super-i-moral.*

Ao invés, um prefixo preposicional/interno não pode acoplar-se a uma base já portadora de um prefixo adverbial:

(27) **a-des-amor, *co-sobre-cozer, *en-des-latar.*

Os prefixos adverbiais, como adjuntos que são, estão abertos à reduplicação (*anti-anti-liberalismo*), o que está vedado aos prefixos preposicionais (**en-en-latar, *en-a-conselhar, *en-a-vivar, *entre-entre-cruzar*). O quadro seguinte sintetiza estas propriedades. Nele, + codifica possibilidade, atestada nos casos mais prototípicos, pelo que não absoluta ou sistemática.

Quadro 1. Algumas propriedades dos prefixos externos e dos internos

Prefixo / Capacidade de	Prefixos externos ou adverbiais: *anti-, auto-, co-, des-, re-*	Prefixos internos ou preposicionais: *ad-, en-, entre-, inter-*
Alteração da estrutura argumental	-	+
Alteração da estrutura aspectual	-	+
Reduplicação	+[4]	-

Algumas das possibilidades combinatórias mais produtivas são:

prefixo adverbial/externo + prefixo preposicional/interno

---

4. Tipicamente quando da adjunção de prefixos avaliativos e do prefixo iterativo.

(28) *re-ex-portar, re-en-quadrar, re-a-vivar, re-a-comodar*;

(29) *des-*(reversivo): *des-en-cadernar, des-a-conselhar, des-in-corporar*;

> prefixo adverbial/externo + prefixo adverbial/externo:
> prefixo intensivo de avaliação da qualidade (*super*) + prefixo de dimensão (*mega, mini*)

(30) *supermegacidade, supermegaconcerto, superminiIpad.*

No conjunto dos prefixos externos, há uns mais periféricos do que outros: *auto-* ou *co-* precedem sempre os prefixos internos, e estão numa posição mais periférica que *des-* ou *re-* (cf. exemplos seguintes):

(31) *autorrevacinar-se* vs. **reautovacinar-se, autodesconectar-se* vs. **desautoconectar-se*;

(32) *coreeducar* vs. **recoeducar.*

Em palavras do tipo de *retroprospecção* (cf. "[...] o Colégio das Artes situa-se na confluência entre a investigação científica, a produção de saber e a própria criação, numa perspectiva de retroprospecção, isto é, perspectivando o presente e o futuro das práticas artísticas a partir de um conhecimento da sua história..." (http://www.uc.pt/colegioartes/apres), *retro-* ocorre adjacente a outro prefixo (*pro-*), mas este faz parte de uma palavra erudita (*prospecção*) de origem latina, construída nesta língua e não na portuguesa, não sendo portanto encarada como um nome prefixado do português.

1.7   Intervenção na estrutura argumental e aspectual da base

As relações que se estabelecem entre os elementos de um derivado podem ou não replicar, no nível léxico-semântico, as relações temáticas que se instituem ao nível frásico (i) entre elementos com capacidade de seleção argumental e (ii) elementos que realizam esses argumentos. A noção de argumento aqui usada é de natureza semântica e radica na lógica de predicados, segundo a qual um constituinte — o predicado —, para saturar o seu sentido, necessita ser complementado por um conjunto de argumentos.

Por exemplo, em alguns compostos, nomeadamente nos de estrutura [VN]$_N$, [NA]$_N$ ou [NprepN]$_N$, em que o nome nuclear tem natureza deverbal, institui-se uma relação temática predicador-objeto/tema entre ambos os constituintes: *caça-fantasmas, revisão curricular, acelerador de partículas.*

Seguindo esta linha de pensamento, alguns estudiosos têm-se questionado sobre a possibilidade de sufixos e de prefixos atuarem também sobre a estrutura argumental e/ou temática das bases a que se associam e dos produtos que ajudam a construir.

> Alguns **prefixos preposicionais,** sendo mais internos, podem ter interferência sobre a estrutura [±argumental] da base (cf. *a-* em *acorrer, aprisionar, en-* em *encobrir, enviuvar*), já que, ao especificarem a orientação (adlativa, ilativa) e do evento denotado pelo verbo, podem ter intervenção nas subpartes desse mesmo evento (cf. *correr* (x) vs. *acorrer* a x); em simultâneo, podem também modificar a sua dimensão aspectual. Assim acontece com *voar* e *sobrevoar*, pois *voar* é um verbo monoargumental e de processo, enquanto *sobrevoar* é um verbo biargumental e de processo culminado (cf. *o avião sobrevoou toda a zona em duas horas*).
>
> Os **prefixos adverbiais** são indiferentes a estas propriedades: respeitam a estrutura argumental da base a que se acoplam e modificam o significado da base predicativa sem alterar o seu espectro aspectual: *pré-*, em *pré-fabricar*, não altera a valência argumental do predicado nem a classe aspectual deste: *pré-fabricar casas* continua a ser um verbo diádico de '*accomplishment*', como *fabricar casas.*

A designação de **prefixos com incidência argumental**, usada por Felíu Arquiola (2003), aplica-se aos prefixos que têm capacidade de produzir alteração sobre um ou mais participantes associados à estrutura léxico-semântica da base. Os prefixos com repercussões argumentais expressam cooperatividade (cf. *co-*) ou reciprocidade (cf. *inter-*).

(33)   A Sofia *coadministra* a empresa com a Isabel *vs.**A Sofia *coadministra* a empresa;

(34)   A Patrícia *age* com prudência *vs.* A Patrícia e a Rita *interagem* [*a Patrícia *interage*].

Em relação a (33), a exigência de que o sujeito do verbo prefixado com *co-* tenha dois actantes pode ser confirmada através duma frase alternativa do tipo de "A Sofia e a Isabel *coadministram* a empresa".

PREFIXAÇÃO NA LÍNGUA PORTUGUESA CONTEMPORÂNEA

39

Com exceção dos prefixos lativos (isto é, de movimento/transferência) *a-*, *en-* e *es-*, que codificam através das bases que selecionam funções temáticas específicas (*aprisionar, encarcerar, esburacar, espipar*)[5], os demais prefixos não têm capacidade argumental, no sentido de desencadearem a emergência de novos argumentos. O preenchimento léxico-semântico dos argumentos pode ser alterado, em função das propriedades semânticas do prefixo, como se verifica com *inter-*, mas não necessariamente com *co-*, por exemplo.

(35) [*o João*]$_{SU}$ *ajuda* [*a Maria*]$_{CD}$ vs. [*o João e a Maria*]$_{SU}$ *interajudam-*[*se*]$_{CD}$;

(36) [*o José*]$_{SU}$ *organiza, com a Sofia, um jantar* vs. [*o José e a Sofia*]$_{SU}$ (*co-*)*organizam um jantar.*

Em *aterrorizar* 'causar terror', em *aprisionar* 'meter na prisão', em *encarcerar* 'meter no cárcere', o argumento selecionado pelo prefixo 'pre-posicional' é a base da nova palavra. Além deste argumento, que fica nesta incorporado, como em *embarcar* 'meter em barco', o verbo prefixado (já não o prefixo) pode exigir um outro argumento, que ocorre na 'sintaxe externa' da nova palavra, como em:

(37) a. *atapetar* a sala: 'colocar tapete na sala, revestir a sala de tapete';

b. *acorrentar* algo/alguém: 'colocar corrente em algo/alguém';

c. *embarcar*: 'meter [algo/alguém] em barco';

d. *embelezar* a rua: 'dar beleza à rua';

e. *encapar* os livros: 'colocar capa nos livros';

f. *envernizar* as unhas: 'pôr verniz nas unhas'.

Os prefixos **internos/funcionais podem afetar o aspecto lexical** (ou *Aktionsart*) do verbo, isto é, a estrutura temporal interna determinada pelo semantismo deste: *sobre-*, em *sobrevoar*, modifica o aspecto lexical do verbo, convertendo um predicado atélico (*voar*) em télico (*sobrevoar*):

(38) *o avião voou sobre o Atlântico *em seis horas*;

(39) *o avião sobrevoou o Atlântico em seis horas.*

---

5. Di Sciullo e Klipple (1994, p. 72) discordam desta posição: "However, prefixes such as a- and en- do not affect the direct internal argument of the verbal projection they are part of". Em tradução nossa: "No entanto, prefixos tais como a- e en- não afetam o argumento interno direto da projeção verbal de que são parte".

Os prefixos *a(d)-*, *en-*, *trans-* ajudam a moldar a *Aktionsart* da projeção verbal em que se inserem, explicitando propriedades tais como o ponto inicial e final do evento, a sua trajetória (cf. *a(d)-* e o sentido de 'trajetória para', 'meta'), as suas relações espaciais, a sua polaridade numa escala (cf. Pereira, 2007).

Já um prefixo externo como *re-* não modifica o aspecto lexical da base verbal, como se comprova pelo facto de serem gramaticais as construções com e sem prefixo compatíveis com a delimitação temporal "em x tempo": *(re)construíram a ponte em duas horas*[6].

Tal não implica que os prefixos não imponham condições **de restrição aspectual** sobre as bases que selecionam: *des-* e *re-* apenas se combinam com bases verbais não estativas, como o assinalam Di Sciullo e Klipple (1994, p. 74): "*Re-* e *dé-* [pt. *des-*] impõem restrições de seleção na raiz verbal a que se ligam. Essas restrições são aspectuais, e não envolvem a estrutura argumental do verbo. *Re-* deve selecionar um verbo não estativo, mas pode ocorrer com verbos transitivos e inergativos, bem como com inacusativos. *Dé-* [pt. *des-*] também seleciona apenas verbos não estativos e pode igualmente ocorrer com transitivos, inergativos e inacusativos. No entanto, o evento denotado pelo verbo deve ser iterável no caso de *re-*, e reversível no caso de *dé-* [pt. *des-*]"[7].

---

6. Di Sciullo e Klipple (1994, p. 75): "VP adjunct prefixes do not change the aktionsart of the verbal projection they are adjoined to. Thus, re- adjoined to a verbal projection does not change its aspectual class. The verb *(re)construire* ((re)construct) is an accomplishment. It does not allows durative adverbials such as for an hour but does allow frame temporal expressions (Bennett and Partee, 1972) such as in an hour. Moreover, it may be in the complement of the verb *finir* (finish), as is typical of accomplishments (Dowty, 1979)". Em tradução nossa: "Prefixos adjuntos do GV não alteram a *Aktionsart* da projeção verbal de que são parte. Assim, *re-* adjunto a uma projeção verbal não altera a classe aspectual desta. O verbo *(re)construire* é um V de *accomplishment*. Ele não admite advérbios durativos tais como durante uma hora, mas licencia expressões temporais (Bennett e Partee, 1972) como em uma hora. Além disso, ele pode ser complemento do verbo *finir* (*acabar*), como é típico de *accomplishments* (Dowty, 1979)".

7. Tradução de "*Re-* and *dé-* impose selectional restrictions on the verbal root to which they attach. These restrictions are aspectual, and do not involve the argument structure of the verb. *Re-* must take a non-stative verb, but can appear with transitives and unergatives as well as unaccusatives. *Dé-* also selects only non-stative verbs and may equally appear with transitives, unergatives and unaccusatives. However, the event denoted by the verb must be iterable in the *re-* case and reversable in the *dé-* case".

PREFIXAÇÃO NA LÍNGUA PORTUGUESA CONTEMPORÂNEA

Referindo-se aos prefixos como **modificadores aspectuais**, Di Sciullo e Klipple (1994, p. 73) caracterizam-nos da seguinte forma (tradução nossa): "Argumentamos que eles são semanticamente aspectuais por natureza, o que significa que eles modificam propriedades temporais, espaciais e escalares do elemento ao qual estão ligados. Por estrutura aspectual, queremos significar não só as propriedades temporais dos eventos, mas também propriedades mais abstratas que envolvem aquilo a que Pustejovsky (1988) chama 'a geometria do evento'"[8]. A estrutura aspectual envolve, assim, as dimensões temporal, espacial e escalar da geometria do evento. Ou seja: os prefixos de semantismo ou de valor aspectual (como os de temporalidade, de espacialidade, de escalaridade, de iteratividade) não alteram necessariamente as propriedades aspectuais das bases com que se combinam.

O facto de serem modificadores semanticamente aspectuais não implica que modifiquem a classe aspectual do verbo a que se acoplam, pois na verdade não alteram a *Aktionsart*/o aspecto lexical do evento. Como afirmam Di Sciullo e Klipple (1994, p. 73), "VP adjuncts (*re-, dé-*) are sensitive to aktionsart but do not change it, while V adjuncts (*a-, en-*) can change aktionsart" (tradução: "adjuntos de Projeções Verbais (*re-, dé-*) são sensíveis à *Aktionsart* mas não a alteram, enquanto adjuntos de Verbos (*a-, en-*) podem alterar a Aktionsart").

Em 1.9.2. descrevem-se os prefixos e as possibilidades combinatórias com predicados adjetivais de fase, de indivíduo, ou [±télicos].

Com base na dicotomia entre prefixos 'lexicais' e prefixos 'sobrelexicais' ('superlexical prefixes')[9], Markova e Padrosa-Trias (2009) defendem que do

---

8. Tradução nossa de "We argue that they are semantically aspectual in nature, that is they modify temporal, spatial and scalar properties' of the element to which they are attached. By aspectual structure, we mean not only the temporal properties of events, but also more abstract properties involving what Pustejovsky (1988) call the 'geometry of the event'".

9. Svenonius (2004, p. 205) diferencia prefixos 'lexicais' de prefixos 'sobrelexicais' ('superlexical prefixes') do seguinte modo: "The lexical prefixes are like Germanic particles, in having resultative meanings, often spatial, but often idiosyncratic. The superlexical prefixes are like adverbs or auxiliary verbs, having aspectual and quantificational meanings. I present a syntactic account of the two types of prefix, arguing that the lexical ones are to be analyzed essentially like the Germanic particles, and that their VP-internal position accounts for many of their properties, while the superlexical ones originate outside VP" e, em tradução nossa: "Os prefixos lexicais são como as partículas germânicas, tendo

conjunto dos prefixos sobrelexicais ('superlexical prefixes') fazem parte os aspectuais (*reescrever*) e os quantificacionais (catalão *entre-tancar*, 'não tancar completamente'; pt. *entreabrir*). Estes não alteram a estrutura argumental do verbo com que se combinam. Pelo contrário, através de localização ou de quantificação, os prefixos podem modificar os argumentos de um verbo ou introduzir um novo argumento deste. A fundamentação empírica em que este quadro se baseia não é transponível de modo linear para a língua portuguesa, pelo que não é aqui adotada.

1.8 Síntese: produtos com prefixos de valor preposicional e com prefixos de função modificativa/adverbial

Como observamos nas secções anteriores, na literatura de especialidade os prefixos organizam-se nas seguintes classes:

- Prefixo preposicional *vs.* prefixo adverbial
- Prefixo interno *vs.* prefixo externo
- Prefixo funcional *vs.* prefixo léxico

Os prefixos externos, léxicos ou modificadores caracterizam-se pelas seguintes propriedades:

(i) não afetam a estrutura argumental nem o aspecto lexical da base;

(ii) atuam como modificadores da base a que se acoplam.

Um prefixo deste tipo é, pois, um prefixo que, como um advérbio, modifica um predicado adjetival ou verbal (*hipercômodo, hiper-reduzir*), a situação (*hiperfaturação*) e/ou a propriedade (*hiperluxo, hiperconsumismo*)

---

significados resultativos, frequentemente espaciais, mas muitas vezes idiossincráticos. Os prefixos sobrelexicais são como advérbios ou como verbos auxiliares, tendo sentidos aspectuais e quantificativos. Apresento uma proposta sintática dos dois tipos de prefixos, argumentando que os lexicais devem ser analisados essencialmente como as partículas germânicas, e que sua posição interna dentro de GV é responsável por muitas das suas propriedades, enquanto os sobrelexicais originam-se fora de GV".

PREFIXAÇÃO NA LÍNGUA PORTUGUESA CONTEMPORÂNEA

por este expressa. O prefixo atua como modificador extensional da base, e o significado do derivado corresponde a um tipo particular do significado por esta codificado: assim acontece com os prefixos avaliativos (*entre-*, *extra-*, *sobre-*, *sub-*, *super-*, *supra-*) e negativos (*in-*). A estrutura destes produtos é a de modificador-núcleo.

> **Os prefixos internos, funcionais** ou **preposicionais** caracterizam-se por:
> (i) poderem afetar a estrutura argumental e/ou o aspecto lexical da base;
> (ii) atuarem como núcleos preposicionais da base a que se acoplam.

Quando com valor locativo, **os prefixos preposicionais** podem não alterar a estrutura argumental da base (cf. 40), mas podem também fazê-lo, como se observa em (41): neste caso o verbo não prefixado pode funcionar como monoargumental (*voar*), mas o prefixado (*sobrevoar*) é necessariamente biargumental; a presença do prefixo desencadeia mudança no preenchimento da estrutura argumental do V de base, nomeadamente através da explicitação de um papel temático que expressa o tipo específico de locatividade veiculada também já pela preposição com a qual o prefixo se relaciona diacronicamente.

(40) a. foi possível *pôr* uma camada nova de verniz sobre a velha;
      b. foi possível *sobrepor* uma camada nova de verniz sobre a velha.
(41) a. [o avião]$_{SU}$ *voa* (sobre o Douro) a baixa altitude;
      b. [o avião]$_{SU}$ *sobrevoa* [o Douro]$_{CD}$ a baixa altitude.

Os derivados portadores de prefixos modificadores denotam realidades interpretáveis como subclasses das bases (objetos, propriedades, situações); mas também assim pode acontecer com produtos portadores de prefixos preposicionais ou até argumentais. Ao contrário do que postulam Gràcia e Azkarate (2000, p. 63) para os prefixos de uso transitivo ("the derived word is not a subclass of the base and the prefix acts as a real transitive preposition": trad. 'A palavra derivada não é uma subclasse da base e o prefixo atua como uma verdadeira preposição transitiva'), a realidade das línguas revela outras possibilidades. Ou seja, em ambos os casos podemos estar perante denominações de subclasses do que a base denota. Assim, um *pré-conhecimento* é um conhecimento prévio, e uma *sobretaxa* é uma taxa suplementar e de valor superior; mas *sobrevoar* também é uma manifestação de *voar*, e *coparticipar* ou *entreajudar* também são manifestações ou subtipos de *participar* e de *ajudar*. O critério da denotação de subclasses do que a base denota, sendo transversal a diversos tipos de prefixos, não é distintivo dos prefixos de uso transitivo.

Os prefixos quantificadores (*bi-, tri-, multi-, poli-*) inscrevem-se, pela sua natureza, tipicamente na classe dos especificadores, mas acumulam valores funcionais de modificadores.

1.9 Propriedades das bases e classes de prefixos

1.9.1 Natureza das bases adjetivas e possibilidades combinatórias

Uma das propriedades transversais que ajuda a escorar a repartição dos prefixos pelas classes consideradas neste livro é a que se prende com o tipo de bases adjetivas com que os prefixos se combinam.

Na língua portuguesa há prefixos que, quando selecionam adjetivos, se combinam essencialmente com adjetivos qualificativos, e outros que se combinam essencialmente com adjetivos 'relacionais' — habitualmente denominais e de sentido não qualificativo, mas classificatório.

Os prefixos negativos *des-, in-* e os intensivos combinam-se tendencialmente com bases qualificativas:

(42)   *des-: desagradável, desconforme, desigual, desleal, desumano*;

(43)   *in-: inativo, inculto, infeliz, inqualificável*;

(44)   intensivos: *extra-* (*extrafino*)

                           hiper- (*hipercrítico*)

                           semi- (*semifrio*)

                           super- (*superculto*)

                           ultra- (*ultrabarato*).

Por seu turno, quando acoplados a adjetivos, os prefixos locativos, os temporais, alguns quantificadores e qualificativos, e ainda *anti-* e

PREFIXAÇÃO NA LÍNGUA PORTUGUESA CONTEMPORÂNEA

a- combinam-se tendencialmente com adjetivos relacionais, usados com valor dominantemente não qualificativo.

(45) **locativos**: *extraconjugal, interpessoal, intramuscular, subcutâneo, transoceânico*;

(46) **temporais**: *pré-jurássico, pós-revolucionário*;

(47) alguns **quantificadores**: *bianual, bifocal, multinacional, multipartidário, plurianual*;

(48) **qualificativos**: *isocromático, homocategorial, heterossexual*;

(49) **negativo/de oposição** *anti-* (*anticonstitucional, antimonárquico*);

(50) **privativo** *a-* (*ateórico*).

O quadro seguinte sintetiza as propriedades consignadas, que traduzem tendências prototípicas.

Quadro 2. Combinatória de prefixos com bases adjetivas [± relacionais]

Bases: Adjetivas não relacionais	Bases: Adjetivas relacionais
• contrariedade: *des-, in-* • avaliativos: *arqui-, extra-* *semi-, super-, ultra-*	• locativos: *extra-, inter-, intra-, sub-, trans-* • temporais: *pré-, pos-* • oposição: *anti-, contra-* • privativo e de contrariedade: *a(n)-* • quantificadores: *bi-, multi-, pluri-* • qualificativos: *iso-, homo-, hetero-*

Apresentam-se em seguida exemplos concretos de adjetivos, relacionais/ denominais e não relacionais, de modo a melhor visualizar as suas possibilidades combinatórias com os prefixos em epígrafe.

Quadro 3. (Im)possibilidades combinatórias entre classes adjetivais e classes prefixais: algumas tendências

Prefixos	Bases adjetivais	Adjetivos não relacionais *contente, leal, certo, feliz*	Adjetivos relacionais *nuclear, parental, vitamínico*
Numéricos	*bi-, tri-, multi-, uni-*	-	+
Espácio-temporais	*inter-, pré-, pós-*	-	+
De oposição	*anti-*	-	+
Negativos	*des-, in-*	+	-

Estes quadros não representam relações absolutas, mas tendenciais, pois o valor (qualificativo, ou não) de alguns adjetivos varia em função do nome com que se combinam (cf. reator *nuclear* vs. disciplina *nuclear*) e da leitura literal (período *faraônico*: 'do tempo dos faraós', túmulo *faraônico*: 'do faraó') ou figural (gastos *faraônicos*: 'excessivos, suntuários') que possuem.

É conhecido que os adjetivos não predicativos/que ocorrem em posição predicativa ou pós-cópula (cf. Casteleiro, 1981; Rio-Torto, 2006) admitem prefixos numéricos (cf. *bi-, tri-, multi-,* em *biparental, multifásico, trifásico*), e que os adjetivos predicativos (cf. *contente, leal, certo, feliz*) e os departicipiais (*aceso*) não os aceitam (*bicontente, *multifeliz, *triaceso). Os adjetivos predicativos admitem outros prefixos, como *in-* (*infeliz*), *des-* (*descontente*), *super-* (*supercontente*), mas assim não acontece com todos, como se comprova através de *destolo, *desdoente; já *supertolo* ou *hiperdoente* são bem construídos.

Assim, embora não seja aqui crucial dirimir a distinção entre adjetivos que ocorrem em posição predicativa e adjetivos não predicativos, o mais das vezes adnominais, a verdade é que se verificam tendências combinatórias diferentes entre estas classes de adjetivos e as classes de prefixos assinaladas. Por exemplo, um adjetivo como *sensível*, capaz de ocorrer quer em posição predicativa (O Mário está/é *sensível*), quer em contexto adnominal (pessoa *sensível*), admite prefixação avaliativa (*supersensível*) e negativa (*insensível*), mas não quantificativa (*trissensível). Já os adjetivos *arbustivo* (espécies *arbustivas*) ou *televisivo* (programa *televisivo*, não radiofônico) não admitem prefixação negativa (com *des-, in-*), avaliativa (com *super-, hiper-*), mas podem ser receptivos a prefixação de oposição atitudinal (*antitelevisivo, ?antiarbustivo?*), temporal (*pré-televisivo, pré-arbustivo*) ou multiplicativa (*multiarbustivo*). Nestes casos estão em jogo as propriedades qualificativa de *sensível,* que o torna suscetível de avaliação de grau, e a classificatória de *arbustivas* e *televisivo*, propícia a outras modalidades semânticas de prefixação.

No quadro a seguir [+] sinaliza a presença duma propriedade, [-] a ausência desta e [±] as duas possibilidades. Como são diversos os adjetivos classificatórios que podem também ocorrer em posição predicativa (este evento é *marítimo*; esta energia é *eólica*, não fotovoltaica; este poder é *parental*, não familiar), optamos no quadro seguinte por contrapor classificatório e

PREFIXAÇÃO NA LÍNGUA PORTUGUESA CONTEMPORÂNEA

qualificativo (ainda que relacionadas com o caráter mais e menos tipicamente predicativo), pois parece ser esssa a propriedade formal em jogo.

Quadro 4. Algumas propriedades dos prefixos compatíveis com bases qualificativas/ tipicamente predicativas e classificatórias/tipicamente não predicativas

Propriedade da base Prefixo	Classificatório (e, nesse sentido, mais tipicamente não predicativo)	Qualificativo (e, como tal, tipicamente predicativo)
Numérico	[+] *biparental, multifásico, trifásico*	[-] *bicontente, *multi-feliz, *triaceso
Negação	[±] *in-* (**ineólico*, **desfásico*) *insalubre, insaturado*	[±] *in-* (*infeliz*), *des-* (*descontente*) *destolo, *desdoente, *inestúpido
Avaliativo	[-] *hiper-* (**hipereólico*), *super-* (**supermarítimo*)	[+] *hiper-* (*hiperfeliz*), *super-* (*supercontente*)

Deve ter-se em conta que um adjetivo morfologicamente relacional, ou seja, denominal, pode ter um valor classificatório e/ou um valor qualificativo. O adjetivo *popular* ou o adjetivo *napoleônico* são bons exemplos.

(51) valor classificatório: voto *popular* ou 'voto do povo';

(52) valor qualificativo: a Universidade de Coimbra é muito *popular* ('conhecida') entre os estudantes estrangeiros;

(53) valor não qualificativo: o código civil *napoleônico* (redigido por N), o exército *napoleônico* (comandado por N), o colapso *napoleônico* (vivido por N, de N), o jugo *napoleônico* (exercido por N), o período *napoleônico* (do tempo de N);

(54) valor qualificativo: os gastos *napoleônicos* 'exorbitantes' do governo, quando compra carros de luxo desnecessários; o aumento colossal ou *napoleônico* de impostos.

Em *hipercerebral, cerebral* equivale a 'racional', tendo portanto um sentido qualificativo, de 'muito racional', e não classificatório, de 'relacionado com o cérebro, mental'. Mas assim não será de forma sistemática: em *hipermetódico, arquifamoso, multimilionário*, os adjetivos são graduáveis, pelo que mesmo sendo denominais ou morfologicamente 'relacionais', são compatíveis com prefixos avaliativos.

1.9.2 Restrições aspectuais das bases

Uma propriedade transversal a várias classes de prefixos tem a ver com a existência ou não de restrições aspectuais. Quanto a este aspecto, consoante os prefixos se combinam com predicados de indivíduo/atélicos *vs.* de fase/télicos *vs.* outros[10], é possível a sua repartição por três classes:

(i)   prefixos que se combinam com bases/predicados de indivíduo e atélicas[11], como:

- *des-* negativo (*desleal, desconfiar*)

- *in-* negativo (*imortal, inacabar, inalterar, infiel*)

- *re-* intensivo (*reluzir, remoer*)

(ii) prefixos que se combinam com bases/predicados de fase e télicas, como

- *des-* reversativo (*desfeito, desmontar, destapar*) e

- *re-* iterativo (*redito, refazer*)

(iii) prefixos que carecem de restrições aspectuais. Neste conjunto se incluem

- *auto-* (*autoimune*)

- *co-* (*corresponsável*)

- *sobre-* (*sobrecarregar, sobre-edificar*), *sub-* (*subdistinguir, subestimar*) e os

---

10. As classes de predicado 'de indivíduo' e de predicado 'de fase' correspondem às de 'individual-level predicate' e de 'stage-level predicate' propostas por Carlson (1977), que denotam, respectivamente, propriedades válidas por toda a existência de uma entidade ou de uma situação (também denominadas de atélicas), e propriedades válidas por um intervalo de tempo/por uma fase, e por isso denominadas de télicas.

11. Tal como em Pereira (2007, p. 251), também aqui um evento télico inclui ou conduz a um ponto terminal para além do qual não pode progredir, a não ser que seja redefinido. Um evento atélico não possui um ponto terminal inerente.

PREFIXAÇÃO NA LÍNGUA PORTUGUESA CONTEMPORÂNEA

- avaliativos
  - *meio-* (*meio-roto*)
  - *quase-* (*quase despido, quase novo*)
  - *semi-* (*semicerrado, semicircular, semienterrado*)
  - *super-* (*superbonita*), que se combinam com bases predicativas de fase (*quase nu, supercheio*) e de indivíduo (*superfiel, superpai*).

Quadro 5. Combinatória de prefixos com bases/predicados [± perfetivos]

Bases: predicados de fase/télicos	Bases: predicados de indivíduo/ atélicos	Bases: predicados de fase ou de indivíduo/ ± télicos
des- reversativo *re-* iterativo	*des-* negativo *in-* negativo *re-* intensivo	*auto-, co-* avaliativos: *meio-, quase-,* *semi-, sobre-, sub-, super-*

1.10 Semântica

Os prefixos são constituintes portadores de informação semântica muito diversa e de grande espectro léxico-conceptual. Mais ainda: cada prefixo pode ser veículo de uma informação semântica variada, que se adapta em função da semântica da base a que aquele se encontra ligado. Dizendo de outro modo: o semantismo dos prefixos sofre inflexões em função do sentido das bases.

1.10.1 Classes semânticas

As classes semânticas de prefixalidade delimitadas neste livro são comuns a outros domínios de organização e de processamento da linguagem, como o lexical, o sintático, e permitem que os prefixos codifiquem grandes linhas de força do funcionamento da língua portuguesa.

São as seguintes as classes semânticas aqui consideradas:
- negação
- atitudinalidade
- iteração
- conjunção
- movimento
- localização espácio-temporal
- avaliação
- dimensão
- quantificação
- expressão de valor de identidade ((dis) semelhança, falsidade)
- reflexividade
- reciprocidade/bilateralidade

A essas classes poderiam acrescentar-se outras, pois toda a classificação peca por esquemática e redutora das inesgotáveis potencialidades significativas da língua.

1.10.2 Heterossemia

Muitos prefixos do português apresentam um sentido multipolar, como:
(i) locatividade e/ou de avaliação e/ou de hierarquia e/ou de taxonomia; ou
(ii) de repetição e/ou de intensidade.

Essa diversidade manifesta-se pela coexistência de uma semântica mais ou menos literal e mais ou menos figural que se lhes foi associando ao longo da sua história, a qual em muitos casos recua a um primitivo valor preposicional ou adverbial (cf. *a(d)*, *ante-*, *co-* (< CUM), *contra-*, *de-*). Tratando-se de formas oriundas de preposições e de advérbios, ao longo da história a sua gramaticalização como prefixos explica a expansão e/ou a especialização, através de mecanismos mais ou menos figurais, dos seus sentidos e valores primitivos. Assim, o valor mais relacional ou regencial de uma preposição ou o predicativo de um advérbio terá dado lugar, através de conhecidos esquemas conceptuais, a sentidos conexos, nuns casos menos concretos (localização espacial/temporal > 'localização' hierárquica), noutros tão ou mais específicos quanto os originais (localização espacial/topológica > 'topologia'/situação de reciprocidade). Em todo o caso, as diversas modalidades de significação emergem em função das propriedades semânticas das bases a que os prefixos se ligam.

Tomemos o exemplo dos prefixos *pré-* e *pós-*: em ambos os casos, o semantismo de localização temporal toma como baliza de referência o que a base (x) denota, sendo que as fronteiras temporais iniciais de *pré-*x e as finais de *pós-*x são cronologicamente ilimitadas (Rio-Torto; Nunes, 2009).

O prefixo *pré-*, além do valor prototípico de "antes de x", "prévio a x", pode também significar "preliminar a x", "quase, não inteiramente, não completamente x", denotando uma "forma ou uma manifestação mitigada de x". Assim, uma *pré-anemia* é um princípio de anemia, uma quase anemia, uma anemia em fase preliminar. O *pré-aquecimento* é uma forma de aquecimento, ainda que mais branda e prévia a um ulterior e mais consistente aquecimento. Um *pré-ensaio* (laboratorial) é uma forma não definitiva e não última de ensaio. Estes casos evidenciam que são tênues os limites entre as fronteiras ontológicas de, por exemplo, uma *anemia* e de uma *pré-anemia*, havendo lugar a um contínuo escalar que vai do "anterior/prévio a x" ao "quase x" e ao "semi x". Os sentidos de "quase" e "semi" representam uma lexicalização acrescida face ao sentido prototípico do prefixo. Os prefixos *pré-* e *pós-* têm, pois, um semantismo variável (temporal e aproximativo), parcialmente subespecializado em função do denotado pela base: "prévio a x, ainda não x" ou "quase x, com alguns traços típicos de x" e "posterior a x, já não x" ou "ainda com alguns traços típicos de x".

O mesmo se aplica a *ultra-*, pois além de denotar 'para além de', o derivado pode representar uma manifestação epigonal e/ou excessiva de x, como se observa em *ultrarromantismo*, por exemplo. Situação similar se verifica com *sub-*, em *subclínico* (cf. *infeção/lesão subclínica*), que denota 'sem manifestação de sintomas, que não se detecta clinicamente, latente, não explícita, menos que clínica, abaixo do nível prototípico de clinicidade'.

Os prefixos *hiper-*, *hipo-*, *super-*, *sub-*, além dos valores de localização espacial (acima/abaixo, por de cima de/por debaixo de), podem também acumular um sentido avaliativo (em grau máximo/mínimo, em grau elevado/diminuto, em grau além de/aquém de) e taxonômico (hiperonímico e hiponímico). O quadro seguinte ilustra esta realidade.

Quadro 6. Heterossemia de alguns prefixos

Prefixos	Sentido avaliativo	Sentido locativo	Sentido de hierarquia
Hiper-	hipercalórico	hiperciclo, hiperglote	hiperdomínio
Hipo-	hipoalérgico	hipocampo, hipoderme	hipoescala, hipoespecialidades
Super-	superdoente	supercílio	superintendente
Sub-	subaproveitado	subcave	subchefe

Os derivados em *sobre-*, *sub-* e *super-* ilustram essa expansão do valor locativo ordenado no eixo da verticalidade (*sobrecapa, sobreconsciente, sobressaia, subcave, subchassi* [flutuante]) para outras áreas conceptuais que envolvem igualmente ordenação na verticalidade, como a ordenação taxonômica (*subespécie, subdiretor, superestrato, superciliar, supernumerário*) e a ordenação avaliativa, de acordo com uma escala de valores (*subliteratura, subpoesia, submentalidade, superaquecer, superideia, superafável*).

Essa deriva faz-se habitualmente acompanhar de uma reestruturação dos domínios conceptuais e funcionais de atuação de cada prefixo e, no caso de *super-*, o valor puramente locativo tem sido superado pelo avaliativo e/ou taxonômico. O quadro seguinte ilustra as manifestações do sentido de 'abaixo de' nos derivados em *sub-*.

Quadro 7. Manifestações de 'abaixo de' nos derivados em sub- (cf. Rio-Torto, 2012)

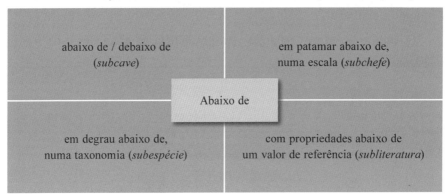

Curioso é notar de que modo se manifesta a [±especialização denotacional] nas diferentes circunstâncias de ocorrência de um prefixo.

A especialização semântica que uma unidade lexical introduz supõe, habitualmente, a emergência de um novo denotado diferente do da base. Mas existe um contínuo ontológico entre o denotado pela base e o denotado pelo produto prefixado: o *pós-parto* denota o período posterior ao *parto*, em que já não há expulsão/extração do feto do útero, pois no *pós-parto* esta já teve lugar; no *pós-parto* situam-se vivências sucedâneas do *parto* propriamente dito. O derivado denota portanto algo diverso do que a base denota, mas há uma correlação entre as denotações da base e do novo nome.

O grau de especialização codificada pelos prefixos está estreitamente relacionado com a autonomia denotacional do produto face à da base, sendo tanto maior quanto maior a autonomia denotacional e a descoincidência temporal entre base e derivado. Podem, assim, estabelecer-se várias classes de alteração semântica e de uma maior ou menor especialização semântica desencadeada pelo prefixo, segundo as quais (cf. quadro seguinte) (i) o denotado pelo derivado representa um subtipo ou um termo superordenado do denotado pela base, (ii) o denotado pelo derivado não é ontologicamente diferente do denotado pela base, mas uma manifestação majorada ou minorada deste, (iii) e (iv) o denotado pelo derivado representa uma manifestação mitigada ou epigonal do denotado pela base, (v) o denotado pelo derivado representa algo ontologicamente diferente do denotado pela base.

O quadro seguinte visualiza essa gradiência de situações e de significações.

Quadro 8. Para uma escala de especialização semântica de prefixos (cf. Rio-Torto; Nunes, 2009)

Semântica dos afixos	Tipos de diferenciação semântica do denotado pelo derivado face ao denotado pela base
(i) hiperônimo e hipônimo	O denotado pelo derivado representa um subtipo (*subtítulo*) ou um termo superordenado (*hipertexto*, *macroeconomia*) do denotado pela base.
(ii) Avaliativo de dimensão: grande/pequeno	O denotado pelo derivado não é ontologicamente diferente do denotado pela base, mas uma manifestação majorada ou minorada deste: *hipermercado*, *minimercado*, *supermercado*.
(iii) aproximativo: quase/semi x	O denotado pelo derivado representa uma manifestação mitigada de x, quase x: *pré-anemia*.
(iv) (para) além de x	O denotado pelo derivado representa uma manifestação epigonal de x: *ultrarromantismo*.
(v) anterioridade e posterioridade	O denotado pelo derivado representa algo ontologicamente diferente do denotado pela base: "antes de x, prévio a x, ainda não x" (*pré-25 de abril*), "posterior a x, já não x" (*pós-venda*).

Em *pós*-x ou em *pré*-x, o denotado pode ser diferente de x, porque "posterior a x" e "anterior a x"; mas *pós*-x e *pré*-x não são encaráveis como entidades totalmente desvinculadas sob o ponto de vista conceptual e denotacional de x, pois existe um contínuo ontológico entre o que a base e o derivado denotam. Os produtos em *pré*- ou em *pós*- não são, todavia, subvariantes de x, como acontece com os hipônimos (cf. *subclasse*): um *pré-texto* não é um *subtexto*, como se observa pelas descrições:

(55) *pré-texto*: 'texto prévio a um texto definitivo; versão prévia face à definitiva';

(56) *subtexto*: 'conteúdo(s) implícito(s) num texto, num filme, numa obra de arte'.

Deve ainda ter-se em conta a idiomatização semântica que caracteriza um nome como *pretexto*: 'razão aparente que se alega para encobrir o verdadeiro motivo por que se fez ou deixou de fazer alguma coisa; desculpa' por contraste com *pré-texto*. Os valores de "quase x, com alguns traços típicos de x", "ainda com alguns traços típicos de x" de *pré-* e de *pós-*, respectivamente, traduzem um processo de semantização acrescida, mas também de menor univocidade denotacional face à sua semântica matricial, de prefixos de anterioridade e de posterioridade temporal.

Casos há em que coexistem os dois sentidos mais típicos do prefixo, sendo difícil destrinçar um como dominante: em (nível) *pós-médio* coexistem os sentidos de 'acima de médio' e 'após o nível médio':

(57) "O Brasil precisa formar [...] milhões de técnicos de nível médio e pós-médio" (http://jornaldedebates.uol.com.br/debate/por-q-engenheiros-q-advogados-medicos/14902)

Outro exemplo de coexistência de sentidos histórica e conceptualmente correlacionados é o que envolve *inter-* ou *entre-*. Estes prefixos apresentam um mesmo valor semântico-conceptual com duas manifestações: uma **locativa** e outra **argumental**. O quadro seguinte visualiza essa dualidade que envolve o relacional topológico e o relacional interativo.

Quadro 9. Relação de Intermediação codificada por *inter-* (cf. Rio-Torto, 2012)

Na base deste funcionamento está o facto de a posição intermédia entre duas entidades (valor locativo topológico) envolver também um nexo de (cor) relação bilateral entre elas, que não é eventiva e recíproca, porque estática. Em *intercílio*, 'superfície entre os dois cílios', é o valor locativo topológico do prefixo que é ativado: trata-se de uma folha inserida no meio de outras (duas, pelo menos).

Por seu turno, "a relação de reciprocidade entre duas entidades é também uma manifestação de bilateralidade e, por inerência do prefixo, de interação mútua" (Rio-Torto, 2012). Assim, se a base tem um traço de eventividade, como em *interajuda*, 'ajuda entre dois seres', a relação de intermedialidade assume a feição já não locativa e topológica, mas de bilateralidade ou mesmo de reciprocidade.

O funcionamento de *inter-* é análogo ao de outros prefixos cujo semantismo acumula um valor topológico com outros valores conexos, radialmente desenvolvidos. No caso de *inter-*, como no de outros prefixos, assiste-se a uma reutilização do valor locativo em outras áreas semântico-referenciais onde ele também se pode aplicar (Lehrer, 1993; Rio-Torto, 1993), explicadas cognitivamente como assentes em métaforas conceptuais do tipo 'MORE IS UP', 'LESS IS DOWN', 'HIGH STATUS IS UP', 'LOW STATUS IS DOWN', 'GOOD IS UP', 'BAD IS DOWN', celebrizadas por Lakoff e Johnson (1980).

Concluindo: a coexistência do relacional topológico e do relacional interativo no campo da expressão prefixal (de *inter-*, *sobre-*, *sub-*, *super-*, por exemplo) não anula a unidade semântica de cada operador prefixal, resultando antes do alargamento do âmbito semântico de cada um, como unidades polissêmicas que são. A heterossemia, que resulta de mudanças operadas no funcionamento de cada prefixo, espalda-se no espaço semântico-conceptual medular e distintivo de cada um.

Em relação a *inter-*, falta averiguar se terá havido gramaticalização, no sentido de acréscimo de gramaticalidade em face da anterior maior lexicalidade, mas há certamente uma expansão de sentidos do locativo/topológico para o argumental e interativo.

O funcionamento de *inter-* deve, pois, ser equacionado à luz das relações estruturais que mantém com outros operadores isofuncionais, como *entre-* e o clítico *se* com valor recíproco (Ribeiro, 2011). Assim se explica que esse operador afixal não desencadeie alterações na estrutura argumental da base, isto é, no número de argumentos em jogo, mas afete a estrutura léxico-conceptual dos participantes, tendo incidência no tipo de relação

PREFIXAÇÃO NA LÍNGUA PORTUGUESA CONTEMPORÂNEA 57

semântica que entre estes se configura, pois entre os dois actantes requeridos pela presença de *inter-* é imperativo que se estabeleça uma relação de simetria participativa, de reciprocidade.

A consciência de que alguns prefixos apresentam sentidos mais e menos previsíveis leva alguns autores a proporem a existência de duas classes de prefixos: os que são 'morfologicamente' derivados e os que são 'lexicalmente' derivados (*strict lexical or inner prefixes*). Esta é a posição de Markova e Padrosa-Trias (2009), que sumariamente aqui se descreve. Os prefixos 'lexicalmente' derivados exibem um sentido idiossincrático, de tal modo que os falantes não têm já consciência do seu estatuto prefixal (cf. *repartir*). Por serem não transparentes, são do domínio do léxico. Os 'morfologicamente' derivados têm sentido composicional, reconhecível, e estão ativos na língua. São formados na componente morfológica. No conjunto destes inscrevem-se, segundo estas autoras, os locativos (*subjazer*), os direcionais, que operam com verbos de movimento (*sobrevoar*), os causativos, como *en-* (inglês: *enrich*; catalão: *ennegrir*), entre outros. Efetivamente, em todas as línguas há prefixos de sentido mais previsível e outros de sentido mais diferenciado. Mas tal não anula o semantismo de cada um que, mesmo com flutuações, sobreposições, heterossemia e idiossincrasias, é delimitado em e por cada sistema prefixal. Diante do exposto, não consideramos operatória esta dicotomia.

Tanto quanto a heterossemia do prefixo, também o produto pode apresentar sentidos variados e não composicionalmente previsíveis. Este aspecto é explorado na secção seguinte.

1.10.3 Do sentido matricial aos sentidos cristalizados

Tal como o próprio prefixo pode exibir significações de vária ordem, ancoradas na sua significação matricial, também a semântica do produto pode apresentar sentidos variados e de certa forma inesperados, face ao semantismo composicionalmente previsível.

Em função do sentido das bases com que os prefixos se combinam, as palavras prefixadas podem, pois, adquirir sentidos lexicalizados que se afastam em graus diversos do sentido composicional. Tal não anula o valor semântico matricial de cada constituinte, mas este pode efetivamente sofrer inflexões, muitas vezes devidas a especializações motivadas referencialmente, metafórica e/ou metonimicamente. Por exemplo, o sentido mais saliente de *contracurva* está associado à configuração física de uma estrada com curvas; tal sentido, em parte contido no da base, em nada invalida o valor de oposição que carateriza *contra-*, pois uma *contracurva* é uma 'curva que se sucede a outra, e de sentido contrário a esta'. Ou seja, uma *contracurva*, como uma *contramanifestação* ou uma *contrassenha*, são co-hipônimos de curva, de manifestação e de senha.

O mesmo se diga de *anti-herói*, 'aquele a quem faltam atributos caraterísticos de herói, e que por isso é o oposto do herói', ou de *contracultura*, 'valores, ideologias, práticas que se opõem aos que se encontram em vigor numa dada cultura'. Semantismo diferenciado também se encontra em *contramestre*, 'imediato do mestre, substituto do mestre', e em *contra-almirante*, '(posto de) oficial general da Marinha, superior ao de comodoro e inferior ao de vice-almirante', pois o valor de oposição inflete-se no de hierarquia, sem que estes dois casos configurem uma classe genolexical autônoma e produtiva no português.

Acontece amiúde que uma palavra derivada, seja por sufixação ou por prefixação, apresente sentidos cristalizados, não computáveis a partir da soma ou da conjunção das partes; estes sentidos mais idiossincráticos não anulam o sentido composicional que continua subjacente e/ou latente, mas fixaram-se de forma tão definitiva no uso da comunidade, que se lhes colaram como os mais relevantes pragmaticamente. Assim acontece com os seguintes exemplos:

(58) *conviver*: o sentido de 'conversar informalmente, manter uma conversa informal', 'divertir-se' é bem mais comum que o de 'viver em comum', menos usual ou mesmo inusual;

(59) *coabitar* denota 'conviver de forma pacífica', 'viver em harmonia', e já não tanto 'morar juntamente (com)', 'viver em comum (com)';

(60) *rebuscar* (texto/discurso) não significa mais 'buscar duas vezes', 'buscar ou procurar novamente', mas 'apurar com o máximo cuidado, requintar', 'empolar, afetar';

(61) *retocar*: 'dar retoques em; limar; corrigir; aperfeiçoar', e já não 'tocar novamente';

(62) *ressentir*: 'sentir o efeito de, melindrar-se', e não 'sentir de novo, voltar a sentir'.

PREFIXAÇÃO NA LÍNGUA PORTUGUESA CONTEMPORÂNEA

É possível contornar ou ultrapassar a iconicidade das palavras derivadas ou compostas que adquirem sentidos particulares, especializados, e que por isso são mais opacas e de mais difícil reconhecimento e processamento? Em meu entender, uma estratégia sempre muito proveitosa para o conhecimento da língua, seja como L1 ou L2, consiste em tentar decompor a palavra nos seus constituintes e tentar reconstituir o sentido matricial possível em função das partes em presença. Com este cenário interiorizado, mais fácil se torna proceder a extensões ou a especializações semânticas que ajudem a encontrar e compreender os sentidos cristalizados com que as palavras são presentemente usadas, tanto mais que os mecanismos cognitivos (metáfora, metonímia, metaftonímia, perspectivação) em jogo são universais e, como tal, sem grande dificuldades de computação.

Tomemos alguns exemplos.

(63) *Contracapa*: 'face posterior de livro ou revista, que surge impressa na face interna da capa; segunda capa, logo após a primeira, onde, além dos dizeres da capa principal, constam dados adicionais': ou seja, trata-se de uma segunda capa, de uma outra face da capa exterior, que se encontra colocada em posição oposta à da face externa da capa principal, da capa de rosto.

(64) [Um] *contratorpedeiro* (navio): trata-se de um navio que atua por contraposição a um navio torpedeiro: o facto de se usar mais recorrentemente, e sob a forma nominalizada o/um *contratorpedeiro*, em nada anula o seu valor semântico original, que continua latente, mas naturalmente esbatido face às necessidades mais imediatas da computação dos sentidos das palavras.

(65) [Um] comboio *inter-regional*: como com outras construções em posição adnominal, e mais ainda com palavras exocêntricas, como em "vamos no inter-regional das 18h", o sentido do todo pode ser percepcionado como mais distante do composicionalmente construído. *Inter-regional* equivale a 'entrerregiões', e nesse sentido o significado do todo é perfeitamente dedutível face ao das unidades lexicais em presença. Quando *inter-regional* (ou *intercidades*) se autonomiza como nome, e sabemos que a palavra denota um meio de transporte, não pode deixar de ser considerado um nome exocêntrico: de facto não significa 'algo, por exemplo um espaço, uma estrada, uma maratona' entre cidades. O sentido remonta ao seu uso matricial de palavra em aposição a *comboio/trem*, *autocarro/ônibus*, ou outro meio de transporte público interurbano, pelo que o sentido com que é usado tem de recorrer a esse cenário para ser cabalmente entendido. Os conhecimentos enciclopédicos do falante rejeitam que se trate de uma denominação para bicicleta, triciclo ou *skate*, pois estes não são usados para tal finalidade, mas podem incluir barcos ou trenós, em regiões onde o transporte inter-regional se faça com recurso a estes meios de transporte.

A adjunção de um **prefixo** a um nome de base desenvolve um tipo de alteração semântica diferente da que seria ativada em caso de composição. Através da composição de dois nomes pode originar-se uma denominação de uma entidade nova, naturalmente devedora do concurso das partes envolvidas, como se observa em *ampere-hora* ou em *casa-mãe*.

Assim é não de forma sistemática, mas em muitos casos de **composição**. Ambos os nomes contribuem para a construção do valor referencial da nova denominação que com eles se forma. No âmbito da prefixação, o prefixo também contribui para a construção do valor referencial do nome a que se associa, mas veicula informações sobre quantidade, sobre localização, sobre dimensão, sobre valor de identidade, sobre qualidade, da realidade denotada pela base. Em *meia hora* ou em *supermãe*, o derivado denota 'metade de uma hora' e 'excelente mãe', pelo que não há alteração do denotado da palavra prefixada face ao da base. Outros valores semânticos carreados por algumas classes de prefixos podem ser considerados como ativando um desfasamento mais significativo entre o denotado pela base e o da palavra prefixada, mas tal varia em função da opacidade formal e semântica do prefixo e da competência lexical do falante.

Observemos o que se passa com as diferentes denominações das camadas da atmosfera — a *troposfera*, a *estratosfera*, a *mesosfera*, a *termosfera*, a *exoesfera* — relativamente ao padrão de construção que está na base de cada uma.

(66) *troposfera*: 'camada da atmosfera em que vivemos, em que ocorrem fenômenos climáticos, poluição, etc. e que vai do nível do mar até 12 km de altura';

(67) *estratosfera*: 'camada que vai do fim da troposfera (12 km de altura) até 50 km acima do solo';

(68) *mesosfera*: 'camada com início no final da estratosfera e que vai até 80 km acima do solo';

(69) *termosfera*: 'camada que tem início no final da mesosfera e que vai até 500 km do solo';

(70) *exosfera*: 'a camada mais externa da atmosfera, que vai do final da termosfera até 800 km do solo e que antecede o espaço sideral';

(71) *ionosfera*: 'camada da atmosfera acima dos 800 km e abaixo dos 600 km, cujos constituintes estão ionizados'.

Estratosfera, ionosfera, termosfera, troposfera, ou ainda *biosfera, hidrosfera, geosfera* são palavras formadas por composição, na medida em que à esquerda de *esfera* se juntam os radicais nominais *estrat-* 'estrato', *ion-* 'ião', *term-* 'temperatura', *trop*(os) 'volta, giro', *bio-* 'vida', *hidr-* 'água', *geo-* 'terra'. *Exosfera* e *mesosfera* são formados por prefixação, já que *exo-* denota 'fora de' e *meso-* 'a meio de'.

Se contrastarmos *bioesfera* com *microesfera*, também facilmente identificamos um sentido referencial autônomo do de *esfera*, codificado por *bio-*, o que não acontece com *micro-*, que predica uma dimensão específica (mínima) de *esfera*. O mesmo se aplica a *hidrofratura* vs. *hipofratura*, a *radioimune* vs. *autoimune*. Em *hidrofratura* e *radioimune* estamos perante compostos, em *hipofratura* e *autoimune* perante palavras prefixadas.

Não obstante os pontos de contato, a prefixação diferencia-se, pois, da composição nomeadamente quanto à natureza semântica das alterações produzidas.

Recordam-se, de seguida, as propriedades dos prefixos:

(i) os prefixos funcionam como modificadores das bases a que se acoplam ou como operadores preposicionais e argumentais destas;

(ii) não obstante a heterossemia pela qual alguns se caraterizam, cada um mantém um valor central que pode sofrer inflexões em função de fatores vários;

(iii) de uma maneira geral, os prefixos não alteram a esfera denotacional da base a que se acoplam, nem o conteúdo intensional desta. Ou seja, uma *minissaia* é uma *saia*, uma *subcave* é uma *cave*, um *superguarda-chuva* continua a ser um *guarda-chuva*, uma *entreajuda* é uma manifestação de *ajuda* entre dois seres.

As propriedades dos prefixos aqui sintetizadas explicam, em larga medida, a diferente natureza semântica da prefixação face à composição (cf. Gonçalves, 2011b; Rio-Torto, 2014b).

1.11 Estudos sobre os prefixos do português: flutuações e invariantes

O universo de prefixos e de não prefixos em duas gramáticas de referência de língua portuguesa, como são a de Cunha e Cintra (1984) e a de Bechara (2004), evidencia uma assinalável divergência de posições, pois enquanto Cunha e Cintra apenas consideram como prefixos os constituintes dos conjuntos 1. e 3. (cf. quadro seguinte), já Bechara inclui no universo dos prefixos os constituintes dos conjuntos 1. e 2. Reproduzem-se aqui as configurações que os autores usam, mesmo que nos seus étimos ou variantes erudito/as.

Quadro 10. Constituintes prefixais e não prefixais em Bechara (2004) e em Cunha e Cintra (1984)

	Bechara	Cunha e Cintra
1. *a(b)-, ad-, ante-, circum-, cis-, cum-, contra-, de-, des-, dis-, di(s)-, ex-, es-, e-, em-, in-, extra-, in- (negação), inter-, entre-, intro-, intra-, ob-, per-, pos-, pro-, re-, retro-, sobre-, soto-, sota-, trans-, tras-, tres-, ultra-, vice-, vis-*	+ prefixo	+ prefixo
2. *ambi-, bene-, bem-, bis-, centum-, decem-, infra-, pluri-, praeter-, primu-, pre-, satis-, semi-, so-, sob-, sub-, tris-, tri-, un-*	+ prefixo	- prefixo
3. *justa-, super-, supra-*	- prefixo	+ prefixo

No Acordo Ortográfico (1990) que vigora no Brasil e em Portugal, estes constituintes são distribuídos da seguinte forma por três classes (prefixos, falsos prefixos e elementos de composição):

Quadro 11. Prefixos, falsos prefixos e elementos de composição: Acordo Ortográfico (1990)

Prefixos (Base XVI)	Falsos prefixos (Base XVI)	Elementos de composição (Base XV, 4 e 5)
ante-, anti-, circum-, co-, contra-, entre-, extra-, hiper-, infra-, intra-, pós-, pré-, pró-, sobre-, sub-, super-, supra-, ultra-	*aero-, agro-, arqui-, auto-, bio-, eletro-, geo-, hidro-, inter-, macro-, maxi-, micro-, mini-, multi-, neo-, pan-, pluri-, proto, pseudo, retro-, semi-, tele-*	*além-, aquém-, bem-, mal-, recém-, sem-*

PREFIXAÇÃO NA LÍNGUA PORTUGUESA CONTEMPORÂNEA

Dos denominados 'falsos prefixos', *inter-, pluri-, pseudo, retro-, semi-* figuram como prefixos em Cunha e Cintra e/ou Bechara. Mas, no âmbito do Acordo Ortográfico (1990), não são explicitados os critérios que estão na base da delimitação destas classes.

No Acordo Ortográfico de 1945, alterado pelo decreto-lei 32/73 de 6 de fevereiro, diferenciam-se "compostos" (cf. Base XXIX) formados 'com prefixos' e compostos formados 'com elementos de origem grega':

Quadro 12. Prefixos e não prefixos no Acordo Ortográfico de 1945

Compostos formados com	**Prefixos**: *ab-, ad-, além-, aquém-, ante-, anti-, arqui-, bem, circum-, co-, contra-, entre-, extra-, hiper-, infra-, inter-, intra-, mal, ob-, pan-, pós-, pré-, pró-, recém-, sem, semi-, sobre-, sot(o-/a-), sub-, super-, supra-, ultra-, vice-, vizo-* (Base XXIX)
	Elementos de origem grega: *auto, neo, proto* e *pseudo* (Base XXIX, 2)

Comparando as versões de 1945 e a de 1990, verifica-se uma maior pulverização de classes na versão mais recente; os elementos de origem grega (*auto-, neo-, proto-, pseudo-*), já antes mencionados na versão mais remota, mantêm um estatuto apenas parcialmente idêntico na edição mais atual, pois nesta não são verdadeiros prefixos, mas também não integram o restrito conjunto de constituintes não autônomos de composição (*além-, aquém-, bem-, mal-, recém-, sem-*[12]) acima elencado (cf. quadro 11).

---

12. Não é unânime o tratamento dado pelos estudiosos a *bem, mal, sem, não.* C. Michaëlis de Vasconcelos (1916) considera-os todos como prefixos, Alves (2000) atribui estatuto prefixal a *mal, sem, não,* e Said Ali ([1931] 1971) integra os produtos com *bem* e *mal* no âmbito da composição. Neste livro, *bem* e *mal* não configuram uma classe específica de prefixos, pelo facto de se combinarem essencialmente com uma classe de bases, as adjetivais (*bem-aventurado, bem-criado, benfazejo, bem-humorado, benquisto, bem-vindo, mal-aventurado, malcriado, mal-humorado*), sendo residuais as nominais (*bem-aventurança*) ou mesmo as verbais (*bem-querer, malbaratar*). Também *sem* não é encarado como um prefixo, pois combina-se apenas com nomes para formar nomes sistematicamente exocêntricos (*sem-abrigo, sem-casa, sem-salário, sem-terra*). Os derivados *sensaborão* e *sensaboria* implicam a existência de um adjetivo *sensabor*, mas este não é formado no português. Em todo o caso, não se trata de uma solução definitiva e adotada com a máxima

Em nosso entender, devem distinguir-se, como foi proposto em 1945, *aero-, agro-, bio-, eletro-, geo-, hidro-, tele-* de *auto-, inter-, macro-, maxi-, micro-, mini-, multi-, neo-, pan-, pluri-, proto, pseudo, retro-, semi-*; os primeiros são marcados categorialmente, integram a classe nominal, têm um sentido referencial estável (*bio-* 'vida', *hidro-* 'água'), remetendo para realidades palpáveis do nosso quotidiano, e combinam-se com compostos nominais (substantivos ou adjetivos); os últimos não são marcados categorialmente e combinam-se com duas ou mais classes de unidades lexicais de base.

Além da constante dificuldade em organizar por classes os constituintes, observa-se na edição de 1945 que foi adotada a tradicional caraterização da prefixação como integrante da composição.

Esta disparidade na categorização dos prefixos e constituintes de composição também se faz sentir em relação a outras línguas, como o castelhano ou o italiano.

Nos estudos empreendidos para o espanhol por Varela e Martín García (1999) e por Varela (2005) há constituintes que ora são incluídos no conjunto dos prefixos, ora no dos constituintes de composição. Assim, *anfi-, apo-, cis-, dia-, ecto-, en-, endo-, exo-, mei-, meta-, não-, paleo-, para-, per-, recém-, tri-, tetra-*, não são considerados prefixos em Varela (2005), mas foram-no em Varela e Martín García (1999). Foram também objeto de mudança de categorização, mas no sentido inverso, *ex-, hemi-, multi-, pluri-, poli-, uni-* que de constituintes de composição (Varela; Martín García, 1999) passaram a constituintes prefixais (Varela, 2005)[13].

---

convicção (cf. a equivalência entre *desbaratar* e *malbaratar*): a circunstância de estes constituintes virem a alargar o seu espetro de atuação e a tornarem mais produtivo o seu uso pode conduzir a uma sua total gramaticalização e, nesse caso, estão criadas algumas das condições para que sejam integrados no conjunto dos prefixos.

13. Uma classificação alternativa é a proposta por Fábregas, Felíu Arquiola, Varela (2005), que delimitam as seguintes quatro classes de prefixos: (i) prefixos adjuntos a 'root head ($\sqrt{°}$)' (cf. *in-* ilativo), (ii) prefixos adjuntos a 'root Phrase ($\sqrt{Phrase}$)'/$\sqrt{sintagma}$ (cf. *bem, mal*), (iii) prefixos adjuntos a 'functional head (F°)'/cabeça funcional (cf. *des-, pré-*), e (iv) prefixos adjuntos a 'functional phrase (FP)'/sintagma funcional (cf. *contra-, sobre-*).

PREFIXAÇÃO NA LÍNGUA PORTUGUESA CONTEMPORÂNEA   65

Quadro 13. Alteração de estatuto [+ prefixal] em Varela e Martín García (1999) e em
Varela (2005)

	Varela e Martín García (1999)	Varela (2005)
1. *anfi-, apo-, cis-, dia-, ecto-, en-, endo-, exo-, mei-, meta-, não-, paleo-, para-, per-, recém-, tri-, tetra-*	+ prefixo	- prefixo
2. *ex-, hemi-, multi-, pluri-, poli-, uni-*	- prefixo	+ prefixo

No seu Glossário de "Unidades Lexicais Neológicas de caráter prefixal", Ieda Alves (2000) considera como prefixos as 42 unidades presentes
no quadro seguinte.

Quadro 14. Unidades prefixais do português do Brasil (cf. Alves, 2000)

(1) A-	(12) Inter-	(23) Não-	(34) Sem-
(2) Além-	(13) Intra-	(24) Para-	(35) Semi-
(3) Ante-	(14) Macro-	(25) Pluri-	(36) Sobre-
(4) Anti-	(15) Mal-	(26) Poli-	(37) Sub-
(5) Após-	(16) Máxi-	(27) Pós-	(38) Super-
(6) Arqui-	(17) Mega-	(28) Pré-	(39) Supra-
(7) Co-	(18) Meta-	(29) Pró-	(40) Trans-
(8) Extra-	(19) Micro-	(30) Quase-	(41) Ultra-
(9) Hiper-	(20) Mini-	(31) Re-	(42) Uni-
(10) In-	(21) Mono-	(32) Recém-	
(11) Infra-	(22) Multi-	(33) Retro-	

Deve registrar-se que, durante vários séculos, a prefixação foi amplamente considerada como fazendo parte da composição. Ainda em finais
do século XIX, o conhecido gramático Epifânio da Silva Dias, na sexta
edição revista (1884) da sua *Grammatica portugueza elementar*, entende
por prefixo o primeiro elemento das palavras compostas que se usa apenas

na composição, e não em outras partes do discurso, como acontece com os constituintes dotados de maior autonomia presentes em (exemplos do autor) *Belmonte, couve-flor, fozcoa, sensabor, verde-negro*. O exemplo que o autor dá de prefixo é o de *in-*, em *indomável*.

Os prefixos elencados pelo autor são: *ad-, ante-, anti-, circum-, com-, contra-, de-, des-, em-, es-, entre-, in-, extra-, in-, pré-, re-, retro-, sobre-, soto-, sub-, trans-, ultra-* e destes, os mais comuns são, em seu entender, *des-, de-, es-, in-, re-* (Dias, 1884, p. 74).

Já o primeiro gramático da língua portuguesa, Fernão de Oliveira (1536), distinguia palavras simples (ou "singelas" ou "apartadas"), isto é, indecomponíveis em componentes mínimos de significado, de palavras complexas ou compósitas (cf. Rio-Torto, 2009), a que chama dicções "juntas" ou compostas", e que envolvem a adjunção de dois ou mais constituintes lexicais aos quais se pode atribuir significação, como *aquelloutro, contrafazer, refazer, desfazer,* que resultam da combinação de *fazer* com os prefixos *contra-, re-* e *des-,* ou ainda *desempedir* e *desencolher,* que resultam da adjunção de *des-* a *empedir* e *encolher* (Oliveira, 2000 [1536], cap. XXXV).

Fernão de Oliveira inclui a prefixação (mas não a derivação) na composição, muito provavelmente entendida esta de modo diverso do que viria a ser desenvolvido em quadros conceptuais posteriores. As palavras podem ser "tiradas" ou "derivadas" (Oliveira, 2000 [1536], cap. XLI), no sentido de produzidas por afixação, e primitivas, ou "primeiras" (Oliveira, 2000 [1536], cap. XXXIX), ou seja, não derivadas.

Como exemplos de palavras "tiradas" ou "derivadas", arrola o autor as seguintes classes:

* diminutivos (*mocinho, mocinha*) e aumentativos (*arcabuz, rapagão, molherão, beberraz, velhacaz* (Oliveira, 2000 [1536], cap. XXXII);

* adjetivos denominais (*sarnoso, sarapulhento, pedregoso, areento*);

* nomes de ofício em *-eiro* (*pedreiro, carpenteiro, sapateiro*), em *-dor* (*ferrador, surrador, pescador, regedor, governador*), em *-deira* (*pescadeira*), em *-airo* [*-ário*] (*boticairo*);

PREFIXAÇÃO NA LÍNGUA PORTUGUESA CONTEMPORÂNEA 67

- nomes de oficinas e lugares de ofício em -*aria* (*ourivesaria, sapataria, carpintaria*);
- nomes deverbais em -*mento* (*afeiçoamento; comprimento*);
- nomes denominais em -*ice* (*velhice*);
- advérbios em -*mente* (*compridamente, abastadamente, raramente*).

O quadro seguinte resume a caracterização feita por Fernão de Oliveira.

Quadro 15. Classes de palavras compósitas em Fernão de Oliveira (1536): "juntas" ou "compostas" e "tiradas" ou "derivadas"

Palavras "juntas" ou "compostas"	Palavras "tiradas" ou "derivadas"
(1) *aquelloutro, também*	(1) diminutivos (*mocinho*) e aumentativos (*molherão, velhacaz*)
(2) *a-: acertar, achegar*	
(3) *con-: concertar, conjuntar*	(2) adjetivos (*sarnoso, sarapulhento, pedregoso*)
(4) *contra-: contrafazer*	(3) nomes de ofício em -*eiro* (*pedreiro, sapateiro*), -*dor* (*ferrador*), -*deira* (*pescadeira*), -*airo* (*boticairo*)
(5) *des-: desconcertar, desfazer, desimpedir, desencostar*	(4) nomes de oficinas e lugares de ofício em -*aria* (*sapataria*)
	(5) nomes deverbais em -*mento* (*afeiçoamento; comprimento*)
(6) *es-: estorvar (es+torvar)*	(6) nomes denominais em -*ice* (*velhice*)
(7) *re-: refazer, revender*	(7) advérbios em -*mente* (*abastadamente; raramente*)

No que diz respeito à língua portuguesa contemporânea, são ainda escassos os trabalhos globais ou parcelares sobre a prefixação. Trata-se de trabalhos acadêmicos, ou seja, dissertações de mestrado e teses de doutoramento, que servem de base aos estudos mais encorpados que agora se começam a empreender sobre a nossa língua. No quadro seguinte associam-se os trabalhos e autores aos valores dos prefixos para os quais dispomos de estudos pormenorizados.

Quadro 16. Estudos sobre prefixação no português realizados em Portugal

Prefixos avaliativos (expressão de grau):	• Excessividade	*arqui-, extra-, hiper-, supra-, ultra-*	Graça Rio-Torto (1993), *Formação de palavras em português. Aspectos da construção de avaliativos.* CELGA, FLUC (https://estudogeral.sib.uc.pt/handle/10316/717)
	• Superlatividade Intensividade	*sobre-, super-*	
	• Aumento	*maxi-, mega-, macro-*	
	• Diminuição, inferioridade	*mini-, hipo-, infra-*	
	• Partição equitativa, proximidade, 'quase'	*hemi-, mei-, semi-*	
Localização espacial e temporal: • Anterioridade: *pré-* • Posterioridade: *pós-*			Susana Nunes (2006), *Prefixação espácio-temporal em português.* CELGA, FLUC (https://docplayer.com.br/14578876-Prefixacao-espacio-temporal.html)
Prefixos de origem preposicional: *co-, contra-, entre-, inter-, sobre-, sub-*			Susana Nunes (2011), *A prefixação de origem preposicional em português.* CELGA (https://estudogeral.sib.uc.pt/bitstream/10316/17895/3/ Susana NunesPrefixaçãodeOrigem PreposicionalnaLinguaPortuguesa.pdf)
Prefixos lativos: Adlativo: *a(d)-* Ilativo: *en-* (< IN ilativo) Elativo: *es-* (< EX)			Rui Pereira (2000), *Formação de verbos por prefixação*; (2007), *Formação de verbos em português: afixação heterocategorial.* CELGA (www.uc.pt/uid/celga)
Anti-			Margarita Correia (1992), *A formação de adjetivos em anti- em português* (FLUL)

O estudo de Nunes (2011) faculta uma descrição muito documentada do comportamento dos prefixos *co-, contra-, entre-, inter-, sobre-, sub-* ao longo dos últimos três séculos, com quantificação da sua representatividade dicionarística.

No Brasil, quem mais se tem dedicado ao estudo da prefixação é Ieda Alves e os membros do seu grupo de pesquisa da Universidade de São Paulo (USP). Num estudo de 1993, a autora apresenta alguns dados percentuais

PREFIXAÇÃO NA LÍNGUA PORTUGUESA CONTEMPORÂNEA   69

sobre os prefixos do corpus mínimo do Projeto "Gramática do Português Falado", que então começava a dar os seus frutos. Configuramos esses dados quantitativos no quadro seguinte, respeitando as classes e os prefixos (Negativos, Posição, Intensidade, Outros) que a autora descreve.

Quadro 17. Dados percentuais sobre os prefixos no português do Brasil organizados a partir de Alves (1993)

Negativos (42,99%)	Posição (25,23%)	Intensidade (22,42%)	Outros (10,28%)
des- (45,75%)	pré- (40,74%)	super- (37,5%)	re- (59,25%)
in- (36,95%)	sub- (18,51%)	multi- (25%)	con- (18,51%)
não- (10,86%)	sobre- (14,81%)	hiper- (12,5%)	in- ilativo (14,81%)
dis- (6,52%)	inter- (11,11%)	ultra- (12,5%)	auto- (3,70%)
	retro- (7,40%)	macro- (12,5%)	semi- (3,70%)
	infra- (3,7%)		
	pós- (3,7%)		

Se reorganizarmos estes dados e os distribuirmos em função de três classes de intervalos percentuais, verificamos que *re-* se distancia dos demais com uma percentagem elevada (59,25%), sendo seguido por *des-* (45,75%), *pré-* (40,74%), *super-* (37,5%) e *in-* negativo (36,95%). Os avaliativos situam-se já num patamar bem distante, entre os 10% (*sub-*, *sobre-*, *hiper-*, *ultra-*, *macro-*) e os 25% (*multi-*). Neste conjunto se inscrevem também o comitativo *con-* (18,51%) e *in-* ilativo (14,81%). Mais baixa ainda é a representatividade dos prefixos *retro-* (7,40%), *dis-* (6,52%) e *infra-*, *pós-*, *auto-*, *semi-*, todos com 3,7%. O quadro seguinte sintetiza estes dados.

Quadro 18. Escala de percentagens de uso de prefixos no português do Brasil

≥ 26%	≥ 10-25%	< 10%
(1) *re-* 59,25%	(6) *multi-* 25%	(12) *retro-* 7,40%
(2) *des-* 45,75%	(7) *sub-* 18,51%, *con-* 18,51%	(13) *dis-* 6,52%
(3) *pré-* 40,74%	(8) *sobre-* 14,81%, *in-* ilativo 14,81%	(14) *infra-* 3,7%,
(4) *super-* 37,5%	(9) *hiper-* 12,5%, *ultra-* 12,5%, *macro-* 12,5%	*pós-* 3,7%,
(5) *in-* 36,95%	(10) *inter-* 11,11%	*auto-* 3,7%,
	(11) *não-* 10,86%	*semi-* 3,7%

Também Gonçalves (2011a), após pormenorizada discussão terminológica, acaba por adotar uma atitude que, no que diz respeito aos prefixos do português, não difere da tradicional; assim não acontece com os sufixos e alguns radicais neoclássicos. São considerados prefixos *bi-, macro-, mega-, micro-, mini-, multi-, poli-, pluri-, vice-*.

De acordo com os dados disponíveis, sabe-se que na neologia contemporânea, nomeadamente na mais especializada, a prefixação, como também a sufixação, tem vindo a perder terreno em relação a outras modalidades de formação de palavras.

O estudo de Antunes, Correia e Antunes (2012) sobre "Neologismos científicos e técnicos na imprensa generalista" comprova que assim é, pois os valores para os diferentes processos que constam do seu gráfico 3 são (2356 ocorrências correspondendo a 1644 lemas):

- empréstimos: 974 ocorrências (41,3% do total);
- sintagmação: 396 ocorrências (16,8% do total);
- composição culta: 306 ocorrências (12,9% do total);
- sufixação: 193 ocorrências (8,19% do total);
- composição: 142 ocorrências (6,02% do total);
- prefixação: 124 ocorrências (5,26% do total).

Os demais processos, como a neologia semântica (63 ocorrências) ou a acronímia (29 ocorrências), apresentam valores inferiores a 3% do total.

A prefixação, como a sufixação, ocupam portanto um modesto lugar no conjunto dos processos mais usados para a formação de novas palavras técnicas: para tal, a língua recorre

(i) dominantemente aos empréstimos, adaptados (*dossiê*) ou não (*chat*); e

(ii) à sintagmação.

Ainda que esta correlação de forças entre procedimentos genolexicais varie de área para área, as tendências globais em outros setores de renovação do léxico especializado apontam para uma realidade muito semelhante a esta,

PREFIXAÇÃO NA LÍNGUA PORTUGUESA CONTEMPORÂNEA

em que a afixação não tem presentemente lugar de destaque, ao contrário do que ocorreu em séculos pretéritos.

> Ao longo do livro são dados exemplos que permitem atestar que no português do Brasil as palavras prefixadas mais recentemente registradas usam, na língua comum, como nas de especialidade, os mesmos prefixos, e que as condições de combinatória são comuns ao português europeu.

No que diz respeito às preposições que estão na origem de muitos dos prefixos do português, deve assinalar-se o estudo de Viaro (1994), que distingue as seguintes classes e as seguintes preposições, aqui limitadas às que continuam presentes no português contemporâneo:

(1) Afastamento (ab, ex, de, sine, dis);

(2) Aproximação (ad);

(3) Meio (per);

(4) Circularidade (circum, circa, ambi);

(5) Verticalidade (de, infra, sub, super, supra);

(6) Sequência (ob, prae, por, pri-, pro, ante, contra, re, pos);

(7) Interioridade (ex, in, inter, intro, intra);

(8) Proximidade (apud, iuxta, cum, ad, ab, cis, citra, uls, ultra, trans).

1.12 Preposições, prefixos e natureza dos produtos

Um tema assaz polêmico é o que se prende com o estatuto dos elementos prefixais, como *extra-*, *inter-*, *intra-*, *sub-*, sua capacidade de categorização e a natureza dos produtos que geram, do tipo de *extraterritorial*, *intercelular*, *intramuscular*, *submarino*.

Resumidamente, são as seguintes as perspetivas mais relevantes quanto à natureza dos produtos portadores de formantes deste tipo:

(i) adjetivos relacionais com comportamento de substantivo (cf. Scalise; Fábregas; Ángeles Cano, 2012);

(ii) adjetivos em aposição e com função atributiva (cf. Martín Garcia, 1996; Felíu Arquiola, 2001; Rio-Torto, 2013);

(iii) sintagmas preposicionados em que os prefixos se comportariam como preposições (cf. Fábregas, 2005; Melloni; Bisetto, 2012);

(iv) formações parassintéticas (cf. Serrano-Dolader, 1999).

A circunstância de *bi-* (*biface, bipolar*), *mono-* (*monomotor*), *multi-* (*multiusos*), com funcionamento idêntico ao de *extra-* (cf. *extraterritorial*), *inter-* (cf. *intercelular*), *intra-* (cf. *intramuscular*), *sub-* (cf. *submarino*), não poderem ser considerados como preposições, joga a favor da tese de que estamos perante prefixos com um comportamento singular. Com efeito, as preposições podem relacionar construções de classes categoriais e sintagmáticas diversas, mas os prefixos em causa manifestam um âmbito de subcategorização substancialmente mais limitado, algumas vezes circunscrito à classe nominal, como no caso de *anti-*.

O facto de alguns prefixos, como *anti-* em *antipessoal*, terem escopo sobre o radical nominal (*pesso-*) do adjetivo, e não sobre o conteúdo deste, é explicado por Scalise, Fábregas, Ángeles Cano (2012) do seguinte modo: derivados do tipo de *antenupcial, antipessoal, antitabágico, infraglótico, intercontinental, intrauterino, subaxilar, supraglótico* são adjetivos relacionais com comportamento de substantivo. Nesta perspectiva, estes prefixos não têm poder categorizador — de transformar um radical nominal em adjetival —, e os derivados não têm capacidade de funcionar como núcleos de SN.

Em paralelo, e em favor da posição de que se trata de adjetivos com comportamento nominal, pode invocar-se que os adjetivos relacionais comungam de várias propriedades com os nomes (Serrano-Dolader, 2012, p. 423), como:

(i) o facto de não serem prototipicamente graduáveis, na sua leitura literal (*muito *antenupcial*, *muito *infraglótico*, *muito *subaxilar*);

(ii) o facto de poderem codificar funções temáticas em estruturas de nominalização de eventos complexos (as invasões *napoleônicas* da Península Ibérica);

PREFIXAÇÃO NA LÍNGUA PORTUGUESA CONTEMPORÂNEA

(iii) o facto de conterem traços interpretáveis em termos de número, de tal modo que a coordenação de dois adjetivos relacionais no singular pode equivaler a um plural: traumatismo *craniano* e *toráxico*; equipamento *antipessoal* e *antissísmico*.

Estas propriedades confirmam a necessidade de as classes derivacionais serem consideradas de forma não discreta, mas em contínuo e em interface.

Além disso, nada impede que uma mesma estrutura possa ter funcionamentos diversos sem perder o seu valor unitário e fundacional, por assim dizer. Uma visão não discreta, mas escalar, radial e interarticulada das diferentes funções de um prefixo explica o seu comportamento multifacetado, como o locativo em termos de fisicidade, e como o locativo numa escala de hierarquia ou em uma escala de avaliação mais subjetiva.

Uma palavra relativamente à interpretação que Melloni e Bisetto (2010) fazem dos prefixos italianos congêneres dos portugueses.

Estas autoras sustentam que os prefixos italianos *sopra-* (pt. *supra-*) e *sotto-* (pt. *sub-*) podem ter um valor prefixal, de superioridade (it. *sopravvalutato* 'sobreavaliado') ou de inferioridade (it. *sottocommissione* 'subcomissão'), e um valor preposicional quando funcionam como locativos, como em it. *soprarenale* (pt. *suprarrenal*), it. *sottocrostale* (cf. pt. *subcostal*), *intrapélvico, postconciliar*), configurando parassintéticos no âmbito da composição.

A argumentação destas autoras italianas assenta no facto de os prefixos fonologicamente idênticos às preposições que estão na sua origem tenderem a perder o seu sentido original, de natureza locativa, entrando num processo de dessemantização, manifesto, por exemplo, através de avaliação. Em primeiro lugar, avaliação não significa dessemantização, mas outra forma de semantismo. Este raciocínio não pode ser aplicado ao português, porque os prefixos nem sempre mantêm a mesma estrutura fonológica que as preposições. Assim acontece com os descendentes portugueses do latim SUPER e SUB, respectivamente *supra-, super-, sob-, sub-*. Ora, em português, apenas *sob-* e *sobre-* funcionam como preposições, pelo que não há mais coincidência formal nem funcional entre as estruturas em apreço. O mesmo se aplica aos prefixos lativos *a-, en-, e-*, cuja configuração não é mais a das preposições latinas que estão na sua base, e cujo funcionamento não é também o das preposições cognatas do português atual. O quadro seguinte explicita essas mudanças, patentes e atuantes na língua contemporânea.

Quadro 19. Preposições latinas e portuguesas e respectivos prefixos nesta língua

Preposição: latim	Preposição: português	Prefixo: português
AD	*a*: a+o(s) = ao(s); a+a = à(s)	*a-*: *alargar, apimentar*
IN	*em*: em+o(s) = no(s); em+a = na(s)	*en-*: *encurtar, encarcerar*
EX	–	*es-*: *esquentar, esventrar*; *ex-*: *ex-chefe*
SUB	*sob*: *sob a cave* 'debaixo da cave'	*sub-*: *subcave, subchefe, subavaliado*
SUPER	*sobre*: *sobre o telhado* 'por cima do telhado'	*super-* ([+erudito]: *supercílio, superideia* *sobre-* ([-erudito]): *sobrepeliz, sobrelucro*

As propriedades das preposições da língua portuguesa confirmam que os prefixos em estudo não se comportam como preposições, embora nelas tenham origem.

De acordo com Brito (2003, p. 398-403), as preposições em português distribuem-se por três grandes classes:

(i) as preposições que são verdadeiros itens predicativos e que por si sós marcam tematicamente os seus próprios argumentos, como as que são núcleos de SP com função de predicativo do sujeito: *ficar de cama, estar em risco, estar contra o governo*;

(ii) as preposições que são essencialmente marcadores de caso (*confiar em, dar a, falar de, pôr em, concordar com*), tendo um papel complementar na marcação temática;

(iii) as preposições que marcam tematicamente os seus argumentos juntamente com os predicadores verbais a que se encontram associadas, e que são inerentemente preposicionados. Nas suas entradas lexicais, cada verbo tem mapeados os papéis temáticos inerentes à sua estrutura; mas as preposições que os acompanham contribuem de forma decisiva para a clarificação da marca temática do complemento selecionado, atuando juntamente com o verbo na marcação temática: a oposição entre *vir a Lisboa* ou *vir de Lisboa* ilustra as marcas temáticas de Meta e de Fonte ativadas diferenciadamente pelas preposições.

As preposições podem, pois, ter valor predicativo, por si mesmas (cf. (i)), ser marcadoras de caso (cf. (ii)) e associar-se a itens lexicais para marcar tematicamente os complementos destes (cf. (iii)).

Com exceção dos prefixos lativos *a-*, *en-* e *es-*, que codificam através das bases que selecionam funções temáticas específicas (*aprisionar, encarcerar, esburacar, espipar*), os demais prefixos não têm capacidade argumental, no sentido de desencadearem a emergência de novos argumentos. O preenchimento léxico-semântico dos argumentos pode ser alterado, em função das propriedades semânticas do prefixo, como se verifica com *inter-* (*o João ajuda a Maria*: *o João e a Maria interajudam-se*). Assim, os prefixos não têm tipicamente um comportamento de núcleo preposicional, como de resto os dados do quadro anterior evidenciam.

Se observarmos a escala de GRAMATICALIZAÇÃO das preposições proposta por Castilho (2004), dispostas por ordem decrescente de frequência e menor amplitude sintática em cada grupo, verificamos que, no conjunto das mais gramaticalizadas, ou seja, das que funcionam exclusivamente como preposições, estão *a* e *em*, o que está em conformidade com o que antes se afirmou relativamente aos prefixos lativos *a-* (< A(D)) e *en-* (<IN).

Quadro 20. Escala de gramaticalização das preposições portuguesas (cf. Castilho, 2004)

Preposições mais gramaticalizadas	Preposições medianamente gramaticalizadas	Preposições menos gramaticalizadas
de, em, a, para, com, por	*sem, sob, sobre, até, entre, contra, desde, após*	*ante, perante, durante, exceto, salvo, conforme, trás, segundo*

Repare-se ainda que no conjunto das preposições medianamente gramaticalizadas figuram preposições homólogas de prefixos de grande produtividade no PE, como os locativos e avaliativos *sob, sobre, entre, contra*, e no conjunto das menos gramaticalizadas está *ante.*

Das preposições do português, são ainda mais numerosas as introdutoras de argumentos do que as que os não selecionam. Neste grupo inclui-se *ante-*, marcado por escassa representatividade na língua. O quadro seguinte apresenta os dados extraídos da *Gramática de usos do português*, de Maria Helena de Moura Neves.

Quadro 21. Preposições portuguesas ± introdutoras de argumentos (cf. Neves, 2000)

Preposições introdutoras de argumentos	Preposições não introdutoras de argumentos
a, até, com, contra, de, em, entre, para, por, sob, sobre	*ante, após, desde, perante, sem*

Por fim, uma breve descrição da proposta de Fábregas, Feliú Arquiola, Varela (2005) sobre os prefixos do espanhol. Esta proposta tem em conta em simultâneo

(i) o nível de atuação de cada prefixo, consoante se combina com 'root head ($\sqrt{}^{\circ}$)', 'root Phrase ($\sqrt{}$Phrase)', 'functional head (F°)' e 'functional phrase (FP)'; e

(ii) o grau de desvio em termos de composicionalidade semântica que o prefixo carreia para o produto. Um prefixo que se combina com um radical pode alterar propriedades semânticas, mas não o número de argumentos que seleciona.

Apoiando-se em Di Sciullo (1997) e em Varela e Haouet (2001), Fábregas, Feliú Arquiola e Varela (2005, p. 34) preconizam a existência de quatro classes de prefixos em espanhol, representadas nos esquemas finais

PREFIXAÇÃO NA LÍNGUA PORTUGUESA CONTEMPORÂNEA

desta secção, extraídos e adaptados dos dos autores (ibidem). Sempre que possível, usamos dados homólogos da língua portuguesa para exemplificar o pensamento dos linguistas espanhóis.

(i) **prefixo adjunto a 'root head ($\sqrt{}^0$)'** [trad. literal: raiz-cabeça], como *in-* (ilativo): o sentido do todo não é composicional em relação ao das partes (cf. in+escrever '*escrever dentro de'), e o prefixo não é autônomo na língua contemporânea (como *bem-* ou *mal-*), acoplando-se por isso a um radical, também ele com possibilidade de ser não autônomo (cf. *instruir*)

(ii) **prefixo adjunto a 'root Phrase ($\sqrt{}$Phrase)'** [trad. literal: raiz-sintagma], como *bem* ou *mal*: o sentido do todo não é composicional em relação ao das partes: *bendizer* quer dizer não apenas ou não tanto 'dizer bem', mas 'abençoar' (cf. "bendito o dia em que....") e *maldizer*, 'amaldiçoar, censurar, criticar'. O prefixo altera os requisitos do radical: *dizer* seleciona como Complemento Direto entidades proposicionais, nomeadamente frases (cf. *disse que partiu*), mas *maldizer* seleciona entidades individuais, como *tal aventura* (cf. *maldisse tal aventura*), mas nunca entidades proposicionais (*maldisse que partiu).

(iii) **prefixo adjunto a 'functional head (F⁰)'** [trad. literal: cabeça funcional]: estes prefixos, como *pré-* ou *des-*, não alteram o semantismo do radical, e o derivado tem sentido composicional. Todavia, alteram algumas propriedades do verbo: *dizer* é verbo transitivo e atribui caso acusativo ao Complemento Direto, enquanto o verbo *desdizer* pode funcionar como intransitivo e, em espanhol, *desdecir-se* exige um sintagma preposicional para codificar o argumento interno: *desdecir-se de lo dicho.*

(iv) **prefixo adjunto a 'functional phrase (FP)'** [trad. literal: sintagma funcional]: em *contraindicar* ou em *sobrevoar*, o sentido do todo é composicional em relação ao das partes; todavia, o prefixo pode alterar uma propriedade do verbo: *voar* não tem possibilidade de selecionar caso acusativo (cf. *o avião voou durante horas* vs. *o avião voou-o*), mas com o prefixo *sobre-* o verbo *sobrevoar* já seleciona acusativo (*o avião sobrevoa* *a cidade, o avião sobrevoa-a*). A seleção de caso é uma propriedade não dos radicais, mas das projeções funcionais, razão pela qual estes prefixos de valor adverbial estão associados a FP (functional phrase).

Os quatro esquemas que seguem representam, de forma esquemática, o funcionamento de cada uma destas classes de prefixos, em função do nível de atuação de cada um.

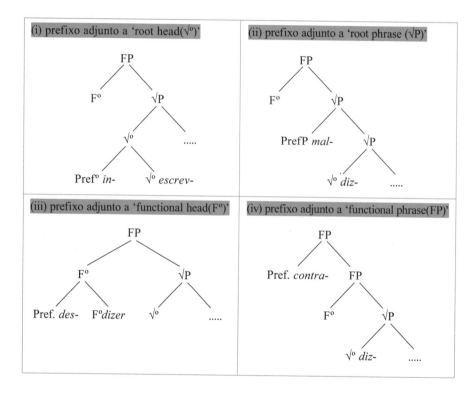

1.13 As tênues fronteiras entre alguns prefixos e elementos presos de compostos

Retoma-se aqui a caracterização de Rio-Torto (2014b) sobre as propriedades comuns a prefixos e constituintes de composição e as propriedades diferenciais entre prefixos e constituintes de compostos.

PREFIXAÇÃO NA LÍNGUA PORTUGUESA CONTEMPORÂNEA

1.13.1 Propriedades comuns a prefixos e constituintes de composição

(i) *Combinabilidade com palavra*

Quer os prefixos (cf. 72) quer os constituintes de composição (cf. 73) se combinam com palavras:

(72) *atípico (a+típico), contra-ataque (contra+ataque), desleal (des+leal), ingrato (in+grato), sobrecarga (sobre+carga);*

(73) *belas-artes, lua cheia, pães de leite.*

(ii) *Manutenção da estrutura prosódica*

Muitos prefixos e constituintes de compostos mantêm a sua estrutura prosódica: com exceção de *a(d)-, a(n)-, co-, en-, des-, in-*, os demais constituintes que ocorrem em posição prefixal constituem domínio acentual (*anti-, contra-, entre-, hiper-, inter-, sobre-, ultra-*) e as suas vogais tônicas não sofrem o processo de elevação e recuo típico do vocalismo pré-tônico do português europeu (cf. Mateus, 2003): *exo-, hetero-, macro-, maxi-, poli-, pré-, pós-* mantêm as vogais <a>, <e> e <o> baixas.

(iii) *Integridade lexical*

Os prefixos obedecem a uma exigência de adjacência estrita com o nome a que se acoplam, não permitindo a inserção de qualquer material lexical entre ambos (cf. 74); assim também acontece nos compostos (cf. 75).

(74) a. *pré-Natal* vs. **pré próximo Natal*   f. *homossilábico* vs. **homo post silábico*

b. *pós-morte* vs. **pós boa morte*   g. *heteroavaliação* vs. **hetero boa avaliação*

c. *proativo* vs. **pró muito ativo*   h. *minicurso* vs. **mini tal curso*

d. *contrapeso* vs. **contra tal peso*   i. *infra-avaliar* vs. **infra mal avaliar*

e. *hipocampo* vs. **hipo este campo*   j. *supradotação* vs. **supra esta dotação*

(75) a. *amor-próprio* vs. *amor *nada próprio*

b. *arroz-doce* vs. *arroz *pouco doce*

c. *capacetes-azuis* vs. *capacetes *intensamente azuis*

d. *sangue-frio* vs. *sangue *muito frio*

(iv) *Capacidade predicativa*

Os prefixos têm essencialmente uma função modificativa da base a que se acoplam, pelo que predicam essencialmente propriedades. Os constituintes de compostos estão essencialmente ao serviço de uma função denominativa. Mas tal não invalida a existência de constituintes que denotam propriedades: *cali* 'bonito', *neo* 'novo', *orto* 'reto, direito', *pseudo* 'falso'. Devido a esta característica, este subconjunto de estruturas é talvez aquele que mais dificuldades coloca em termos de descrição.

(v) *Caráter preso*

Os prefixos são formas presas, mas muitos dos constituintes dos compostos, nomeadamente os radicais eruditos dos compostos morfológicos, também funcionam sempre como não autônomos.

Alguns prefixos (cf. *extra-, micro-, macro-, mini-, super-*) podem ocorrer como formas livres: *deu um concerto* **extra**; *há duas economias: a* **micro** *e a* **macro**; *pastéis de bacalhau em formato* **mini**; *... gasolina* **super** *com chumbo*. Trata-se de uma propriedade não prototípica dos prefixos, pelo que não ocorre com todos. Nestes casos, os constituintes com forma igual à dos prefixos funcionam em contextos marcados por uma elisão (concerto *extraprograma, microeconomia, macroeconomia*), ou funcionam como predicadores (gasolina *de tipo super*, 'de superior qualidade'; *formato mini,* 'fomato reduzido').

1.13.2 Propriedades diferenciais entre prefixos e constituintes de compostos

(i) *Mono* vs. *pluricategorialidade combinatória*

Um constituinte tem natureza e comportamento **tanto mais prefixal** quanto é **pluricategorial**; ao invés, os constituintes de compostos estão tipicamente envolvidos em combinatórias monocategoriais; assim, muitos dos prefixos do português acoplam-se a bases V, A e N (cf. 76); pelo contrário, e em regra, os constituintes de compostos morfológicos tendem

PREFIXAÇÃO NA LÍNGUA PORTUGUESA CONTEMPORÂNEA 81

a combinar-se apenas com bases de uma só classe lexical, e apenas com algumas denominações (cf. 77).

(76)   *a. des[amor]*$_N$
      b. des[leal]$_A$
      c. des[fazer]$_V$

(77)   *a. sofá[cama]*$_N$
      b. sofá*[leito]$_N$
      c. sofá*[leve]$_N$
      d. sofá *[repousar]$_V$

No quadro seguinte exemplificam-se alguns constituintes de composição com origem greco-latina. Como nele se observa, enquanto bases de compostos, eles não se combinam irrestritamente com quaisquer classes de palavras. As bases possíveis são essencialmente nominais.

Quadro 22. Marcas categoriais de constituintes neoclássicos

[cron]$_N$: cronologia, cronômetro, cronoplastia, cronotermia
[morf]$_N$: morfologia, morfopragmática
[tecn]$_N$: tecnocracia, tecnólogo, pirotecnia
[gamo]$_{N/A}$: criptógamo, ornitógamo
[form]$_{A/N}$: fusiforme, cerebriforme

Em suma, os prefixos caracterizam-se por menores restrições quanto às classes lexicais das bases a que se acoplam, podendo em geral selecionar bases nominais, adjetivais e verbais. Os constituintes dos compostos são mais restritos quanto à classe categorial/lexical da base com que se combinam.

(ii) *Especificação categorial*

Os prefixos prototípicos não são especificados categorialmente, o que lhes permite combinar-se com várias classes de base (N, A, V), como se

82 GRAÇA RIO-TORTO

observou anteriormente; ao invés, os constituintes de compostos são marcados do ponto de vista lexical (cf. 78-81).

(78) [NN]$_N$: *nadador-salvador, outono-inverno, pistola-metralhadora, saia-calça*;
(79) [NA]$_N$: *amor-próprio, arroz-doce, lua-nova, obra-prima, sangue-frio, via-verde*;
(80) [AN]$_N$: *alta-costura, belas-artes, livre-arbítrio, puro-sangue*;
(81) [Rad$_N$Rad$_N$]$_N$: *cardiopatia, lombalgia, uretrografia, sambódromo, xenofobia.*

O quadro seguinte sintetiza as propriedades descritas.

Quadro 23. Propriedades de prefixos e de constituintes de composição

Propriedades	Prefixo	Constituinte de composição
Restrição de seleção: combinatória unicategorial	-	+
Restrição de seleção: combinatória multicategorial	+	-
Especificação categorial	-	+

(iii) *Classe lexical de* output

As unidades lexicais formadas por composição são dominantemente nomes, como se observa nos três exemplos seguintes, que envolvem diferentes esquemas de composição e classes de constituintes:

(82) [[*rin*]$_{RN}$*o*[*patia*]$_{RN}$]$_N$, [[*belas*]$_A$[*artes*]$_N$]$_N$;
(83) [[*alto*]$_A$[*relevo*]$_N$]$_N$;
(84) [[*guarda*]$_V$[*chuva*]$_N$]$_N$, [[*fim*]$_N$*de*[*semana*]$_N$]$_N$.

Há, todavia, adjetivos e adjetivos/nomes, mormente em estruturas de padrão greco-latino, como em *alcoólatra, bibliófilo, ignífugo, oleígeno, ovíparo, raticida, silvícola.*

Como os prefixos não determinam alteração da classe categorial da base a que se acoplam[14], isto é, são tipicamente não marcados categorialmente, os produtos mantêm a classe lexical daquela (cf. 85-89).

---

14. Rio-Torto (2004), Pereira (2007) defendem que os prefixos a(d)-, en- (<in) e es-, formadores de verbos heterocategoriais (*acelerar, aprisionar, encarcerar, entubar, esventrar*), desencadeiam alteração da classe lexical da base.

PREFIXAÇÃO NA LÍNGUA PORTUGUESA CONTEMPORÂNEA

(85)   auto[estima]$_N$, auto[carregável]$_A$, auto[punir]$_V$;
(86)   des[norte]$_N$, des[cortês]$_A$, des[calibrar]$_V$;
(87)   im[paridade]$_N$, in[cômodo]$_A$, in[satisfazer]$_V$;
(88)   hiper[mercado]$_N$, hiper[grotesco]$_A$, hiper[ventilar]$_V$;
(89)   multi[vitaminas]$_N$, multi[racial]$_A$, multi[desdobrar]$_V$.

(iv) *Nuclearidade*

Os prefixos não funcionam como núcleos lexicais ou categoriais dos produtos em que ocorrem: é o núcleo, que em português se encontra tipicamente à direita nas palavras prefixadas, que determina a classe lexical do produto (cf. Nunes, 2011): *contracapa, subcave, super-homem.*

Os compostos vernáculos do português (*couve-flor, lua cheia*) têm tipicamente núcleo categorial e lexical à esquerda. Em compostos [AN], como *alta finança, belas-artes*, e nos compostos eruditos, o núcleo pode ocorrer à direita (*ignífugo; raticida; sambódromo*). Os compostos [VN] são categorialmente exocêntricos (cf. Rio-Torto/Ribeiro, 2009, 2012).

(v) *Capacidade denominativa e predicativa*

Os prefixos não têm capacidade denominativa, por isso funcionam essencialmente como modificadores das unidades lexicais de derivação a que se acoplam; os constituintes dos compostos têm capacidade denominativa, remetendo para uma entidade (cf. 90) do mundo extralinguístico referencialmente identificável.

(90)   a. *bio* 'vida'
       b. *fil-* 'amigo'
       c. *fon* 'som'
       d. *grafia* 'escrita'
       e. *sofia* 'saber, sabedoria'

(vi). *Posição fixa ou variável*

Os prefixos ocupam posição fixa: *desocupar, imparável*. Alguns constituintes de compostos ocupam a posição esquerda ou direita, como se observa no quadro seguinte.

Quadro 24. Constituintes de composição com posição variável

Constituintes	Posição inicial nos compostos	Posição final nos compostos
-cron-	cron-: crononolgia	-cron-: diacronia, síncrono
-fil-	fil-: filantropia	-fil-: cinéfilo
-fon-	fon-: fonologia	-fon-: estereofonia
-graf-	graf-: grafologia	-graf-: polígrafo, geógrafo
-gram-	gram-: gramofone	-gram-: pictograma
-metr-	metr-: metrópole	-metr-: parquímetro

(vii) *Lexicalidade*

Os prefixos não ocorrem canonicamente como palavras independentes; quando tal acontece, houve lugar a uma conversão do prefixo em palavra, como em os *pró(s)*, os *contra(s)*, os *mini(s)*.

Constituintes como *ambi-*, *contra-*, *epi-*, *hemi-*, *hipo-*, *macro-*, *maxi-*, *mega-*, *micro-* não têm possibilidade de funcionar como bases lexicais, não permitindo portanto a acoplagem de afixos, por forma a constituírem uma palavra autônoma.

Só os constituintes de compostos podem funcionar como bases lexicais, permitindo portanto que se lhes acoplem sufixos (91) e prefixos (92):

(91) a. *bió+tic(o/a)*   f. *elétr+ic(o/a)*
      b. *crôn+ic(o/a)*   g. *graf+ite*
      c. *eletr+iz(ar)*   h. *graf+ismo*
      d. *form+al*   i. *híp+ic(o/a)*
      e. *glot+al*   j. *mórf+ic(o/a)*

(92) a. *dis+forme*
      b. *epi+glote*
      c. *in+forme*

(viii) *Especificação de gênero*

Em consonância com a sua não marcação categorial, os prefixos não são especificáveis quanto ao gênero (*hiperalto/a*, *superaluno*/a), mas os constituintes não presos dos compostos são-no (cf. 93):

(93) a. *alta finança, alto-relevo*
      b. *meia dose, meia-idade, meio-dia, meio-mundo*

(ix) *Flexão de número*

Os prefixos não flexionam em número e em gênero, diferentemente de muitos constituintes de compostos, se lexicalmente autônomos: *cavalos--marinhos, luas cheias, surdos-mudos/surdas-mudas.*

(x) *Integridade lexical e gramatical*

Os produtos prefixados, tal como os compostos, não são permeáveis à inserção de material lexical (94-96) e gramatical (97-98) no seu interior.

(94) *limpa-neves* vs. *limpa sujas neves;
(95) *minicurso* vs. *mini útil curso;
(96) *quebra-nozes* vs. *quebra boas nozes;
(97) *limpa-neves* vs. *limpam neves;
(98) *quebra-nozes* vs. *quebre nozes.

As palavras prefixadas não permitem marcação de gênero e de número no seu interior. Pelo contrário, há marcas de concordância de gênero e/ou de número no interior de algumas estruturas de composição:

(99) *alta-costura, alto-relevo*;
(100) *pão de leite, pães de leite*;
(101) o *surdo-mudo*, as *surdas-mudas*.

Esta possibilidade ocorre também em construções que estão mais próximas das estruturas de composição, como as que envolvem a formação de advérbios em *-mente* (*boamente, divertidamente*) e os *z*-avaliativos (*pãezinhos, papeizitos*). Esta possibilidade, que diferencia as línguas românicas de outras famílias de línguas, levou os estudiosos (Lieber/Scalise, 2007) a reverem a consagrada tese da "Lexical Integrity Hypothesis", e a considerar que a concordância de gênero e/ou de número que se verifica em compostos bimembres, como os acima mencionados, não afeta a sua coesão estrutural e denotacional.

(xi) *Alteração da classe lexical da base*

Relativamente à possibilidade de alteração, ou não, da classe lexical da base, ou das bases, são relativamente acentuadas as diferenças entre prefixos e constituintes de composição.

Os prefixos não alteram a classe lexical da base: sendo a base um adjetivo, os produtos também o são (cf. 102):

(102) *extrasseco, hiperseco, meio-seco, pré-seco, semisseco* e *ultrasseco.*

A adjunção dos prefixos preposicionais lativos *a(d)*- (*aconselhar, alojar*), *en-* (*encarcerar, enlutar*) e *es-* (*estripar, esventrar*) faz-se acompanhar de uma alteração da classe lexical da base (cf. Lieber, 1992; Pereira, 2007), formando verbos heterocategoriais.

No caso dos compostos que, como é sabido, envolvem obrigatoriamente a presença de duas bases, pode haver ou não alteração da classe lexical das estruturas envolvidas. Tal acontece sobretudo quando está envolvido um constituinte verbal, como em (103), sendo o produto tipicamente um nome.

(103) [VN]$_N$: *arranha-céus, cata-vento, corta-relva, desmancha-prazeres, espalha-brasas, mata-mouros, pisa-papéis, quebra-nozes, rega-bofe, tira-dentes, tira-teimas, troca-tintas.*

Nos casos em que há pelo menos um nome, este funciona como núcleo de um sintagma, pelo que o produto é categorizado como nominal (cf. 104-107):

(104) [NN]$_N$: *ministro-sombra, caneta-tinteiro, medida-padrão, rei-sol*;

(105) [NA]$_N$: *água-benta, bancarrota, cofre-forte, lua nova, maré baixa, obra-prima, patinho-feio, peso-pesado, quarto minguante*;

(106) [NprepN]$_N$: *bota de elástico, chave de fendas, caminho de ferro* (PE), *estrada de ferro* (PB), *fim de semana, pé de meia*;

(107) [AA]$_{A/N}$: *austro-húngaro, germano-soviético, social-democrata, surdo-mudo.*

Os compostos de tipo [AA]$_A$ podem funcionar como adjetivos ou como nomes.

PREFIXAÇÃO NA LÍNGUA PORTUGUESA CONTEMPORÂNEA 87

(xii) Fronteiras vocálica e consonântica

Em português, a maior parte dos constituintes que ocorrem em **compostos** 'morfológicos', ou seja, compostos que correspondem a uma só palavra prosódica tem a configuração de formas presas com fronteira direita consonântica (*agr-*, *eletr-*, *ferr-*, *hidr-*, *petr-*, *rat-*, *term-*) e só raramente com fronteira vocálica (*ole-*). Também assim é para o italiano (cf. Iacobini, 2004).

Muitos dos constituintes que ocorrem em posição **prefixal**, como *ambi-* (*ambidestro*), *epi-* (*epiglote*), *hemi-* (*hemiciclo*), *hipo-* (*hipocampo*), *macro-* (*macrofraude*), *micro-* (*microeletrônica*), têm fronteira vocálica e nunca alteram a sua configuração, qualquer que seja a da base com que se combinam (*hemiciclo, hemiesfera, hipoalérgico, hipocampo*).

Com efeito, alguns prefixos apresentam uma vogal final que ocorre sistematicamente como <o> [ɔ] (cf. *hipo-, micro-, macro-, neo-, pseudo-, retro-*, em *hipocampo, microfilme* ou *retrovírus*, por exemplo), e essa vogal permanece inalterada, nunca sendo substituída por [i] (cf. **hipi, *macri, *micri, *nei, *palei, *pseudi, *retri*) nem nunca desaparecendo[15]. Este comportamento distingue essa vogal [ɔ] de uma vogal de ligação, como a que ocorre nos compostos morfológicos; nestes, esta vogal de ligação está dependente do radical da direita, podendo <o> [ɔ] alternar com [i] ou até haver elisão da vogal (cf. *agropecuária* mas *agricultura*; *hipoacusia* e *hipacusia*, 'diminuição da audição', por exemplo), o que não acontece nas palavras em que estes formantes prefixais ocorrem; de facto, a vogal final que apresentam mantém-se em todas as palavras em cuja formação entram.

A não alteração da configuração não é, por si só, um critério para demarcar prefixos de constituintes de compostos, pois *bio-, geo-, ole-* não alteram a sua configuração e operam na composição. O que se constata é uma dominância, em português, de prefixos com fronteira vocálica e de radicais que, figurando na posição esquerda dos compostos ou dos derivados, têm fronteira consonântica.

---

15. Tenha-se em conta que *nov-* pode ocorrer como (i) *novi-*, em *novilatino, novilunar,* (ii) *nove,* em *novecentos, nove-horas, novenlobado, novennervado,* (iii) *novo-/nova-*, em *novocaína* (denominação comercial dada pelo químico Alfred Einhorn (1857-1917) à procaína, anestésico local sintético injetável, sintetizada em 1905) ou *novacaína,* e (iv) *nov-* (o/a), em *novo-rico, nova-rica.*

O quadro seguinte visualiza as dominantes acima assinaladas, verificando-se uma complementaridade entre prefixação e composição, no que toca à natureza mais vocálica da fronteira direita dos prefixos e mais consonântica da fronteira direita dos constituintes de composição. A tendência dominante é assinalada em cinza.

Quadro 25. Fronteiras vocálica e consonântica de constituintes prefixais e de composição: tendências dominantes

	Prefixação	Composição
fronteira direita **vocálica**:	*ambi- (ambidestro)* *epi- (epiglote)* *hemi- (hemiciclo)* *hipo- (hipocampo)* *macro- (macrofraude)* *micro- (microeletrônica)*	*bio- (biólogo, bioengenharia)* *ole- (oleoduto, oleígena)*
fronteira direita **consonântica**:	*des- (desconforme)* *dis- (díspar)* *ex- (ex-sócio)* *in- (ímpar)*	*agr- (agrícola, agroturismo)* *eletr- (eletrolítico)* *ferr- (ferrocarril, ferrífugo)* *hidr- (hidroavião)* *petr- (petriforme)* *rat- (raticida)* *term- (termoacumulador)*

1.13.3 Escalaridade. Prefixos mais e menos prototípicos

Uma visão escalar da prefixação e da composição implica a existência de dois polos, um preenchido com os compostos prototípicos e outro com as palavras prefixadas mais prototípicas, situando-se no intervalo estruturas mais derivacionais/mais prefixais e outras menos/mais próximas da composição.

Postulando que os constituintes prefixais se distribuem por uma escala de maior e de menor prototipicidade, são **exemplares mais prototípicos dos prefixos** os constituintes que:
(i) só ocorrem em posição prefixal;
(ii) nunca são dotados de autonomia sintática: *des-, re-*;
(iii) se combinam com uma maior gama de classes lexicais de base;
(iv) são não especificados categorialmente: *des-* ou *re-* não são marcados como N, A ou V.

Alguns dos prefixos mais prototípicos, como *a*(d)-, *des-, in-* (lativo), são dos mais representados desde os primórdios da língua portuguesa, estando entre os mais atestados no português medieval. Seguem-se-lhe *es-, re-, não, com-*, e só mais tarde se lhe juntam de forma produtiva *mono-, multi-, tri-* (séc. XVI), *extra-, macro-, micro-, poli-, auto-* (séc. XVII), *hiper-, intra-* (séc. XVIII), *endo-, exo-, infra-, pluri-* (séc. XIX), *mini-, maxi-* (séc. XX), segundo (Lopes, 2018).

Os prefixos do português sofreram um processo de gramaticalização, no sentido de que passaram de formas menos presas para formas mais presas, e muitas vezes mais gramaticais ou mais gramaticalizadas, no sentido de integradas em paradigmas de funcionamento regulado e mais regular, tendo adquirido propriedades combinatórias e/ou semânticas de que não dispunham previamente.

> Constituintes que funcionam como bases de palavras compostas

Quanto à sua posição relativa, muitos dos constituintes de composição ocorrem ou à esquerda ou à direita da base com que se combinam. Todavia, alguns podem ocorrer nas duas posições: *-fon-* (*fonometria, anglófono*), *-graf-* (*grafologia, sonógrafo*), *-gram-* (*gramofone, centigrama*), *-metr-* (*metrópole, centímetro*).

Os constituintes de composição são necessariamente marcados do ponto de vista categorial como nominais (*-fon-*$_{RN}$, *-graf-*$_{RN}$, *-gram-*$_{RN}$, *-metr-*$_{RN}$) e/ou adjetivais (*-cid-*$_{RA/RN}$, *-vor-*$_{RA/RN}$, *-form-*$_{RA/RN}$), ou verbais, como *abre-*$_V$ (*abre--latas*), *bate-*$_V$ (*bate-chapas*), *corta-*$_V$ (*corta-relva*), *trinca-*$_V$ (*trinca-espinhas*).

Semanticamente, os constituintes de composição remetem para entidades ontológica e referencialmente individualizáveis, e são marcados por fortes restrições de seleção em termos lexicais, pois não se combinam arbitrariamente com bases nominais, adjetivais, verbais, como acontece com alguns prefixos.

O quadro seguinte sintetiza algumas das propriedades arroladas, acrescentando as que Bisetto e Scalise (1999, 2005) convocam para a caracterização dos compostos, e por nós subespecificadas em (iii).

Quadro 26. Conspecto de propriedades comuns e não comuns a prefixos e constituintes de composição

	re-	pré	não	auto, exo, pseudo, retro	cardi, toxic
(i) tonicidade	-	+	+	+	+
(ii) ocorrência em estrutura de composição morfológica: formas que precedem (+) ou não (-) uma vogal de ligação	-	-	-	-	+
(iii) posição que as formas podem ocupar na estrutura da palavra: sempre no início da palavra (+), nunca no final da palavra (-), quer no início quer no final (±)	+	+	+	+	±
	-	-	-	-	+
(iv) possibilidade de ocorrência como palavras: formas obrigatoriamente presas (-) e que podem ocorrer isoladamente (+)	-	+[16]	+	-	-
(v) formas que, numa estrutura de coordenação, permitem (+) ou não (-) a elipse do seu núcleo	-	+	+	-	-
(vi) formas que permitem (+) ou não (-) a adjunção a expressões sintáticas	-	+	+	-	-

A observação deste quadro revela que a tonicidade não é um critério marcadamente distintivo, pois esta afeta prefixos e não prefixos. Por si sós, os demais critérios também não se revelam claramente inequívocos.

A subespecificação que introduzimos em (iii), demarcando os constituintes que podem ocorrer sempre no início da palavra, nunca no final da palavra e quer no início quer no final, permite aproximar, em conjunto com a tonicidade, os formantes *auto, exo, pseudo, retro* dos constituintes de composição *cardi, toxic*. Apenas a (não) exigência de uma vogal de ligação

---

16. Cf. "Já recebi o *pré* 'salário' deste mês".

distingue uns de outros. Mas resta saber até que ponto esse parâmetro, que tem a ver com a etimologia de cada formante, é uniformemente aceite.

1.14 Prefixos que já não são percepcionados como prefixos e palavras [± complexas] não derivadas

Existem na língua várias unidades lexicais portadoras de prefixos que não são palavras prefixadas e/ou derivadas do português, não sendo também percepcionadas pelos falantes como tal. Trata-se de palavras de origem latina, construídas no interior da língua-mãe e não no âmbito da língua portuguesa, mas que por esta foram importadas.

> Palavras como *compressão, conceder, concorrer, conferir, consentir, contornar, depressão, impressão, introspecção, preferir, premeditar, proceder, procriar, prometer, promover, prospecção, recorrer, referir, remeter, repressão, retroceder, suceder, supressão, transbordar, transmissão,* são portadoras de prefixos (*com-, de-, in-, re-, sub-, pre-, pro-, retro-, trans-*); todavia, no que diz respeito à sua estrutura morfológica, elas são sentidas, na presente sincronia, ou como (i) complexas não derivadas ou como (ii) palavras simples, quando o falante não tem consciência da presença de um prefixo e muito menos da matricial composicionalidade semântica entretanto perdida.

Por outras palavras: perdeu-se a consciência da composicionalidade morfológica e semântica que, na sua gênese, estas palavras tiveram, mas que entretanto se esbateu.

> Em nosso entender, palavras deste tipo devem ser consideradas como **complexas não construídas, ou complexas não derivadas, e não tanto como palavras simples**; nas palavras simples não há vestígios de entidades afixais; a estrutura das palavras complexas não derivadas comporta um afixo, nem sempre perceptível para os falantes menos instruídos, e mesmo tendo em conta que a composicionalidade semântica pode também ter sido intensamente diluída.

No quadro seguinte registam-se as diferentes classes de palavras quanto à sua [± composicionalidade] interna e à sua natureza [± derivada]. Apenas as palavras de estrutura complexa são portadoras de afixos (sinalizados com sublinhado e em **bold**).

Quadro 27. Classes de palavras quanto à sua [± composicionalidade] interna e à sua natureza [± derivada]

	simples	complexas
Não derivadas	*água, mar, rede, sol, ouvir*	<u>a</u>ceder, <u>con</u>ferir, <u>con</u>sentir, <u>im</u>pressão, <u>pro</u>meter, <u>re</u>mover, <u>su</u>ceder, <u>tran</u>smissão
Derivadas	*açucarar, olear* (V denominais conversos) *abraço, remendo* (N deverbais conversos)	cas<u>ear</u>, cas<u>eiro</u>, frut<u>ific</u>ar, <u>re</u>dizer, leal<u>dad</u>e, lent<u>ific</u>ar

Em face do exposto, e com respeito à sua gênese e à sua história, palavras como *conceder, conferir, compressão, depressão, impressão, referir, repressão, supressão, preferir, premeditar, prospecção, retroceder, transmissão*, são encaradas como não construídas na língua portuguesa, mas de estrutura morfológica complexa, ainda que nem todos os falantes identifiquem os prefixos (*com-, de-, impressão, re-, sub-, pre-, pro-, retro-, trans-*) de que são portadoras. Por isso não são morfologicamente derivadas e podem exibir graus diversos de opacidade semântica.

O caso do prefixo *ob-* é paradigmático de uma clara perda de percepção, por parte dos falantes não eruditos, do caráter prefixal do mesmo. Muitas palavras portadoras de *ob-* têm origem latina (*obrogar, obrogação, obfirmado*, 'em que há ou demonstra firmeza; muito firme; constante ou pertinaz; que é tenaz ou persistente; obstinado [do latim: *offirmatus* ou *obfirmatus, a, um*]'). Mas mesmo o verbo *obter* não é mais encarado como um verbo prefixado, provavelmente sob o ponto de vista formal e também semântico. No presente, o prefixo *ob-* denota já não tanto movimento, mas direcionalidade, 'de cima para baixo', como em *obcônico/a*, 'forma de um cone com a ponta para baixo', *oboval*, 'que tem forma de um ovo invertido', *obovalado, oblongo*, 'forma geométrica que possui mais comprimento que largura; diz-se também de algo oval ou elíptico'. Em muitos outros derivados, o sentido matricial está totalmente obnubilado, como se observa em:

(108) *obscuro*: 'não claro, sombrio, quase escuro';

(109) *obcomprimido*: adj.: 'bot. diz-se do ovário ou das sementes das synanthéreas, quando o seu maior diâmetro vai da direita para a esquerda';

(110) *obsutural*: '(bot.) que se aplica contra as suturas das válvulas sem a elas estar soldado';

(111) *obvolvido*: '(hist. nat.) diz-se dos órgãos que se enrolam uns sobre os outros';

(112) *obaudição*: 'falta de audição; má interpretação daquilo que se ouve'.

Um caso tão ou mais polifacetado é o dos verbos

(113) *acorrer, concorrer, decorrer, ocorrer, percorrer, socorrer, transcorrer,*

pois neste conjunto há verbos cuja composicionalidade morfológica e até semântica pode continuar a ser apreendida por um falante culto, mas na generalidade dos casos assim não acontecerá: por certo, poucos falantes sabem identificar o prefixo *ad-* em *acorrer*, *ob-* em *ocorrer*, e *so(b)-* em *socorrer*. De igual modo, não é o sentido estritamente composicional aquele que é ativado no português dos nossos dias, como se observa até num dos casos porventura mais transparentes, como o de *concorrer*, que denota 'competir' e não mais 'correr (no sentido literal de movimento deste verbo) com alguém': cf. "todos fomos *correr juntos/em conjunto* para a mata que ladeia o rio" não se equivale a "todos fomos *concorrer* para a mata que ladeia o rio", pois neste caso a informação explicitada e/ou inferida é que todos foram participar *num concurso/numa competição* que envolve *corrida*.

2

Negação prefixal

A expressão prefixal de negação abrange tradicionalmente as seguintes modalidades:

(i) prefixos de contrariedade, *a(n)-*, *des-* e *in-*, em que a negação de uma propriedade não implica a afirmação de outra sua contrária;

(ii) prefixo de privação e de negação *a(n)-*;

(iii) prefixo de oposição *contra-* (Nunes, 2011) e *anti-* (Correia, 1992);

(iv) prefixo de contradição *não* (*não* verdade, *não* leal, *não* verdadeiro).

No presente, o valor dominante de *anti-* é o de oposição atitudinal, que será tratado no item 3.1.

Importa distinguir contrariedade de contradição. Segundo a lógica dos contrários, duas situações/proposições contrárias não podem ser verdadeiras ao mesmo tempo, mas podem ser falsas ao mesmo tempo: se uma é verdadeira, a outra é falsa; mas se uma é falsa, talvez a outra seja verdadeira. Já segundo a lógica dos contraditórios, a proposição/situação negativa é a pura negação da afirmativa: duas contraditórias não podem ser verdadeiras ao mesmo tempo, nem falsas ao mesmo tempo; se uma é verdadeira, a outra é falsa; se uma é falsa, a outra é verdadeira. Daí que não sejam inteiramente equivalentes *desleal* e *não leal*, ou *não verdade* e *inverdade*.

96   GRAÇA RIO-TORTO

Os prefixos *a-* (do grego *a(n)*), *in-/im-/i-* (de negação) e *des-* são dos representantes mais prototípicos dos prefixos do português. Estes prefixos nunca constituem um domínio acentual e combinam-se com bases das seguintes três classes:

- adjetivais (*atípico, desleal, incapaz*);
- verbais (*desfazer, desmarcar, ilimitar, inexistir*);
- nominais (*agramaticalidade, desonra, impossibilidade, inequação, inexistência*).

Algumas bases nominais não aceitam a adjunção dos prefixos *a-*, *des-*, *in-*, como se verifica pela agramaticalidade de **acrime, *indoença, *desgolpe*, que poderiam significar *ausência de crime, *ausência de doença ou *não doença. Contudo, existem nomes prefixados com *in-* (*inação, inverdade*), *des-* (*desamor, descaso*) e com *a-* (*assimetria*) (cf. quadro 28).

A facilidade com que bases verbais e adjetivais são prefixadas com *a-*, *des-*, *in-* tem relação com a capacidade de os verbos denotarem situações (ações, processos, estados) que podem ser revertidas (cf. *desligar, desmontar, inexistir*), e de os adjetivos remeterem para propriedades que podem ser negadas: ao serem prefixadas, as unidades lexicais adquirem o valor de oposição ao que a base denota (cf. *atípico, anormal, infeliz, irreverente, descontente, descortês*).

Quadro 28. Prefixos portugueses prototípicos e respectivos produtos

Prefixos	Derivados		
	Nomes	Adjetivos	Verbos
a-	*assimetria, assincronia*	*amoral, anormal, atípico/a*	*
des-	*desamor, desarmonia, descaso, desrazão, dessintonia, destempo*	*descontente, desigual, desleal*	*desabituar, desapertar, desatar, desconfigurar, desconvocar, desfazer, desinfetar, desmontar, desorganizar*
in-	*imperfeição, ineficácia, injustiça, insegurança inverdade*	*inábil, ineficaz, infeliz, informal, injusto, imparcial, imperfeito, inseguro, inválido*	*incumprir, indeferir, independer inexistir*

No quadro 28 confirma-se que os prefixos *a-*, *des-*, *in-* não selecionam todos os tipos de bases. A observação de bases de dados em linha, como o /www.portaldalinguaportuguesa.org/, revela que *des-* e *in-* são os prefixos mais disponíveis e produtivos. O prefixo *des-* está mais representado na formação de verbos, e o prefixo *in-* na formação de adjetivos.

2.1 Derivados em *a(n)*-

O prefixo *a-*, com origem no grego *a(n)*- possui dois sentidos correlacionados, em função da semântica das bases. Com bases nominais (*acaule*, *amoral*), o sentido é de 'privação de x'; com bases adjetivas, o sentido é de 'não x' (*acatólico, agramatical, anormal, atípico*).

Como estes exemplos comprovam, o prefixo *a-* acopla-se a adjetivos de relação, com valor tipicamente classificatório, e que são normalmente incompatíveis com *in-* (*incatólico, *ingramatical, *inormal, *intípico).

A inexistência de verbos prefixados em *a(n)*- deve-se ao facto de o sentido de 'privação de x' ser semanticamente não compatível com um evento denotado pelo verbo. Daí a agramaticalidade da combinatória. Muitos dos produtos em que ocorre são termos eruditos e/ou técnicos (*anaeróbico, anencefalia, anovulatório*) e grecismos (*analfabeto, anarquia, anemia, anestesia, afônico, anônimo, ateu, átono*). Os poucos casos em que o prefixo, com valor privativo, se combina com nomes (*assimetria, assintonia, agramaticalidade*) são também de feição erudita[1].

A produção poética, não raro derrogadora dos cânones vigentes, é fonte de formações inovadoras, como a que Carlos Drummond de Andrade (1983, *Nova reunião*) regista: *a-gosto*, 'ausência de gosto' (Cardoso, 2007, p. 13), diferenciando-a de *desgosto* e de *contragosto*.

---

1. A privação pode também ser codificada através de *sem* (*sem-abrigo, sem-terra, sem-vergonha*), constituinte com o qual se formam exclusivamente nomes compostos exocêntricos.

2.2 Derivados em *des-*

É controversa a origem do prefixo *des-*. Para alguns, este prefixo é uma configuração vernacular do latim DE ("de cima de, procedente de, fora de, acerca de"), mas tem também relação com o prefixo latino *dis-*, com o qual por vezes alterna (mormente na sua forma patrimonial *des-*, para alguns derivada de *de-+ex-*), pelo que se justificam umas breves considerações sobre este.

O prefixo *dis-* significava 'separação, cessação, movimento em sentidos divergentes, divisão em duas partes, negação, diferenciação', e ocorre em palavras eruditas, como *discernir, discórdia, discorrer, dissemelhança, díspar, disrupção, dissabor, dissecar, disseminar, dissimilar, distender*. Este prefixo apresenta-se na variante *di-*, em *difícil, digerir, dilacerar, dirimir, divagar*. Ao sentido de separação tem-se sobreposto o de negação (*dissemelhança* 'não semelhança'), de antagonismo (*dissimetria*, por contraste com *assimetria* 'ausência de simetria'), de desconformidade (*dissabor*). Mas, em português, a configuração produtiva deste prefixo é *des-* (*desprimor*).

O prefixo *des-* combina-se com bases verbais, adjetivais e, menos produtivamente, com bases nominais.

Quando associado a **bases verbais** tem valor

(i) reversativo: *desacelerar, desalavancar, desatar, descoser, desregular*;

(ii) extrativo: *desdentar, desflorestar, desmatar, desmembrar, desnatar, desossar, destapar, destronar*;

(iii) negativo: *desaprovar, desconfiar*: 'não confiar'; *desconseguir* (português de Angola, de Moçambique): 'não conseguir'; *desconhecer*: 'não conhecer'; *desobedecer*: 'não obedecer'.

O sentido reversativo implica a realização de um evento de anulação de uma ação prévia, de sinal contrário (*atar > desatar*) ou de um estado de coisas, como *jejum* e *desjejum*. O sentido extrativo supõe, como o adjetivo indica, a extração de algo, denotado pela base nominal (*dente, floresta, mata, nata*); como o adjetivo explicita, o sentido negativo manifesta-se através da negação de um dos constituintes semânticos inerentes à base ([[NOT] [(X)]]).

O prefixo tem valor negativo quando se acopla a **bases adjetivas** não deverbais, como *desleal*: 'não leal', *desatento*: 'não/pouco atento', *desconforme*: 'não conforme', *descortês*: 'não cortês', *desmedroso*: 'não medroso'. Em *desmultiplicar* registra-se o sentido de 'o contrário de multiplicar, ou seja, dividir'.

Quando se combina com **bases nominais**, tem sentido de privação:

(114) *desamor*: 'ausência de amor';

(115) *desatenção*: 'ausência de atenção, não atenção';

(116) *descomissão*: 'ausência de comissão', neologismo de PE registrado na publicidade televisiva em setembro de 2015 como equivalente a '[contrato] sem comissão';

(117) *desconhecimento*: 'ausência de conhecimento';

(118) *desconfiança*: 'ausência de confiança';

(119) *desfavor*: 'ausência de favor';

(120) *desnorte*: 'ausência de norte';

(121) *desordem*: 'ausência de ordem';

(122) *despropósito*: 'sem propósitos(s)';

(123) *despudor*: 'ausência de pudor';

(124) *desuso*: 'ausência de uso'.

Um requisito semântico das bases verbais e adjetivais com que se combina este prefixo é o seguinte: em ambos os casos, devem ser semanticamente suscetíveis de serem revertidas e/ou negadas.

O prefixo *des-* com valor reversativo, descrito como [NÃO [CAUSAR] [(X)]]], combina-se com bases verbais cuja denotação implica a ocorrência de uma ação prévia de sentido contrário:

(125) *armar > desarmar*;

(126) *arrumar > desarrumar*;

(127) *assorear > desassorear*;

(128) *confirmar > desconfirmar*;

(129) *ensaboar > desensaboar*;

(130) *intoxicar > desintoxicar*;

(131) *irmanar > desirmanar*;

(132) *nutrir > desnutrir*;

(133) *poluir > despoluir*;

(134) *preocupar > despreocupar.*

No seu uso mais prototípico, os verbos em *des-* implicam portanto uma situação precedente de sentido contrário à denotada por *desV*. Esta realidade explica que *desabotoado, desaparelhado, desautorizado, descapacitado, desconsentido* sejam interpretados mais tipicamente com sentido reversativo, ou seja, como resultativos de *desabotoar, desaparelhar, desautorizar, descapacitar, desconsentir*, e não tanto como negativos, caso em que equivaleriam hipoteticamente a 'não abotoado', 'não aparelhado', 'não autorizado', 'não capacitado', 'não consentido', 'não precisado'; para estes sentidos, a língua dispõe de *inabotoado, inaparelhado, inautorizado, inconsentido*.

Esta premissa não é ativada quando o prefixo tem valor negativo de [CAUSE [NOT] [(X)]]], ou, em português de [CAUSAR [NÃO] [(X)]]]: *desobedecer* não implica que antes se tenha obedecido. Observe-se o contraste entre (135-136) que ilustra a diferença de comportamento entre o valor reversativo de *des-* e o negativo de *in-*, no caso acoplado à base *habit(ar)*.

(135) *desabitar*: 'anular/reverter o processo de habitar, cessar o processo de habitação';
(136) *inabitar*: 'não habitar'.

Este requisito explica que o prefixo *des-* com valor reversativo possa selecionar predicados télicos (*descoser, desintoxicar, desmontar*) e predicados atélicos (*desagradar, desconfiar*), quando com valor negativo.

No âmbito das bases verbais, repelem a adjunção de *des-* as que denotam

(137) situações estativas (*estar, existir*);
(138) processos, como *chover, correr, dormir, nadar, nevar, saltar*;
(139) eventos pontuais (*espirrar, rir, tossir*) e/ou irreversíveis (*matar, morrer*);
(140) verbos com valor extrativo circunfixados em *es-* (**desesbravejar*, **desesverdear*), com os quais por vezes concorre, como em *esfarelar* e *desfarelar, esfolhar* e *desfolhar, esgoelar-se* e *desgoelar-se*.

O prefixo *des-* combina-se com bases já prefixadas em:

(141) *a(d)-* adlativo (*desacostar, desafundar, desalistar, desassorear*);
(142) *en-* elativo (*desencostar, desendividar, desengordurar*);
(143) *in-* ilativo (*desincorporar, desincubar, desinflamar, desintoxicar*);
(144) *in-* negativo (mais raramente), adquirindo então *des-* valor de reforço intensivo (*desinquietar*).

PREFIXAÇÃO NA LÍNGUA PORTUGUESA CONTEMPORÂNEA 101

> Na linguagem neológica e literária como a de Mia Couto (*Cada homem é uma raça* [CHR] Lisboa, Editorial Caminho, 1990; *Estórias abensonhadas* [EA] Lisboa, Editorial Caminho, 1994; *Contos do nascer da terra*. [CNT] Lisboa, Editorial Caminho, 1997), ocorrem os dois sentidos de *des-*:
>
> (i) o reversativo, em *desabençoar, desajoelhar-se, desalvoroçar, desavizinhar-se, desconsumar-se, descrucificar, desexisir, desiluminar-se, desnovelar, destroncar*;
>
> (ii) o negativo, em *descaber, descomportar-se, desconseguir* ("Tentei ajudá-la a se erguer. Desconsegui").

Por vezes torna-se difícil, mesmo em contexto, descortinar se o verbo significa reversão, negação (cf. *desimportar-se, desouvir, desprogredir, desperceber, desbrincar, dessaber*) ou mesmo extração (*destroncar*). Tenha-se em conta que na neologia literária algumas das restrições combinatórias da língua comum são derrogadas, como se observa em *desexistir* ("ele ficou atónico, capaz de desexistir", *apud* Mia Couto, *Cada homem é uma raça*, p. 115), cuja base é marcada como estativa.

As limitações à acoplagem de *des-* a bases adjetivas prendem-se com a necessidade de a propriedade negada não implicar vinculação a uma ação prévia:

(145) *descortês, desconexo, desigual, desleal, desnatural, desordeiro, desumano*.

Um adjetivo que denota uma propriedade não reversível, como *cru* ou *morto*, não admite a prefixação com *des-* (**descru, *desmorto*).

O prefixo *des-* (como também *in-*) com valor negativo combina-se apenas com adjetivos capazes de funcionarem como predicados de indivíduo, como *desleal, desonesto*. De igual modo, *des-*, tal como *in-*, combinam-se preferencialmente com adjetivos qualificativos, ou quando usados como tal, e não com adjetivos relacionais.

A diferença entre *desclassificável* e *inclassificável* explicita o funcionamento de ambos os prefixos. O verbo *desclassificar* significa 'anular/reverter a operação de classificar' e *desclassificável* é interpretado como 'capaz de ser desclassificado', e não como 'inclassificável'. Assim, quando queremos exprimir 'não classificável', 'que não se pode classificar' optamos por *inclassificável*, e não por *desclassificável*. Ou seja, por defeito, *des-* em adjetivos deverbais (*descartável, desmontável, desmontado*) é processado como tendo por base o verbo com sentido de reversão, e assim *descartável, desmontável, desmontado* significam 'que pode ser descartado/desmontado', 'que foi objeto de desmontagem'. Em caso de coexistência de derivados em *des-* e em *in-*, como em *desusual* e *inusual*, este é claramente o mais comum.

O prefixo está também presente em nomes de sentido eventivo, como se ilustra em:

(146) *desarrumação, desfiliação, desinformação, desratização, desregulamentação.*

São muitos os nomes pós-verbais conversos não sufixados (190 em 1323, segundo Rodrigues, 2001), cuja base verbal é ela mesma portadora do prefixo *des-*, como

(147) *desacerto, desacordo, desassombro, desajuste, desamparo, desapego, desarranjo, desarrumo, desassombro, desassossego, desatino, desbloqueio, descaminho, desconcerto, descuido, desembarque, desenlace, desleixo, deslize, desova, despiste, destrinça, desvio.*

O prefixo *des-* está também presente em nomes de propriedade, estado (*desatenção, desconformidade, desconforto, desequilíbrio, desinteligência, desventura, desvirtude, desvizinhança*), sentimento (*desamizade, desamor, despudor, desvergonha*), atitude (*descaso, despropósito*), estando-lhe vedadas as combinações com nomes de objetos ou materiais tangíveis, como *água, cadeira, cabeça, livro, mesa*.

Em casos de criação nominal como *desfado*, nome de disco de 2012 da fadista portuguesa Ana Moura no qual se intenta desconstruir o fado, o derivado apresenta um valor a um tempo negativo e de reversão, de um hipotético evento latente prévio (construir fado/desconstruir fado). O mesmo se aplica a *despalavra*, derivado criado pelo poeta Manoel de Barros ("Agora só espero a despalavra: a palavra nascida para o canto — desde os pássaros./ A palavra sem pronúncia, ágrafa" (M. de Barros, *Retrato do artista quando coisa*. Rio de Janeiro: Record, 2002, p. 53), a *desherói*, a *deslimites*, a *desobjetos*, a *desutilidades*, também da autoria do mesmo poeta.

PREFIXAÇÃO NA LÍNGUA PORTUGUESA CONTEMPORÂNEA 103

Uma certa ambivalência de leituras se verifica também no neologismo *[que se] deslixe*, pois o verbo pode equivaler a 'não se lixar' ou a 'anular/ reverter lixar-se' (cf. *Expresso Atual* n. 2.158, 8 de março de 2014, p. 34). Também a duplicidade de sentidos se aplica a *destrajeto*, em "esse telefonema evitou-me um destrajeto", neologismo produzido por falante culto, de Aveiro; neste caso, o derivado, que significa 'mau trajeto, desvio do trajeto ótimo', reúne o sentido de *dis-* e o de *des-* reversivo. Alguns derivados portadores deste prefixo acusam a polissemia deste; por vezes, várias interpretações são possíveis para um mesmo verbo:

(148) *desacertar*: 'deixar de acertar, reverter o acertar', 'não acertar';

(149) *desonrar*: 'tirar a honra', 'não honrar';

(150) *descarregar*: '(re)tirar a carga', 'operação contrária à de carregar';

(151) *desencantar*: 'operação contrária à de encantar', 'tirar o encanto'.

O mesmo se aplica a derivados adjetivais que admitem duas leituras, como:

(152) *desdentado*: adjetivo departicipial e deverbal [desdentar > desdentado] 'que foi desdentado', que foi objeto do processo de desdentar (uma entidade, por exemplo, uma roda, para quem os dentes não são posse inalienável, como para certos seres animados);

(153) *desdentado*: adjetivo denominal [des+dentado] 'sem dentes', 'desprovido de dentes'.

2.3 Derivados em *in-*

O prefixo *in-* denota negação e/ou privação, ausência.

(154) negação: *ilegítimo, iletrado, ilimitado, ilíquido, imodesto, impessoal, impopular, impróprio, inapto, incansável, incerto, incômodo, incomestível, incomunicável, incompleto, inconsciente, incumprir, indeferir, inexistir, inevitável, ineficaz, inexato, infiel, ininflamável, injusto, inolvidável, insalubre, insatisfeito, inútil, inválido, irreal*;

(155) privação, ausência: *inadequação, indisciplina, ineficácia, infame, informe, injustiça, insegurança.*

O prefixo *in-* combina-se preferencialmente com bases adjetivas (simples ou derivadas) e com bases nominais, sendo estas deverbais ou deadjetivais, como se observa nos exemplos seguintes. Ocorre também com um reduzido número de verbos, como *independer, inexistir, impreparar,* com valor negativo 'não V'.

(156) bases adjetivas:

a. deverbais: *imbatível, impensável, imperdível, inalcançável, inatingível, incansável, incomestível, incomunicável, indescartável, indesmentível, indevorável, inelegível, inevitável, ininflamável, inobturado, inolvidável, insaturável, intocado, inválido*;

b. denominais: *inenfático, inessencial, iletrado, inobjetivo, impessoal, impopular*;

c. não derivadas: *ilíquido, imodesto, inapto, incerto, inconcreto, ineficaz, infame, infiel, informe, injusto, inquieto, inútil.*

(157) bases nominais

a. deverbais: *inalteração, inconclusão, inobservância*;

b. deadjetivais: *inabitabilidade, incompletude, inexcentricidade, insalubridade.*

Deve notar-se que *in-* se pode combinar com bases já prefixadas em *des-* (*indescartável, indesmentível, indestronável*), mas a situação inversa não é aceite pela norma culta, como se observa em *desindesmentir, *desinobservar, *desintocar. Nas formas populares *desinfeliz, desinquieto, desinquietar, desinsofrido, desnudez, despelar, desafastar, desaliviar, desapagar,* o prefixo *des-* tem valor intensivo, também presente em *desgastar, desnudo.*

As bases adjetivas prefixáveis em *in-* denotam propriedades de indivíduo ou marcadas pela atelicidade. Com efeito, o prefixo *in-* acopla-se a bases suscetíveis de funcionarem como de indivíduo como:

(158) *ilegal, ilógico, ímpar, inábil, indevido, indiferente, indiscutível, indistinto, infeliz, infiel, insensível, insignificante, invisual, invariável, invulgar, irracional, irreal, irregular, irrepetível.*

O prefixo *in-* com valor negativo combina-se apenas com adjetivos susceptíveis de funcionarem em estruturas predicativas com SER + A, como *impopular, inamovível, indiscutível, infiel, irrepetível.* Os predicados de fase/estado que, em português, apenas coocorrem com ESTAR, não são compatíveis com *in-* (**inabsorto,* **inatônito,* *incheio), exceto se deverbais,

PREFIXAÇÃO NA LÍNGUA PORTUGUESA CONTEMPORÂNEA   105

como *inacabado, inalterado, inencontrado*[2]. Com efeito, o prefixo *in-* não é compatível com bases adjetivais télicas que denotam um subevento final ou o desenlace resultante de uma ação, e que entram em construções do tipo [ESTAR + A], como se comprova através de:

(159) **incurvado, *inenchido, *infarto, *inlimpo, *indisperso, *insolto, *in+tenso.*

Também não seleciona bases tendencialmente graduáveis das quais exista na língua uma unidade lexical não corradical que denote o seu contrário, como os adjetivos semanticamente unidimensionais de (160), e adjetivos privativos, como *cego* ou *surdo* (**incego, *insurdo*).

(160) *alto/baixo, contente/triste, feio/lindo, gordo/magro, grande/pequeno, seco/molhado: *inalto, *imbaixo, *incontente, *intriste, *infeio, *inlindo, *ingordo, *inmagro, *ingrande, *inpequeno, *inseco, *inmolhado.*

Trata-se de adjetivos graduáveis cujas escalas são não finitas, ou seja, não têm na sua escala um ponto máximo além do qual não seja concebível um valor superior, podendo ser ilimitadamente mais X.

O prefixo *in-* não é compatível com adjetivos que denotam:

(161) estados: **incasado, *indesperto, *ingrávida, *insolteiro, *inviúvo;*

(162) propriedades (e/ou a sua posse) relacionadas com matérias, substâncias: **ingelatinoso, *ingranítico, *ilanoso;*

(163) propriedades (e/ou a sua posse) relacionadas com *hábitats*: **inagrário, *inaquático, *incitadino, *inceleste, *ineólico, *inmarítimo, *innaval, *irrural;*

(164) propriedades (e/ou a sua posse) relacionadas com coisas ou propriedades inertes: **inamarelo, *inazul, *incalvo, *incru, *inverde, *invermelho.*

Quando um adjetivo pode ter uma interpretação literal ou uma leitura qualificativa, é esta a ativada pelo prefixo: "político/atitude *impopular*" mas "vontade **impopular*".

Os adjetivos temporais, como *anterior, antigo, anual, concomitante, contemporâneo, diário, episódico, eterno, futuro, imediato, mensal, milenar,*

---

2. *Inencontrado* equivale a 'não encontrado'; *desencontrado* significa 'que se desencontrou', 'que é/foi objeto de desencontro'.

momentâneo, permanente, posterior, presente, primeiro, prolongado, quotidiano, seguido, semanal, semestral, subsequente, súbito, temporário, raramente admitem negação através de *in-* (*inabitual, inatual, infrequente*).

2.4 Derivados em *contra-*

O prefixo *contra-* funciona como operador de oposição espacial e eventiva, e também como operador de oposição atitudinal. Este valor é objeto de referência no capítulo 3.

A oposição espacial e eventiva é codificada através de *contra-*, que se combina essencialmente com bases nominais (*contra-acusação, contra-ataque, contracapa, contracorrente, contraexemplo, contragolpe, contraindicação, contramão, contramaré, contrapeso, contrarrelógio, contrarrevolução*), dando origem a nomes cujo semantismo 'se opõe a' ou 'anula o que' a base denota (Nunes, 2011), como se observa em seguida.

(165) uma *contra-acusação* é uma acusação de resposta a uma outra acusação;

(166) um *contra-ataque* é um ataque desencadeado em resposta a um ataque anterior;

(167) uma *contracorrente* é uma corrente contrária a outra;

(168) um *contraexemplo* é um tipo de exemplo que serve para contrapor determinada argumentação;

(169) uma *contramanifestação* é uma manifestação cujo objetivo é anular ou neutralizar uma outra;

(170) um *contraciclo* é um ciclo de sentido contrário ao que seria prototípico ou expectável.

O sentido de oposição espacial é ativado quando a base denota um espaço, como em *contracapa,* 'lado interno ou posterior da capa; aba lateral da capa; ou seja, parte interna da capa que se opõe à parte externa desta', em *contraescarpa,* 'talude do fosso do lado oposto ao da escarpa', ou em *contramuro,* 'muro construído paralelamente a outro/em contraposição a outro para o reforçar'. O sentido de oposição eventiva ocorre quando a base denota um evento (*contra-entrega, contraofensiva, contraordem, contrarrevolução*).

Ao sentido de oposição pode associar-se o de reforço/especularidade do denotado pela base, uma vez que se contrapõe a x um novo denotado

PREFIXAÇÃO NA LÍNGUA PORTUGUESA CONTEMPORÂNEA 107

que é ao mesmo tempo um duplo de x; assim acontece em cotextos técnicos precisos, como:

(171) *contrabraço*: termo náutico de 'cabo que reforça um dos braços do navio';
(172) *contraporca*: 'segunda porca, que se atarraxa a outra, para evitar que esta desaperte';
(173) *contrasselo*: 'pequeno selo que se põe em cima de outro, a fim de o inutilizar; carimbo para inutilizar selos';
(174) *contrassenha*: 'palavra encriptada com que se responde à senha'.

Nestes casos, o sentido de duplicidade, de especularidade, de reforço, advém do facto de o derivado denotar um segundo exemplar do que a base denota que se lhe contrapõe para o complementar.

O prefixo coocorre também com bases adjetivas complexas (políticas *contracíclicas*, *contrarrevolucionário*, *contrafeito*, *contraindicado*, *contraproducente*), de natureza denominal (*cíclicas*, *revolucionário*, *natural*) e departicipial (*feito*, *indicado*), e com bases verbais (*contra-argumentar*, *contrabalançar*, *contradizer*, *contraordenar*, *contrapor*), implicando a realização prévia da situação denotada pela base verbal. Em casos como os assinalados neste parágrafo, e mormente em contexto contrastivo (*pró e contra-Kadafi*), assume um valor atitudinal de oposição (cf. capítulo 3 deste livro), que é comum a *anti-*. Distingue-se de *anti-* pelo facto de este, na presente sincronia, e não obstante a sua maior disponibilidade, não se combinar com bases verbais.

Um verbo como *contracolocar*, 'colocar em posição contrária a', ou o verbo *contrapor*, 'pôr em frente de; opor; contrariar' acumulam os sentidos de oposição locativa e atitudinal. O valor de oposição estritamente locativa não se encontra disponível, junto de bases verbais.

Nos demais casos de adjunção de *contra-* a uma base verbal, o sentido dominante é o de oposição conceptual, atitudinal:

(175) *contra-argumentar*: 'apresentar argumento para combater ou anular outro';
(176) *contra-atacar*: 'atacar depois de/em resposta a ter sido atacado', 'reagir a um ataque de adversário com outro ataque';
(177) *contrabalançar*: 'igualar em peso; equilibrar; *figurado*: compensar';
(178) *contradizer*: 'dizer o contrário do que tinha afirmado; contrariar; contestar';

(179) *contraindicar*: 'indicar ao contrário; desaprovar; desaconselhar o uso de; opor-se ao uso de';
(180) *contrainformar*: 'impedir ou evitar que o adversário aceda a informação, permitindo, por exemplo, o acesso a falsas informações'; 'fornecer informações de sentido contrário às reais'.

Acresce que as palavras portadoras de *contra-*, porque são mais antigas na língua, revelam maior grau de lexicalização semântica, como o evidenciam os exemplos seguintes:

(181) *contrabanda*: 'peça do escudo colocada ao contrário da banda ou da direita para a esquerda';
(182) *contracarril*: 'carril que, nas vias férreas, se assenta ao lado dos carris ordinários para os resguardar e para evitar descarrilamentos';
(183) *contrafé*: 'cópia autêntica de intimação judicial para ser entregue à pessoa intimada';
(184) *contrassafra*: 'intervalo em que não houve safra ou em que a colheita foi má'.

2.5 Derivados em *anti-* de negação, oposição, contrário

O valor de oposição não atitudinal de *anti-* está claramente menos representado que o atitudinal, pelo que, no presente, *anti-* não concorre verdadeiramente com *contra-* enquanto operador de oposição.

O valor de 'contrário a' é observável nos seguintes exemplos:

(185) *anticiência*: 'negação dos postulados da ciência (ausência de hipóteses, postulados, metodologia)' — ex.: "há uma posição da ciência médica contra a anticiência dos que insistem no consumo das drogas legais" (programa de rádio portuguesa difundido em novembro de 2012, sobre a temática da limitação de venda de drogas 'legais');
(186) *antifutebol*: 'prática de futebol que representa uma negação/deturpação/derrogação do futebol bem-jogado'; futebol de retranca, de pontapés, de marcação violenta do adversário, de agressões de todo o tipo;
(187) *antipoema*: 'poema em que se derrogam os cânones prototípicos do poema';
(188) *antirromance*: 'romance em que se derrogam os cânones prototípicos do romance'.

Não raro os dois valores são difíceis de destrinçar, como se observa em:

(189) *antidesportivo/a*: 'contrário/a ao que é tipicamente desportivo' (cf. filosofia *antidesportiva* e atitude/comportamento *antidesportivo*);

(190) *anticristo*: 'aquele que se opõe a Cristo', 'ser que, segundo a tradição cristã, tentará fazer-se passar por Cristo, pretendendo ser o Messias regressado, nos últimos dias antes da segunda vinda de Cristo'.

Como os exemplos acima revelam, *anti-* associa-se dominantemente a nomes e a adjetivos. Todavia, em textos mais elaborados, e nomeadamente em alguns com valor literário, registram-se alguns casos raros de combinatória de *anti-* com verbos (sublinhado nosso): "A arte não pode nem antipode. [...] Poemas, filmes e romances seriam muito pequeninos se reduzidos à deslavada ideia de serem antipoder" (Manuel Fonseca, *Expresso Revista* n. 2.328, 10 jun. 2017, p. 77).

2.6 Derivados em *não-*

Como se observa em Rio-Torto (2014c), não é pacífico o estatuto [± prefixal] de *não*. Said Ali ([1931] 1971) e o Acordo Ortográfico (1990) incluem os produtos em *não* (*não A*, *não N*) no âmbito da composição, mas Carolina Michaëlis Vasconcelos (1916) e Ieda Alves (2000) incluem-nos no âmbito da prefixação. Pela nossa parte, a paradigmaticidade e a gramaticalização acrescidas, que se traduzem pela integração do formante num paradigma genolexical e pelo seu funcionamento crescentemente regular e padronizado, permitem-nos considerar o operador *não* como funcionando com claro valor prefixal.

O operador de negação *não* acopla-se dominantemente a nomes (*não ministro, não pessoa, não verdade*) e a adjetivos (*não euclidiano, não racional*), alguns dos quais formas participiais com função adjetival (*não dito, não produtivo*), casos em que nega (o valor de verdade do conteúdo de) um constituinte, funcionando portanto ao serviço da contradição. Também ocorre associado a bases verbais, algumas das quais com valor já nominalizado ((o) *não-poder*, (o) *não-sofrer*, **um** *não-ser*), pelo que os produtos devem ser incluídos no conjunto dos nomes.

Os dicionários (v.g. Aurélio, Houaiss) registram outras combinatórias (cf. (i-(iii)), mas trata-se de expressões já lexicalizadas, que não ilustram o valor comum de *não* no português contemporâneo:

(i) **verbo-complemento(s)**: *não-sei-quê*, 'denominação expressiva de cachaça, no Brasil, uma vez que um embriagado não se sabe de mais nada'; *não-sei-que-diga*, 'denominação popular para diabo, no Nordeste do Brasil' (Aurélio e Houaiss);

(ii) **verbo-advérbio**: *não-fazer-nada*, 'ócio', porventura por influência do italiano;

(iii) **pronome-verbo**: *não-me-deixes*, 'denominação popular de erva alta, da família das compostas, cujas flores, de coloração geral amarela, pequenas e muito numerosas, se agregam em capítulos amplos'; *não-me-esqueças*, *não-te-esqueças*, *não-te-esqueças-de-mim*, 'na linguagem popular, nomes de um gênero de plantas herbáceas da família das boragináceas, de flores pequeninas, muitas das quais cultivadas em jardins ornamentais'; *não-me-toques*, 'denominação popular de planta que, ao ser tocada, se fecha, não aceitando qualquer tipo de toque'.

Quando modificador de verbos ou de um grupo verbal (cf. *não consumir produtos transgênicos*, *não dizer a verdade*, *não matar* [quem quer que seja]), o advérbio *não* funciona como um operador de negação de todo o sintagma, tendo escopo sobre os argumentos internos do verbo, e não como um prefixo prototípico. De resto, a presença deste operador faz-se por certo sentir muito mais em construções de negação frásica e/ou de negação de um dos constituintes desta, do que como prefixo.

Do ponto de vista semântico, é abrangente o escopo de *não*, pois combina-se com classes de denominações de realidades mais e menos abstratas (cf. *não estado*, *não mesa*, *não ministro*, *não pessoa*, *não violência*), humanas (*não adepto*, *não fumador*, *não professor*, *não residente*, *não sócio*, *não trabalhador*) ou não humanas (*não concerto*, *não estádio*, *não filme*, *não jornal*, *não jornalismo*), codificadas através de

* unidades lexicais simples (*não índios*, *não judeus*);
* derivadas ([geometria] *não euclidiana*, *não medicinal*, *não poluente*, *não segurança*);
* compostas (*não meritocracia*, *não seguro-saúde*, *não turbo-diesel*);

PREFIXAÇÃO NA LÍNGUA PORTUGUESA CONTEMPORÂNEA

- ou sintagmáticas (organização *não governamental*, pacto de *não agressão/violência*, pacto de *não proliferação* de armas nucleares), que de resto acusam um crescendo muito significativo (cf. quadro seguinte).

As bases adjetivas são também bastante diversas, quer do ponto de vista morfológico, quer do ponto de vista semântico. Quanto à sua estrutura morfológica, podem ser simples (*não livro, não pelo*) ou complexas (*não governamental, não maleficência, não pró-ativo*). Do ponto de vista semântico, podem ser adjetivos de indivíduo (*não inteligente, não humano*), de fase (*não grávida*), qualitativos (*não amigo, não leal*) ou relacionais (*não invasivo, não cirúrgico, não respeitador do ambiente*).

Quadro 29. Tipos de bases compatíveis com *não*

Bases	Nomes	Adjetivos	
simples	*não livro, não pessoa, não sol*	*não apto, não igual, não legal, não nulo*	
derivadas	*não segurança, não violência*	Derivada denominal	*não empresarial, não euclidiana, não solar, não tendencioso, não vocálico*
		Derivada deverbal	*não contável, não orientável, não reformável, não beligerante, não existente, não participante, não poluente, não alinhado, não descrito, não iluminado, não letrado, não realizado, não satisfeito, não saturado, não viciado*
compostas	*não ecologia, não plutocracia não bate-papo, não beija-mão*	*não securitário, não termodinâmico* [poder] *não autocrático*	
sintagmáticas	[pacto de] *não agressão/violência não sistema nacional de saúde*	[organização] *não governamental não veto presidencial*	

Por vezes, *não* e *in*- partilham o mesmo tipo de bases, resultando em significações equivalentes, como:

(191) *inaproveitado* e *não aproveitado* em "este terreno está *inaproveitado/não aproveitado*";
(192) *inexato* e *não exato*;
(193) *insucesso* e *não sucesso* ("o campeonato saldou-se pelo *insucesso/não sucesso*").

Todavia, nem sempre assim acontece, pois em muitos casos as unidades lexicais modificadas por *não* e por *in*- ou por *des*- não são contextual e pragmaticamente intersubstituíveis, porque não equivalentes.

Com efeito, quando associados morfologicamente a uma base verbal ou cognitivamente a um evento, a unidade prefixada em *in*- ou em *des*- pode supor a materialização prévia do evento, o que não é requerido pela adjunção de *não*.

(194) *inutilização*, 'ação de inutilizar' vs. *não utilização* (já se *inutilização* for formado pela prefixação de *in*- a *utilização*, denotando 'não utilização', há possibilidade de comutação);
(195) *desconvocação* (ação de desconvocar, tendo havido previamente a ação de convocar) vs. *não convocação* (não é requerida nem suposta a existência de qualquer ação de convocação);
(196) *desfavorável* vs. *não favorável*: *não* não implica uma situação prévia, o que acontece com *favorável > desfavorável*;
(197) *insucesso escolar* vs. *não sucesso escolar*: *insucesso* tem escopo adjacente sobre *sucesso* e a ausência de *sucesso* é muito marcada negativamente; *não sucesso escolar* pode ter escopo sobre todo o sintagma, diluindo também a marca negativa associada à culminação de *insucesso* (resultativo de *suceder*).

A possibilidade que *não* revela de se adjungir a unidades lexicais elas mesmas prefixadas por *des*- (*não desfavorável*) ou por *in*- (*não insano*) atesta que o espectro combinatório de *não* é bem mais amplo que o dos demais prefixos de negação, em clara conformidade com o seu largo uso adverbial.

2.7 Síntese

O quadro seguinte sintetiza as combinatórias mais salientes de *a(n)*-, *contra*-, *des*-, *in*-, *não*.

Em função do seu próprio sentido, *a(n)*- não é compatível com bases verbais. O mesmo se aplica a *não*, com valor estritamente prefixal.

PREFIXAÇÃO NA LÍNGUA PORTUGUESA CONTEMPORÂNEA 113

Por seu turno, *in-* e *des-*, ainda que ocupem o mesmo espaço de expressão de contrariedade, têm diferentes premissas quando se combinam com verbos ou com nomes: *inatenção*, 'ausência de atenção' vs. *desatenção* 'não atenção, por cessação/reversão desta'; *inencontrado* 'não encontrado' vs. *desencontrado*, 'que se desencontrou', 'que é/foi objeto de desencontro'. O prefixo *in-* é mais externo que *des-*, como se comprova em *indesmentível*, 'não desmentível'; *indesmentir* 'não anular/reverter o mentir'; *indesculpar* 'não desculpar'.

Embora possam ter ocupado em tempos o mesmo espaço funcional, *contra-* e *anti-* não se encontram no presente em concorrência. O prefixo *anti-* é mais disponível e produtivo na atual sincronia da língua, com um semantismo dominantemente atitudinal.

Quadro 30. Expressão prefixal de oposição, negação, privação, contrariedade, contradição

Produtos / Prefixos	N	A	V
a(n)- (privação)	*amoral, assimetria*	*anormal, atípico*	*
contra- (oposição)	*contraluz, contramão contrapeso*	*contrafactual contraindicativo*	*contra-atacar contraindicar contrainformar*
des- (contrariedade)	*desamor, descaso desgoverno*	*desleal, desigual desnutrido*	*desdizer*
in- (contrariedade)	*ineficácia imperfeição insegurança inverdade*	*incomestível infeliz injusto, inválido*	*incumprir indeferir*
não (contradição)	*não pessoa não violência*	*não euclidiano não hispânico*	*

3

Prefixos atitudinais

Os prefixos *contra-* e *anti-* têm, no presente, valor atitudinal de 'oposição (contrária a)' à realidade denotada pela base, e o prefixo *pró-* o sentido de 'a favor de'. Por isso os tratamos em secção própria neste livro.

Um aspecto comum a *anti-* e a *pró-* atitudinais prende-se com a tendencial incompatibilidade das construções em que ocorrem com ESTAR e a sua compatibilidade com SER, como se observa através dos exemplos seguintes:

(198) ser *anti-/pró-*governo, ser *anti-/pró-*Europa, ser *anti-/pró-*inflação, ser *anti-/pró-*economicismo

vs. *estar anti-*anti-/pró-*governo, *estar *anti-/pró-*inflação, *estar *anti-/pró-*economicismo

Em alternativa, pode recorrer-se à preposição *contra* e ao sintagma '*a favor de*', e nestas circunstâncias já são permitidos os verbos SER e ESTAR:

(199) SER/ESTAR *contra o/a, a favor do/a:* governo, Europa, inflação, Troika.

3.1 Derivados atitudinais em *anti-* e em *contra-*

O tratamento de *anti-* requer uma abordagem multifatorial e não discreta da morfologia (Serrano-Dolader, 2003) e da formação de palavras, pois muitas são as questões problemáticas que o seu comportamento coloca, desde a natureza categorial das bases (cf. (mina) *antipessoal*), à natureza categorial dos produtos (cf. (creme) *antirrugas* (nome em aposição e/ou com valor predicativo), à possibilidade de *anti-* ter ou não poder categorial.

Dado o seu valor de oposição (Correia, 1992), *anti-* combina-se com bases nominais, que representam:

(200) nomes de entidades (*antiestado, anti-herói, antimíssil, antitabaco, antivírus, antipontas--duplas*), codificáveis por siglas (*anti-FMI*) e acrônimos (*anti-SIDA* [PE] *anti-AIDS* [PB]);

(201) nomes de eventos (*antiaborto, anti-inflação, antienvelhecimento, antiférias, antifurto, antiquebra (de cabelo)*) e/ou de estados (*antibelo*[1], *antidesemprego, antigripe, antiopacidade, antirrigidez*).

Muitos dos nomes portadores de *anti-* são usados com valor apositivo:

(202) medidas/posições *antiaborto, anti-Bush, antifumo, antirruído*;

(203) produtos *antibrilho, antideslizantes, antiferrugem, antifungos, antigripe, antirrugas, antitártaro, antitosse*;

(204) meios *anti-incêndio, antifurto*;

(205) atitudes *antiestado, antifalência, antigoverno, antipoder, antiprogresso, antitrabalho*.

Também com valor apositivo e/ou predicativo, *anti-* ocorre em adjetivos:

(206) *antiaéreo, antibalístico, antidesportivo, antimonárquico, antipessoal, antirretrovirais, antitabágico, antitetânico, antiviral*.

Nestes casos, há descoincidência entre a estrutura morfológica e a semântica, pois *anti-* tem escopo sobre o nome de base: *antimonárquico, antipessoal, antitabágico, antitetânico* denotam 'anti- a monarquia, a pessoa, o tabaco, o tétano', e não necessariamente 'anti- o que é *monárquico, pessoal, tabágico, tetânico*'.

Nas construções em que o derivado tem estrutura nominal, e não adjetival, não há tipicamente lugar a flexão de número do produto, registrando-se alguma permeabilidade em alguns casos:

---

1. "Mas minhas fotos exploram o lado **anti-belo**, que acredito ser igualmente atrativo, talvez por ser tão lastimado" (*par=Ilustrada--94a-1*: http://www.linguateca.pt/CHAVE/, acesso em: 30 mar. 2014).

PREFIXAÇÃO NA LÍNGUA PORTUGUESA CONTEMPORÂNEA   117

(207) manifestações *antiaborto* (*antiabortos*);
(208) manifestações *antimíssil* (*/?antimísseis*);
(209) medicamentos *antigripe* (*antigripes*);
(210) sistemas *antibala* ou *antibalísticos* (*/?antibalas*).

Já quando o produto tem natureza adjetival, a flexão é gramatical (medicamentos *antiabortivos/antigripais*), embora também já se admita a construção não flexionada, como em "minas *antipessoal*". Quando em aposição, *anti-* tem escopo sobre todo o SN (o creme *antirrugas*, a vacina *antitétano*). A natureza predicativa de algumas construções apositivas *anti-N* reflete-se na possibilidade de estas ocorrerem em coordenação com *anti-A*:

(211) "posições *antidemocráticas, antipaís, antiprogresso, antissociais*"

A equivalência entre construções *anti-N* e *anti-A* (campanha *antitabaco*, campanha *antitabagista*) ilustra o valor predicativo de ambas as construções.

Em virtude da sua semântica, *anti-* combina-se com bases que possam remeter para ENTIDADES (doenças, instituições, matérias, pessoas, produtos) ou EVENTOS suscetíveis de serem objeto de oposição. Os adjetivos com que coocorre são por isso tendencialmente denominais, como se comprova pela agramaticalidade dos exemplos seguintes:

(212) *anticruel, *antiferoz, *antiagradável, *antilegível.

O facto de *anti-* assumir um valor cada vez mais de oposição atitudinal, permite-lhe não exigir a instanciação prévia do que a base denota, como se observa em *antirrugas* e *antiofensiva*.

(213) um *antirrugas* destina-se a 'prevenir contra as rugas, de preferência (mas não em exclusivo) antes de estas aparecerem';
(214) uma manifestação *antiofensiva* define-se como contrária a uma qualquer ofensiva, ainda que esta não tenha ocorrido.

Para finalizar, observe-se o comportamento de *contra-* face ao de *anti-*.

Quadro 31. Expressão prefixal de oposição atitudinal

Prefixo \ Produtos	N	A/N	V
anti- (oposição atitudinal)	*antirrugas* *antiviolência*	*antibalístico* *antiterrorista*	*
contra- (oposição atitudinal)	*contraproposta*	*contra-argumentativo*	*contra-atacar*

Ao contrário de *anti-* (cf. 2.4.), *contra-* denota uma oposição subsequente à da realidade que a base denota e/ou de reação a esta:

(215) uma *contraofensiva* é uma 'ofensiva que serve para contrariar a ofensiva do inimigo, fazendo com que este passe à defensiva', ou seja, ocorre em contraponto a uma primeira ofensiva;

(216) um *contrapeso* é um peso que se destina a equilibrar um outro peso;

(217) um produto *antipeso* é algo que se destina a combater o (excesso de) peso.

Em verbos como *contra-argumentar, contrabalançar, contradizer, contraordenar, contrapor,* e nas construções sintagmáticas como as que seguem, é o valor atitudinal de oposição que emerge.

(218) políticas *contracíclicas*;

(219) atitude *contrarrevolucionária*;

(220) medicamento *contraindicado*;

(221) comportamento *contraproducente.*

Como os exemplos subsequentes permitem observar, o semantismo parcialmente diferenciado de *contra-* e de *anti-* pode por vezes sobrepor-se na expressão da oposição atitudinal.

(222) em *contraordem* denota-se uma ordem de revogação de uma anterior, datada e referencialmente unívoca;

(223) em *antiordem* denota-se uma 'atitude, um movimento, uma manifestação de contestação da ordem social ou cultural estabelecida', ou uma 'ordem contrária à anterior' (cf. "instalou-se a antiordem").

PREFIXAÇÃO NA LÍNGUA PORTUGUESA CONTEMPORÂNEA

Em algumas denominações mais singulares, há significações mistas, como em *anticristo* 'aquele que se opõe a Cristo' ou 'ser que, segundo a tradição cristã, tentará fazer-se passar por Cristo, pretendendo ser o Messias regressado, nos últimos dias antes da segunda vinda de Cristo'.

Se tivermos em conta as taxas de ocorrência de *contra-* e de *anti-* atitudinais em bases de dados disponíveis em linha, observamos que a disponibilidade de ambos se assemelhará, embora a combinatória de *anti-* seja muito mais diversificada lexicalmente que a de *contra-*. Por exemplo, em http://www.linguateca.pt/CHAVE/ há inúmeras ocorrências de *contra-ataque* e de *contra-atacar*, e as inovações mais sensíveis registram-se com *anti-*, como se observa em *anti-nada*, *anti-coisa alguma*

(224) "Se for candidato, não vai ser "**anti-nada**", porque não tem cabimento ser **anti-coisa** alguma" (*par=Brasil--94b-2*: http://www.linguateca.pt/CHAVE/, acesso em 30 mar. 2014).

3.2 Derivados em *pró-*

Para exprimir 'a favor de', 'propenso a', a língua dispõe de *pró-*, que se combina com diversas classes de estruturas de base:

(225) nomes (*pró-Europa, pró-governo, pró-inflação, pró-natureza, pró-vida*);

(226) sintagmas nominais que configuram lexias complexas, ou seja, unidades lexicais multipalavra que correspondem a uma só denominação (*pró-direitos humanos, pró-mártires da grande guerra, pró-energias renováveis, pró-terceira idade, pró-União Europeia*);

(227) adjetivos (*pró-ativo, pró-cíclico, pró-democrata, pró-europeu,* (posição claramente) *pró-palestiniana,* (comício) *pró-republicano*);

(228) e mais raramente com verbos (*pró-acentuar*).

Este prefixo tem, pois, um valor essencialmente atitudinal, possuindo propriedades de subcategorização idênticas às de *anti-*.

Em alguns casos, o sentido do produto apresenta alguma idiossincrasia semântica, sendo quase equivalente a *sub-*. Assim acontece com *pró-reitor* que, quando denota um cargo, não significa alguém que está a favor do reitor, mas um docente que coadjuva o reitor exercendo um cargo hierarquicamente abaixo deste, tal como o de *vice-reitor*. Sentido parcialmente especializado também tem:

(229) *procônsul*: 'funcionário da antiga Roma encarregado do governo de uma província'; *pro-tutor*: 'indivíduo nomeado pelo conselho de família para exercer a tutela com o tutor', e

(230) *pró-secretário de Estado* (cf. "Antes de mais, o atual (pró-)secretário de Estado do Vaticano, Angelo Sodano, e o bispo que governa, em nome do Papa, a diocese de Roma, Camilo Ruini" (*par=ext1449925-opi-97b-1*, acesso em 25 de nov. 2012).

O sentido técnico está presente em *pró-vitamina A*, algo que se aproxima das vitaminas, que contém um dado teor de vitamina A, como o betacaroteno, e que presentemente se incorpora em cremes e bronzeadores.

A dicotomia *pró-* e *contra-/anti-* encontra-se largamente atestada em *corpora* do português contemporâneo. Uma recolha por nós realizada em 25 de novembro de 2012, no CETEMPUBLICO (http://www.linguateca. pt/cetempublico/) revela alguns exemplos (sublinhados nossos):

(231) "Boicote pró e anti-islamista" (*par=ext1280392-pol-96b-2*).

(232) "correntes pró e antieuropeias do partido" (*par=ext475391-pol-91a-2*).

(233) "os campos estão extremados, bipolarizados entre forças pró e contra Pequim" (*par=ext930405-pol-95a-5*)

(234) "[...] conflito entre as teses pró e contra regionalização" (*par=ext120006-soc-93a-3*)

(235) "[...] encontrar um denominador comum com os seus parceiros europeus que evitasse a radicalização das posições pró e anti-europeias dentro do Partido Conservador" (*par=ext101761-nd-91b-2*)

O prefixo *pró-* combina-se também com adjetivos (sublinhados nossos):

(236) *pró-cíclico*: "Existe alguma investigação que argumenta que pelo facto de o trabalho ser um factor homogéneo e em períodos de recessão serem os trabalhadores menos qualifica-dos a perder o emprego, as medidas de ciclicidade são subestimadas e o movimento dos salários reais serão pró-cíclicos" (*par=ext401081-eco-93a-1*). Algo pró-cíclico é algo que ganha/é favorecido com as variações positivas no ciclo económico. Assim, um fenômeno pró-cíclico tende a reforçar-se perante o crescimento econômico, e a tornar-se mais fraco em recessão. As empresas são naturalmente pró-cíclicas, pois acumulam tanto mais vendas e lucros quanto maior o crescimento econômico. Trata-se do contrário de contracíclico (cf. http://www.thinkfn.com/wikibolsa/Pró-c%C3%ADclico)

PREFIXAÇÃO NA LÍNGUA PORTUGUESA CONTEMPORÂNEA

(237) *pró-associativo*: "Quando em 1973 me iniciei nas oposições como <u>activista (pró-) associativo</u>, acreditei ter encontrado o conforto de voltar atrás, na suposição de combater por um mundo muito semelhante ao do útero materno, onde valesse a pena estar" (*par=ext-616886-nd-91b-1*)

Quando combinado com nomes, estes podem denotar uma personalidade (cf. 238), um evento/um processo (239-244), alargando-se cada vez mais a construções sintagmáticas nominais (238 e 245):

(238) "França: Miterrand não só foi pró-nazi na sua juventude como também, depois, pró-estalinista e, ainda mais tarde, <u>pró-Pol Pot</u>, <u>pró-Kim Il Sung</u>, <u>pró-Bokassa</u> e, em suma, <u>pró- toda a espécie de ditadores</u>" (*par=ext781705-pol-97b-2*).

(239) "Não vou inventariar aqui razões <u>pró regionalização</u>" (*par=ext391890-pol-92b-2*)

(240) "E é preciso derrotar o movimento <u>pró-escolha</u>" (*par=ext1437108-pol-92b-1*).

(241) "E, logo a seguir: "Direitos de reprodução: <u>pró escolha</u>" (*par=ext391890-pol-92b-2*)

(242) "E as pessoas "<u>pró-escolha</u>", evidentemente, não gostam de fazer abortos" (*par=ext-691167-clt-94b-2*)

(243) "Eu sou <u>pró-escolha</u> a favor do aborto" (*par=ext582960-soc-93b-2*).

(244) "Nas próximas eleições, há que ser <u>pró</u> alguém" (*par=ext1117053-des-97b-4*)

(245) "De positivo, algumas atitudes da ministra que mostram um posicionamento menos <u>pró-lobby farmacêutico</u> do que aquilo a que se estava habituado [...]" (*par=ext268081-nd-96a-2*)

O exemplo (238) mostra a possibilidade de o derivado portador de *pró-* poder funcionar com valor predicativo em construções adjetivais (*pró--estalinista*) e nominais (*pró-nazi, pró-Bokassa*), e bem assim a extensão da base a que se acopla (*pró-Pol Pot, pró-Kim Il Sung*).

4

Derivados em *re-* com valor iterativo

O prefixo *re-* nunca constitui um domínio acentual e combina-se com bases verbais (246), com bases nominais, de sentido eventivo e deverbais (247) e, em menor escala, com bases adjetivais (248).

(246) *reacender, reagendar, realinhar, reaprender, reconciliar, reconstruir, redizer, reelaborar, reestruturar, refazer, relacrar, relançar, repisar, resselar;*
(247) *reacendimento, reagendamento, reaprendizagem, reconciliação, reconstrução, reelaboração, reestruturação, reitenerância, relacragem, resselagem;*
(248) *recurvo, refalso, retorto, revelho.*

O quadro seguinte visualiza esta distribuição.

Quadro 32. Classes de derivados portadores do prefixo *re-*

	Derivados		
	Nomes	Adjetivos	Verbos
Prefixo *re-*	*realinhamento* *reaprendizagem* *reelaboração*	*recurvo* *resseco* *revelho*	*reabilitar, rebuscar, recapitalizar, recompor, reconfortar, redesenhar, reescrever, rematricular, retomar*

Na formação de verbos e de nomes eventivos, o prefixo *re-* tem valor reiterativo; quando, mais raramente, se combina com adjetivos (*resseco*, *revelho*), apresenta valor (reiterativo)-intensivo.

A facilidade com que as bases verbais são prefixadas com *re-* tem relação com a capacidade de os verbos denotarem situações — ações, processos, eventos — que podem ser repetidas ou reiteradas, como *reconstruir*, *redefinir*, *redesenhar*, *refazer*, *remontar*, *reescrever*. O prefixo não se combina com verbos que aspectualmente denotam situações pontuais (*espirrar*, *sorrir*, *tossir*).

Assim, o prefixo *re-* com **valor iterativo** acopla-se preferencialmente a bases verbais, explicitando repetição, iteração do que estas denotam:

(249) *recobrir*: 'voltar a cobrir, cobrir de novo';
(250) *reeditar*: 'voltar a editar, editar de novo';
(251) *reconstruir*: 'voltar a construir, construir de novo';
(252) *reincidir*: 'voltar a incidir'.

Em virtude da sua semântica, que implica a repetição de um EVENTO, este prefixo apenas seleciona bases nominais de sentido eventivo (*reconstrução*, *reedição*, *reeducação*, *reelaboração*). A agramaticalidade de adjunção a nomes de ENTIDADES é ilustrável pelos exemplos seguintes[1]:

(253) **remesa, *retelhado, *recicatriz, *refazenda, *refavela.*

Ainda assim, algumas bases nominais de sentido eventivo não aceitam a adjunção do prefixo *re-*, como se verifica pela agramaticalidade de **reconstipação*, que poderiam significar 'reiteração/recidiva de constipação'; **requeda*, 'repetição de uma queda'; **recorte*, 'novo/repetição de corte' — o nome *recorte* de que a língua dispõe é um pós-verbal converso de *recortar*.

---

1. Em registros estético-literários, sempre mais permissivos a criações mais heterodoxas, é possível encontrar nomes não eventivos prefixados em *re-*, como *refazenda* (1975) e *refavela* (1977), denominações de conhecidos álbuns musicais de Gilberto Gil.

O valor de iteratividade e de recursividade de *re-* (cf. *rematricular,* 'matricular de novo, voltar a matricular, matricular pela segunda vez'; *retelhar,* 'telhar de novo, voltar a telhar') pode expandir-se para um valor conexo, como o de intensidade (cf. *remelhor* (Nunes, 1989, p. 235), *refalso, retorto,* entre outros), derivado do de iteração:

(254) *recurvo*: 'bastante curvo';

(255) *resseco*: 'duas vezes seco, muito seco';

(256) *revelho*: 'muito velho'.

Quando o adjetivo pode ter um semantismo (de)eventivo, como em *redito,* resultativo de *redizer,* percebe-se a origem do valor intensivo deste prefixo: a repetição de um evento tem como consequência uma presença intensificada da propriedade envolvida, assim se explicando o valor intensivo.

Quando o prefixo *re-* se combina com bases verbais marcadas pela telicidade, é ativado o valor iterativo (*reconstruir, reedição, reeducar, reexame, releitura, revenda*); com bases atélicas, é o valor intensivo que emerge, ainda que sendo escassamente representado em português (*reluzir*). O valor do prefixo está, pois, relacionado com restrições de natureza semântica das bases com que se combina. Martín García (1998, p. 78) considera a existência de dois prefixos, um com valor (re)iterativo e outro com valor de intensidade. Efetivamente há verbos, em português, tal como em espanhol, que apresentam um sentido dominantemente (re) iterativo e/ou de intensidade, mas tal circunstância não significa que estejamos perante dois sufixos. O valor de intensidade é aqui considerado decorrente do iterativo: a repetição de um evento tem como consequência uma presença intensificada da propriedade envolvida, e assim pode ocorrer valor intensivo.

No quadro seguinte, apresenta-se a distribuição em português desses dois valores pelas três grandes classes de verbos: os transitivos, os intransitivos inergativos e os intransitivos inacusativos, cujo comportamento argumental é descrito logo abaixo deste quadro.

Quadro 33. Classes de verbos e valores semânticos de re-

Classes de verbos	Valores de *re-*	Exemplos
V inacusativos (argumento interno sujeito)	**reiteração, repetição**	*reaparecer, recomeçar, reflorescer, renascer, ressurgir*
V transitivos (argumento externo sujeito)	**reiteração e intensidade**	*reabsorver, reclassificar, remirar, replantar, retocar, revender*
V inergativos (argumento externo sujeito)		*rebaixar, rebrilhar, rebramar, rebramir, rechiar, refartar, referver, refulgir, reluzir, ressoar*

Os verbos inergativos distinguem-se dos inacusativos com base nas propriedades dos respetivos sujeitos:

(i) o sujeito dos **verbos inergativos** (*brilhar, soar*) corresponde à realização de um argumento externo ("a luz brilha ao longe"), tal como acontece com o sujeito dos verbos transitivos; o sujeito dos verbos inergativos, à semelhança do argumento externo dos verbos transitivos, não admite construção de Particípio Absoluto (*brilhada a luz); as formas participiais de verbos inergativos não podem ocorrer em posição predicativa (*a luz é brilhada) ou atributiva (*a luz brilhada);

(ii) o sujeito dos **verbos inacusativos**, como *chegar, crescer, existir, entorpecer, florescer*, corresponde, por norma, ao argumento interno Tema que, nas estruturas transitivas ativas, funciona como Objeto Direto; o sujeito dos verbos inacusativos, tal como o argumento interno dos verbos transitivos, admite a Construção de Particípio Absoluto ("uma vez entorpecidos os joelhos, o Antônio não conseguia andar"); as formas participiais de verbos inacusativos, à semelhança das formas participiais de verbos transitivos, podem ocorrer em posição predicativa ("este joelho está entorpecido") ou atributiva ("o joelho entorpecido")

A semântica não eventiva dos adjetivos não deverbais explica que seja escassa a combinatória do prefixo *re-* com adjetivos, como *retorto, revelho*. Na origem do valor intensivo deste prefixo está a repetição de um evento (cf.

redizer, redito), a qual tem como consequência uma presença intensificada da propriedade envolvida.

As inovações com *re-* junto de nomes no Português do Brasil respeitam as coordenadas acima expostas e estendem o uso do prefixo a nomes de estado, como *modernidade*, que todavia pode no cotexto abaixo ser entendível como 'remodernização':

(257) "o que me perguntei enquanto ouvia você era o porquê dessa necessidade européia da revisão do mundo barroco, novo-hispânico ou americano, quando esse "**re-trabalho**", essa reciclagem de temas e de formas culturais, estava na própria possibilidade européia?" (*par=49481*: http://www.linguateca.pt/CHAVE/, acesso em 30 mar. 2014);

(258) "Depois que a federação da Holanda desprezou a possibilidade de contratar o ousado e agressivo Johan Cruyff, Sacchi se tornou, subitamente, a grande esperança de **re-modernidade** no Mundial". (*par=Esporte--94b-1*: http://www.linguateca.pt/CHAVE/, acesso em 30 mar. 2014)

5

Expressão prefixal de conjunção: *co-*

O prefixo *co-*, detalhadamente descrito por Nunes (2011), não apresenta restrições categoriais de adjunção, já que se combina com bases de classes lexicais diversas, sejam verbais, tipicamente diádicas (259), nominais (260) e, menos abundantemente, adjetivais (261).

(259) *coadministrar, coautorar, cocelebrar, codirigir, coeditar, coeducar, cofinanciar, coabitar, cooptar, coorganizar, coproduzir, corresponsabilizar*;
(260) *coautor, coautoria, codiretor, cofiador, coerdeiro (PE co-herdeiro), coparticipação, copiloto, copresença, corresponsabilidade, covendedor*;
(261) *co-hipônimo, coigual, coestrelado*[1], *colateral, corresponsável, cossanguíneo*.

Co- sobrevive em alguns latinismos, como *coadjuvar, coângulo, coetâneo, coeterno* e em arcaísmos (*comadre*).

As bases verbais selecionadas por *co-* implicam objeto criado (*coanalisar, codesenhar, coeditar, coescrever, cointerpretar*); as bases nominais são também bases cujo semantismo pode envolver eventividade (*coautor(ia)*,

---

1. Cf. http://www.linguateca.pt/CHAVE/ "*par=8491*: O filme será dirigido por Stanley Kubrick, um dos meus diretores prediletos, e **co-estrelado** por minha mulher Nicole" (pesquisa em 30 mar. 2014).

coabitante, codiretor), e as adjetivais são muitas vezes semanticamente relacionais, como as que significam 'igual a', 'lateral a' (*coigual, colateral*).

Quando o prefixo se combina com um nome (cf. *participação* ou *responsabilidade*), a cuja base está associado um predicado (*participar, responsável*), o argumento do nome prefixado com *co-* denota necessariamente uma pluralidade de indivíduos:

(262) a *coparticipação* de x e de y;
(263) a *corresponsabilidade* de x e de y.

O nome não prefixado ("a *participação* de x em z"; "a *responsabilidade* de x/de y") não exige que o argumento seja plural. Daí a agramaticalidade de (264):

(264) *Os especuladores *codestroem* a economia;
(265) Os especuladores *destroem* a economia;
(266) Os especuladores e os credores *codestroem* a economia.

Quando a base é um agentivo, *co-* especifica que aquela denota um membro (*coarguido, coautor, codiretor, copiloto, corréu, covendedor*) do conjunto plural envolvido na predicação.

O prefixo não modifica a estrutura argumental do verbo nem do evento, mas incide sobre a relação semântico-conceptual que se estabelece entre alguns dos seus participantes, que passa a ser de conjunção, de comitatividade. Por isso, *coautoria* equivale a "autoria conjunta", *coabitar* a "habitar em conjunto com", e *codiretores* ou *co-hipônimos* denotam duas entidades que funcionam em parceria, conjuntamente, comitativamente, como *diretores* ou como *hipônimos*. A codificação de conjunção ou de comitatividade explica que algumas bases verbais inacusativas, como *aparecer, florescer*, e algumas inergativas, nomeadamente de emissão de luz ou de som (*brilhar, soar*), possam ser compatíveis com *co-* (*coaparecer, cobrilhar, florescer, cossoar*).

A par com *co-* coexiste a variante *com-*, também ela relacionada diacronicamente com a preposição latina *cum* que lhes serve de fonte comum. Na Idade Média as duas variantes distribuíam-se de forma complementar, sendo *con-* utilizado quando as palavras começavam por consoante e *co-* quando começavam por vogal. Mas já no latim medieval, *co-* começa a ocorrer adjunto a algumas palavras iniciadas por consoante (Nunes, 2011, p. 93-96). De então para cá, *con-* tem perdido produtividade, continuando presente em verbos, como *combater, compadecer, concentrar, condensar, conreinar, consolidar*, em nomes, como *compadre, concausa, concidadão, concunhado/a*, e em adjetivos, como *comprovincial, comprovinciano*. Na generalidade dos casos, o sentido do produto é fortemente lexicalizado, tendo-se perdido a percepção da composicionalidade construcional que está subjacente à sua formação por prefixação. Assim se verifica através da seguinte situação: se pretendermos dizer 'pensar em conjunto com outrem', recorremos a *copensar* e não a *compensar*. Dir-se-á que o semantismo cristalizado de *compensar*, 'equilibrar um efeito com outro; neutralizar a perda com o ganho, o mal com o bem' bloqueia o novo semantismo, pelo que se recorre ao prefixo na sua configuração presentemente produtiva (*co-*). Assim é, de facto. Mas também é bem possível que, para a maior parte dos falantes, não conhecedores da estrutura latina de *compensar*, este verbo seja já percepcionado como não derivado ou, quando muito, como complexo mas não derivado.

Em Portugal, como no Brasil, a variante *co-* é a que se encontra disponível no presente. Uma busca no site do /CETEMFOLHA/ http://www.linguateca.pt/ (30 mar. 2014) revela mais de seis centenas de ocorrências com o prefixo *co-*. Um uso inovador, mas ainda com escassas ocorrrências, é o de *com-* por contraste com *sem-*, em exemplos do seguinte tipo:

(267) "Todos os que são eleitos pelo PT [...] o são pela força do PT", afirmou Vaccarezza ao criticar a diferenciação que se faz entre os "sem-voto" e os "**com-voto**" do partido (*par=Especial--94a-1*, http://www.linguateca.pt/CHAVE/, em 30 mar. 2014);

(268) "Na ilha há os **com-dólares** e os sem-dólares" (*par=Turismo--94a-1*: faz entre os "sem-voto" e os "**com-voto**" do partido (*par=Especial--94a-1*, http://www.linguateca.pt/CHAVE/, em 30 30 mar. 2014);

(269) "ninguém olha para os **com-terra**, aquele que há décadas faz agricultura e que hoje corre o risco de perder o ofício (*par=12752*, http://www.linguateca.pt/CHAVE/, em 30 mar. 2014).

6

Expressão prefixal de movimento

A expressão de movimento é servida em português por um conjunto de prefixos que denotam movimento 'em direção a', 'de x(lá) para cá', 'para dentro', 'para fora', 'para trás', 'de cima para baixo', 'de baixo para cima', 'através de/por dentro de', 'em torno de/à volta de', 'por dentro de', entre outros. Do conjunto de constituintes de origem grega e latina que denotam 'movimento', nas suas várias modalidades, destacam-se *a-* (<AD), *de-*, *en-* (<IN), *es-* e *retro-*. Os mais eruditos, como *cata-*, *dia-*, *per-*, estão menos representados na língua portuguesa.

Importa explicitar que alguns destes prefixos ativam um sentido de movimento ou de localização, em função da semântica da base. Ou seja, há prefixos que, na complexa rede que formam, laboram quer na expressão prefixal de movimento (*circum-navegar*), quer na de localização espacial (*circunvizinho*). Nem sempre é fácil identificar o uso mais prototípico no presente, pelo que em alguns casos o prefixo é descrito neste capítulo e também no capítulo 7. Assim, por exemplo, *circun-*, 'movimento à volta de' (*circulação, circunscrever, circunscrito*), ocorre também em 7, para denotar 'localização à volta de', o mesmo se aplicando a *peri-*, 'movimento ou posição à volta de' (*periferia, período, periscópio, peripulmonar*).

6.1 Expressão de 'direção ou meta' adlativa/aproximativa ('em direção a') ou ilativa ('para dentro de')

Ao serviço da expressão de 'direção ou meta', seja adlativa/aproximativa 'em direção a' ou ilativa 'para dentro de' (Pereira, 2007), encontram-se *a-* (<ad) (*alunar, amarar, aportar, aprisionar, aterrar*) e *en-* (*encaixotar, encarcerar, enlatar, ensacar*), associados a bases nominais de sentido locativo ou de 'container'/contentor (*caixote, cárcere, lata, mar, porto, saco*). A configuração *ad-* está confinada a cultismos, como *adjungir, adjunto, adjurar, advir*.

O prefixo *a-*, um dos mais representados na língua desde o período arcaico, combina-se majoritariamente com adjetivos qualificativos. Quando as bases adjetivais denotam propriedades relativas à dimensão, como *baixo, largo, pequeno*, o verbo significa essencialmente 'tornar (mais) A' (*alargar, apequenar*). Nestes casos, o sentido de 'movimento' e de aproximação alarga-se e abstratiza-se para poder recobrir as esferas conceptuais das propriedades dos adjetivos. Ou seja, só raramente é ativado o sentido adlativo de movimento físico, como em (popular) *abaixar*, 'pôr em lugar mais baixo; fazer descer', em contextos do tipo "abaixar o quadro; a poeira abaixou". O mesmo se passa com o prefixo *en-*, igualmente muito representado na língua desde os primórdios medievais, que também se combina majoritariamente com adjetivos qualificativos que denotam propriedades ou estados transitórios (*bêbedo, gordo*), e não com adjetivos de sentido locativo[1]. Estes dois prefixos "lativos" formam verbos transitivos de valor causativo (*encurtar, entortar*), sendo marcados por polaridade final, pelo que denotam o estado final da mudança de lugar codificada pelo verbo derivado. As bases nominais com que ambos se combinam são, no caso em apreço, locativos (*caixa, cárcere, mar, porto, saco*).

O quadro seguinte visualiza as classes de sentidos pelas quais se distribuem os verbos heterocategoriais portadores de *a(d)-* e de *en-*.

---

1. Por esta razão não se incluem neste conjunto exemplos do tipo *defracar* (PE: ant.), *encurtar, enricar* (PE, reg. 'enriquecer'), *esvaziar*, uma vez que neles os prefixos não têm sentido de movimento, na acepção literal deste.

PREFIXAÇÃO NA LÍNGUA PORTUGUESA CONTEMPORÂNEA 135

Quadro 34. Classes semânticas de verbos heterocategoriais prefixados em *a*- e em *en*-
(Rio-Torto, 2004; Pereira, 2007)

Classe semântica	Sentido geral	Verbos em *a(d)*-	Verbos em *en*-
causativo/ resultativo	'tornar (mais) x', 'transformar em x'	*acardumar, aclarar, adensar, agravar, alongar, aveludar*	*embelezar, engordar*
locativo	'pôr em x'	*aprisionar, aterrar*	*encabeçar, encaixar, encarcerar, enclausurar, engarrafar, enlatar*
ornativo	'prover de x'	*aleitar, atapetar*	*encerar, entubar*
instrumental	'usar x como instrumento', 'ferir/afetar com x'	*apunhalar, aplainar*	*empunhar*
performativo	'fazer/realizar/produzir x'	*assustar*	

Tenha-se em conta que os verbos que significam 'tornar (mais) x', 'transformar em x' não são verbos de movimento no sentido literal, pois não há deslocação física de um lugar par outro, mas de alteração de estado de coisas em que algo 'entra' num outro estado de coisas, tomando a forma de '[mais] claro' (*aclarar*), *denso* (*adensar*), *grave* (*agravar*), *longo* (*alongar*), *cardume* (*acardumar*), *veludo* (*aveludar*), etc. *Aveludar* ou *embelezar* podem também ter uma leitura ornativa, na medida em que se provê/dota algo de beleza ou de veludo, o que confirma a multissemia dos prefixos e dos produtos com estes formados. Não se incluiu no quadro anterior uma classe de verbos com sentido de 'agir como x/de forma x', 'exercer as funções de x', pois um verbo como *afadistar* pode ter mais facilmente uma leitura de 'transformar-se em x', e não tanto a leitura de 'exercer função de x' ou de 'atuar como x', que se reconhece em *capitanear, fiscalizar, macaquear, serpentear*.

Estão também ao serviço da expressão de 'movimento para dentro' *intro*- (*introduzir, intrometer, introspecção, introvertido*) e *endo*- (*endosmose*). Como ficou dito, se a base não tem qualquer sentido de eventividade, como *carpo* (*endocarpo*), o prefixo e o derivado não denotam movimento, mas localização.

6.2 Movimento de elatividade: 'procedência, afastamento', 'para fora de'

Para exprimir 'procedência, afastamento', *a(b)*- só ocorre em cultismos (*abjurar, abuso, abstração, abstinência*), sendo *de-* (*deadjetival, deverbal*) o prefixo disponível para esse espaço funcional. O primitivo valor de 'afastamento no sentido horizontal' de *ab-* foi sendo absorvido pelo de *de-*, que na matriz denotava 'afastamento de cima para baixo'.

A expressão de 'extração' ou de 'elatividade' é codificada por *des-* (*descamisar, descarrilar, desviar; "desbolsar* dinheiros" (Mia Couto, *Contos do nascer da terra*, p. 123), *de-* (*decapitar, depenar*), *es-* (*esventrar, estirar*) e, em casos residuais, por *ex-*, que denota primitivamente 'movimento de dentro para fora' (*excarcerar, excomungar, extemporâneo, exonerar, expatriar, expurgar, extrair*), que funciona dominantemente com o valor de 'já não x, antigo x, que foi x' (*ex-ministro*). Encontram-se apenas em cultismos e estão indisponíveis na língua comum *apo-* (*apoastro, apologia, apoteose, apóstolo*), denotando 'afastamento, separação', e *exo-* (*êxodo, exorcismo, exocêntrico*), denotando 'movimento para fora' e/ou localização 'fora de' (*exoplaneta* 'planeta extrassolar'). No quadro seguinte visualizam-se as classes semânticas ao serviço das quais está o prefixo *es-*.

Quadro 35. Classes semânticas de verbos heterocategoriais prefixados em *es-* (Rio-Torto, 2004; Pereira, 2007)

Classe semântica	Sentido geral	Exemplos
causativo/ resultativo	'tornar (mais) x', 'transformar em x', 'causar x'	*esfriar, esquentar, esvaziar*
locativo	'tirar de x'	*espipar, esventrar*
extrativo	'tirar x'	*esladroar, espulgar*
instrumental	'ferir/afetar com x'	*esfoiçar, espanar*
performativo	'fazer/realizar/produzir x'	*esboroar, esburacar, esfarelar*

PREFIXAÇÃO NA LÍNGUA PORTUGUESA CONTEMPORÂNEA

6.3 Movimento ascendente ('de baixo para cima') e descendente ('de cima para baixo')

O prefixo *de-* de origem latina denota 'movimento de cima para baixo' (*decair, decompor, decrescer, dependurar, depor* e, modernamente, *deflação*, por contraste com *inflação*) e 'movimento de extração' (*decapitar, depenar*). Em palavras de formação antiga e/ou rural, como *defracar*, 'tornar-se ainda mais fraco', ao sentido 'de cima para baixo' sobrepõe-se o intensivo. Os prefixos *sub-*, com o sentido de 'movimento físico de baixo para cima' (*sublevar, supor*), e *so(b)-* 'movimento de baixo para cima' (*soterrar, sobpor*), encontram-se indisponíveis. O mesmo se aplica ao prefixo de origem grega *cata-*, que denota 'movimento de cima para baixo' e/ou posicionamento/ localização (*catálogo, catáfora*).

No presente, o prefixo *ob-* denota já não tanto movimento, mas direcionalidade 'de cima para baixo', como em *obcônico/a*, 'forma de um cone com a ponta para baixo'; *oboval*, 'que tem forma de um ovo invertido'; *obovalado, oblongo*, 'forma geométrica que possui mais comprimento que largura; diz-se também de algo oval ou elíptico'. Como já foi explicitado, em muitos outros derivados o sentido matricial está totalmente cristalizado, tendo sido perdido o sentido composicional:

(270) *obscuro*: 'não claro, sombrio, quase escuro';

(271) *obcomprimido*, adj.: '(bot.) diz-se do ovário ou das sementes das synanthéreas, quando o seu maior diâmetro vai da direita para a esquerda';

(272) *obsutural*: '(bot.) que se aplica contra as suturas das válvulas sem a elas estar soldado';

(273) *obvolvido*: '(hist. nat.) diz-se dos órgãos que se enrolam uns sobre os outros';

(274) *obaudição*: 'falta de audição; má interpretação daquilo que se ouve'.

6.4 Movimento retroativo ('para trás') e movimento 'para diante, tendente a'

Quanto a *retro-*, para além de denotar 'movimento para trás' (*retroprojetor, retropropulsão, retrovisão, retroescavar*), está também ao serviço da expressão de 'recuo temporal' (*retroagir, retroativo, retrodatar, retro-operar*), e de 'que se situa em posição de recuo' (*retrovírus*, 'espécie de vírus que tem como material genético o ARN, e se multiplica com o concurso da enzima transcriptase reversa...'). Este é um constituinte cujo comportamento o aproxima bastante dos compostos.

O prefixo grego *ana-*, que denota 'movimento de inversão e/ou de remetência' (*anacrônico, anáfora, analogia*) não está presentemente disponível, a não ser no âmbito dos léxicos de especialidade.

A forma prefixal átona *pro-*, com valor de 'movimento para a frente' (*projetar, promover*), 'para diante, tendente a' (cf. *promover, propor, propender, prover*) foi derrogada em favor da forma tônica *pró-*, com valor de 'a favor de' (*pró-anistia, pró-vida, pró-desarmamento nuclear*), antinômica de *anti-*. O valor de intensidade presente em *proeminente* é idiossincrático e indisponível, na presente sincronia.

6.5 Movimento 'através de' e 'para além de'

O prefixo *trans-* denota 'movimento através de' e 'para além de' e está presente em verbos, muitos dos quais com origem latina, como *transcoar*, 'coar através de', *transcorrer, transfretar, transcrever, transluzir* (e o adjetivo *translúcido*), e em outros com significado congênere, como *transnadar, transnavegar, translinear, transplantar*. Manoel de Barros criou o conhecido verbo *transfazer* (o mundo), para denotar a capacidade de criar um mundo para além do que conhecemos. Mais raramente ocorre em nomes, como *transcorno*, 'Tauromaquia: sorte em que o toureiro salta sobre as hastes do touro', *transfusão* '[de sangue]: processo que consiste em injetar sangue em doente para melhorar o seu estado ou compensar perdas de sangue'; e *transvoo*, 'ação de transvoar, transpor voando'. O prefixo *tres-* denota 'movimento para além de', e está presente em *tresnoitar, trespassar*. De origem grega, *dia-* denota 'movimento através de', mas já se encontra opacizado nos cultismos em que ocorre: *diálogo, diafragma, diaporama, diatônica*.

O prefixo *per-* (*percorrer, perdurar, perfurar, pernoitar, perpassar, perviver*) tem um sentido dúplice, de 'através de [tempo/espaço]', não estando mais disponível.

PREFIXAÇÃO NA LÍNGUA PORTUGUESA CONTEMPORÂNEA

De todos, o prefixo com uma produtividade menos escassa será *trans-*.

O quadro seguinte sintetiza o funcionamento dos prefixos mais significativos de expressão de movimento, no sentido literal, mas também no sentido mais alargado deste, atestado sobretudo em derivados adjetivais (cf. *aclarar, alongar, encurtar, entortar, esvaziar*).

Quadro 36. Expressão prefixal de movimento (literal e figural) e respectivos prefixos

Prefixos	Base: N	Base: A	Base: V
a(d)-	*amarar, aportar, aterrar*	*aclarar, alongar*	*aprisionar*
de-	*debandar*	*denominal, deadjetival*	*decair, decrescer*
en-	*embarcar, encarcerar*	*encurtar, entortar*	*encarcerar*
es-	*esventrar*	*esvaziar*	*estirar*[2]
retro-	*retrovírus, retrovisão*	*retroativo*	*retroescavar*

---

2. Não dispomos de dados que nos permitam determinar se este verbo, que significa 'estender, esticar puxando; alongar(-se)', é deverbal ou denominal.

7

Expressão prefixal de localização espácio-temporal

Descrevem-se aqui os afixos de localização espacial e temporal. Muitos prefixos permitem denotar as duas manifestações de localização; são em menor número os que apenas denotam localização temporal (antes de, depois de, já não, recentemente).

Como ficou dito no capítulo 6, alguns prefixos de localização espacial denotam também movimento, verificando-se que este valor apenas é ativado quando a base tem sentido de eventividade, o qual na maior parte dos casos está presente em verbos não estativos. Nem sempre é absolutamente unívoca a destrinça entre um e outro valores. Quando tal ocorre, procura-se assinalar as circunstâncias em que tais sentidos emergem.

Os afixos com valor locativo explicitam que algo 'está/é colocado acima de' (*sobre-*: *sobressaia*; *supra-*: *supraindividual, supranacional, suprassocial*), 'abaixo de' (*sub-*: *subcave*), 'além de' (*meta-*: *metalinguagem, metatexto*; *ultra-*: *ultrassom*, (raios) *ultravioleta*), 'aquém de' (*infra-*: *infrassom*, (raios) *infravermelhos*), 'fora de' (*ex-*: *ex-orbital, ex-solar, ex-galáctico*; *extra-*: *extraprograma, extraterrestre*), 'dentro de' (*endo-*: *endoesfera, endomorfologia, endovenoso*), 'face a' (*ante-*: *antecâmara, antessala*) um marco de referência, codificado pela base. Esta denota algo de estativo quando a localização é espacial e não dinâmica, como *Andes, cidade, muro, nervo, sala, Sibéria,* mas pode igualmente denotar um evento ou algo marcado por um intervalo de tempo (*cirurgia, edição, nascimento, núpcias, oferta, parto*), tendo então valor também temporal.

Por denotarem 'posição no meio de', *entre-* e *inter-* caracterizam-se por subcategorizarem uma base (pelo menos) dual (*entredentes, intercidades*).

Sumariamente, as dimensões de localização envolvidas são: horizontalidade/verticalidade, interioridade/exterioridade, distância/proximidade, medialidade, circundância, (não) frontalidade, adjacência, lateralidade (no espaço), marginalidade.

Quadro 37. Classes de expressão prefixal de localização

acima de *vs.* abaixo de: *epi-, sobre-, supra-, infra-, sub-, soto-*	**face a/em frente a *vs.* por trás de:** *ante-, pré-, pós-*	**através de/por dentro de:** *dia-, per-*
além de *vs.* aquém de: *cis-, trans-, ultra-, meta-*	**no meio de, entre:** *inter-, meso-*	**à volta de:** *circum-, peri-, anfi-*
fora de *vs.* dentro de: *en-, ex-, extra-, intra-*	**adjunto a, ao lado de, próximo de:** *justa-*	**à margem de:** *para-*

Algumas destas coordenadas são monodimensionais, como a verticalidade ou a horizontalidade, mas outras são tridimensionais, como as de limiaridade 'aquém e além de'.

Uma imagem como a que se segue permite visualizar que 'acima de' e 'abaixo de' não se sobrepõem a 'aquém de' e a 'além de': observe-se que 'acima' da torre do Cristo-Rei (do lado direito, bem ao longe, edifício com uma estátua de Cristo de braços abertos no seu topo, assemelhando-se a uma cruz) está o céu, coberto com algumas nuvens, 'abaixo' e 'por debaixo' dos prédios há certamente terra/solo nas quais eles assentam; a muralha que se encontra em primeiro plano e a rua entre o casario estão 'aquém' do edifício do Cristo-Rei. Este pode estar 'aquém' ou 'além' da massa de água que se observa, não sendo a foto clara a esse respeito.

Quadro 38. Verticalidade ('acima/abaixo de') e limiaridade ('aquém/além de') (Arquivo pessoal da autora)

Por vezes, quando há lugar a avaliação, cruzam-se algumas das dimensões dela estruturantes, como as de 'acima/abaixo de', 'aquém/além de', 'proximidade *vs.* afastamento/distância'. As dimensões de verticalidade ('acima/abaixo de') interseccionam-se com as de 'dentro/fora', ou de 'exterioridade/interioridade', também na sua manifestação de 'aquém/além de', de certa perifericidade física e ontológica (deficitária ou excedentária/excessiva). Com efeito, 'acima de' se, excessivo, pode equivaler a 'fora de' e a 'além de'. O inverso se aplica a 'abaixo de' e a 'aquém de'. Por exemplo, *infra-humano* pode denotar 'menos que o humanamente aceitável', 'abaixo do humanamente aceitável', mas também 'aquém do humanamente aceitável'.

A coexistência e sobreposição de dimensões é bastante comum quando se codifica avaliativamente algo com recurso a operadores de localização. Mas até na foto anterior as nuvens, em razão da perspectiva em que nos situamos, podem ser consideradas como estando 'acima' dos prédios, ou 'além' deles, relativamente ao ponto de referência em que se situa o olhar do observador da paisagem.

Ao longo do capítulo 7 pode constatar-se que a maior parte dos prefixos de localização espácio-temporal não tem restrições categoriais, combinando-se com bases nominais, adjetivais e verbais.

A significação de alguns produtos apresenta inflexões em função da significação das bases, como o ilustram os exemplos a seguir:

(275) *sobrecoser*: 'coser por cima de';

(276) *sobrevoar*: 'voar por cima de';

(277) *sobreceia*: 'ração de palha, que se dá aos bois depois da ceia';

(278) *sobrerronda*: '(milit.) ronda ou vigia sobre as rondas'.

Alguns produtos denotam entidades exocêntricas (*sobrenervo*, 'tumor sobre um nervo'), mormente quando em cotexto adnominal, como [fronteira, veículo, trânsito] *intercidades*.

Alguns adjetivos denominais, como *antenupcial, infraglótico, intercontinental, intrauterino, subaxilar, subcervical, supraglótico*, têm escopo sobre o que o radical nominal do adjetivo denota: *antenupcial* significa 'antes das núpcias', *infraglótico* 'abaixo da glote', *intrauterino* 'dentro do útero', *subaxilar* 'debaixo da axila', *supraglótico* 'por cima da glote'.

Analisam-se nas secções seguintes as dimensões em jogo na expressão de localização.

7.1 Verticalidade: 'acima de' vs. 'abaixo de'

No âmbito da dimensão da verticalidade, destacam-se os sentidos de 'em posição superior/acima de' e de 'em posição inferior/abaixo de', veiculados pelos seguintes prefixos.

PREFIXAÇÃO NA LÍNGUA PORTUGUESA CONTEMPORÂNEA 145

Quadro 39. Posição de superioridade e de inferioridade e respectivos prefixos

'posição superior' 'acima de'	• *epi-* (*epicentro, epiderme, epifenômeno*) • *sobre-* (*sobrecapa, sobrevida, sobrevivo, sobrepor, sobrevoar*) • *supra-* (*supraestrutura, supraglótico, suprapartidário*)
'posição inferior' 'abaixo de'	• *infra-* (*infrassom, infraglótico*) • *sub-* (*sub-bosque, subcave, subcervical, submucosa*) • *soto/a-* (*soto-capitão, soto-mestre, soto-pôr, sota-voga*)

Nos derivados *sobrepor, sobrevoar, subcitar, supracitar, supramencionar*, as bases verbais são modificadas pelos prefixos e denotam 'pôr/voar por cima de', 'citar em momento posterior/em parte abaixo do texto', 'citar em parte acima/anterior do texto', 'mencionar em parte acima/anterior do texto', evidenciando que o semantismo pode ser apenas locativo-espacial ou pode ser de movimento e locativo, acumulando ou não espacialidade e temporalidade.

O constituinte *epi-* ocorre em formações eruditas, como *epitáfio, epígrafe, epílogo*. Quanto a *soto-*, os dados disponíveis apontam para que não tenha expressão quando se trata de formar novas palavras: em vez de *sota-ministro/soto-ministro* (dicionarizado), um falante contemporâneo escolheria *subministro* ou *vice-ministro*.

7.2 Horizontalidade: frontalidade/anterioridade espacial vs. posterioridade espacial: 'face a/em frente a' vs. 'atrás de/ por trás de'

No eixo da horizontalidade, têm expressão prefixal em português as manifestações de 'face a/(em) frente a', 'precedente/subsequente (no espaço)', 'antes de (no espaço)', 'atrás de', 'depois de (no espaço)'. Os prefixos ao serviço desses valores são *ante-*, *pré-* e *pós-*, que se combinam com nomes e com adjetivos (cf. quadro seguinte). Quando associados a verbos, têm sentido temporal[1].

---

1. Ao longo da história da língua registam-se alguns escassos casos de pré-V com valor locativo, como em "**prepassar por alguem.** Passar defronte delle. [...]" {(Prepassando por nós hũ pouco desviados,

Comparativamente com *pré-* e com *pós-*, *ante-* é o menos representado. Mas os prefixos *pré-* e *pós-* funcionam presentemente com um valor mais temporal que espacial, como se atesta em *pré-aviso, pré-candidato, pré-escola, pré-oferta*, em que *pré-* equivale a 'prévio, anterior a', e nos derivados em *pós-*, como *pós-cirurgia, pós-escolar, pós-romantismo,* em que o prefixo equivale a 'posterior a (no tempo)'.

Por isso, a expressão da anterioridade espacial acaba por ser assegurada por *ante-*, mais do que por *pré-*. Os derivados em que *ante-* ocorre tendem, contudo, a apresentar sentidos cristalizados, como

(279) *antebraço*: 'parte do braço situada entre a articulação do cotovelo e o pulso';

(280) *anterrosto*: 'primeira página da folha que precede o frontispício de um livro e que, geralmente, só contém o título'.

Quadro 40. Posição de anterioridade e de posterioridade e respectivos prefixos

Prefixos	Nomes	Adjetivos
ante-	*antecâmara, anteperna, antessala*	*antenupcial*
pré-	*pré-claustro, pré-palato, pré-pórtico*	*pré-andino*
pós-	*pós-abdômen* (onde se situa a cauda do animal)	*pós-palatal*

7.3 Interioridade vs. exterioridade: 'interior a/exterior a', 'fora de vs. dentro de'

A expressão da interioridade e da exterioridade pode ter diferentes modalidades ('dentro de/fora de', '(por/para) dentro de vs. (por/para) fora de'), e é servida pelos seguintes prefixos:

*   *e(n)-* 'posição interior/dentro de' (*encéfalo, embrião, elipse*);
*   *ex-* 'fora de' (*exorbital, exsolar*); em *excurvar, expatriar* está patente o sentido de 'movimento para fora de', referido no capítulo 6. O sentido

---

reconhecéraõ as armas, & logo paráraõ. Godinho, Viagem da India, 144.)} Bluteau (1712-1728). No mesmo dicionário, **prepor**, 'antepor, preferir', pode ter uma leitura locativa ou de hierarquização.

de 'fora de' no tempo, 'já não x, antigo x, que foi x' (cf. 7.9) é o verdadeiramente disponível no presente (*ex-diretor, ex-mandato, ex-ministro*);

- *extra-*: 'fora de' (*extraclasse*, [debate] *extracampo, extraconjugal, extracontratro, extracurricular, extrafiscal, extramatrimonial, extraorçamento, extraorçamental, extraprograma*, [bônus] *extrassalário, extrassolar, extraterrestre*); em *extravasar*, o sentido de movimento 'para fora de' é o dominante;

- *intra-*: 'dentro de' (*intramuros, intrauterino*); em *intracomunicar* é o sentido de '(para) dentro de' que avulta.

Destes, *e*(*n*)- não se encontra mais disponível, contrariamente a *intra-, extra-*. Este, por exemplo, combina-se com nomes e com adjetivos, de forma produtiva, em formações recentes, como as seguintes, extraídas de semanário português e de texto brasileiro recolhido na web:

(281) "os objetivos extrafiscais da reforma impõem a consolidação (e cooperação) empresarial" (*Expresso Economia*, 9 fev. 2013, p. 32);

(282) "A função extra-fiscal do imposto de importação é criar barreiras e protecionismo mediante o aumento ou diminuição das alíquotas para que a produção da economia interna do pais não seja prejudicada" (http://br.answers.yahoo.com/question/index?qid=20091216175507A-vbIzs)

Como acima ficou dito, o prefixo *ex-* encontra-se disponível para a expressão de 'já não x, antigo x, que foi x' (cf. item 7.9), como em *ex-campeão, ex-jogador*.

7.4 Medialidade: 'no meio de, entre'

O prefixo *inter-* e, em menor escala, *meso-* denotam 'medialidade', 'no meio de'. Ambos ocorrem em nomes e adjetivos, e *inter-* ainda se combina com verbos (*inter-relacionar, intercomunicar*), tendo então um valor de bilateralidade e recriprocidade (cf. cap. 13). Com valor locativo *inter-* seleciona nomes [-eventivos].

Quadro 41. Posição de medialidade e respectivos prefixos

Prefixos	Nomes	Adjetivos
inter-	*intercidades*	*intercontinental*
meso-	*mesoderme*	*mesogástrico*

7.5 Adjacência, lateralidade: 'adjunto a', 'ao lado de'

Para a expressão do sentido de adjacência ('adjunto a', 'ao lado de') dispõe a língua de *justa-*, 'ao lado de' (*justapor, justaposição, justaverte-bral*). A este acresce por vezes o de 'próximo de' ou de 'na/à margem de'.

7.6 Circundância: 'circundante a, à volta de'

O sentido de 'circundante a, à volta de' é expresso por *anfi-, circun-* e *peri-*. *Anfi-* é o menos representado, estando presente em cultismos e em palavras de especialidade, como *anfiartrose, anfibráquico, anficarpo, anfiderme, anfiglossa, anfiteatro*. O grego *peri-* é muito usado no domínio da medicina e da anatomia (*periapendicite, pericárdio, peridental, periduodenite, periencefalite, perimedular, perinefrite, perioftalmia, periovular, perivascular*); em alguns nomes herdados, como *pericarpo, periferia, perífrase, perígrafo, perímetro*, o sentido composicional do todo já se perdeu para os falantes não especialistas em morfologia das línguas clássicas. Os nomes de base com que se combina este prefixo são, pois, essencialmente denominações de enfermidades. Não estão dicionarizados verbos prefixados em *peri-*, mas formas como *periauscultar, periobservar*, significando 'auscultar/observar à volta de' seriam bem formadas na língua.

Por seu turno, *circum-*, 'à volta de' também pervive em formas já herdadas (*circunferência, circunflexão, circunlocução, circunscrever*), mas é igualmente muito produtivo na formação de novos derivados. Este prefixo forma também verbos, o que é incomum nos demais com o mesmo valor, e veicula um sentido de movimento e/ou de localização (*circundistanciar, circunfluir, circunvagar, circunvoar, circunjazer*).

PREFIXAÇÃO NA LÍNGUA PORTUGUESA CONTEMPORÂNEA 149

Quadro 42. Posição de circundância e respectivos prefixos

Prefixos	Nomes	Adjetivos
circum-	*circuncentro, circunsessão* *circum-navegação*	*circunlabial* *circunvizinho*
peri-	*periapendicite, periencefalite* *perioftalmia, peripneumonia*	*peridental, periglacial, perimedular* *periovular, periurbano, perivascular*

7.7 Limiaridade (cislimiaridade vs. translimiaridade): 'aquém de' vs. 'além de'

Ao serviço da localização 'aquém de' (cf. *aquém-fronteiras*) e 'além de' (cf. *além-fronteiras*; *além-túmulo*) estão os prefixos *cis-*, *meta-*, *trans-* e *ultra-*. *Cis-* denota 'aquém/para cá de um dado limiar', pelo que a dimensão é por nós denominada de "cislimiaridade"; *meta-*, *trans-* e *ultra-* denotam '(para) além de um dado limiar', sendo a dimensão aqui denominada de "translimiaridade". Tenha-se em conta que a expressão de 'aquém de' ou de 'além de' envolve tridimensionalidade que inexiste nas classes assentes na verticalidade ou na horizontalidade.

Com exceção de *cis-*, presente num inventário fechado de nomes e de adjetivos de estrutura erudita, *trans-* e *ultra-* acoplam-se a bases nominais, adjetivais e verbais, e neste caso, e por força da eventividade do verbo (*transfretar, transpor, ultrapassar*), acumulam um sentido de movimento e de localização '(para) além de'. *Além-* e *aquém-* ocorrem num diminuto conjunto de unidades lexicais (*além-mar, além-túmulo, aquém-mar*).

Meta- denota não apenas 'além de', mas também 'acima de', 'num grau de abstração ou de superordenação mais acima ou mais além de', o que torna difícil situar o constituinte apenas num domínio nocional e semântico. Com efeito, quando presente em nomes de domínios epistemológicos ou científicos, como *meta-história, metalinguagem, metametemática, metateoria, metatexto*, o derivado denota a área científica ou do conhecimento que estuda a filosofia que preside a esse mesmo domínio do saber (cf. *meta-história, metametemática*) e/ou a linguagem, o conjunto de conceitos criados para satisfazer essa reflexão (cf. *metalinguagem, metatexto*).

(283) *meta-história*: 'investigação que se propõe a determinação das leis que regem os factos históricos e o lugar destes factos, numa visão explicativa do mundo; filosofia da história';

(284) *metamatemática*: 'reflexão, através de recurso à própria matemática, de conceitos matemáticos';

(285) *metalinguagem*: 'linguagem que serve para descrever ou falar sobre outra linguagem ou sobre a própria linguagem';

(286) *metatexto*: 'estrutura abstrata de um texto, que não possui as condições de coesão e coerência entre os seus elementos para poder ser um texto em toda a sua integridade comunicativa'.

Quando associado a nomes de partes do corpo, tem um sentido menos abstrato e mais locativo:

(287) *metacarpo*: 'parte da mão que fica entre o carpo e os dedos';

(288) *metafalange*: 'última falange do dedo, falangeta';

(289) *metatórax*: 'zoologia: anel posterior do tórax dos insetos'.

Sentidos mais especializados também ocorrem em alguns derivados, como *metacronismo*, 'erro de datação que consiste em situar um acontecimento em data posterior à verdadeira', sendo nele latente o semantismo de deslocação no tempo para além de um dado marco de referência.

Os adjetivos denominais do tipo de *metaficcional* ou *metageométrico* podem ser formados com base no radical nominal, ou com prefixação do próprio adjetivo. O verbo *metagrafar* significa 'transcrever'.

Quadro 43. Limiaridade ou distância/proximidade e respectivos prefixos

Prefixos	Nomes	Adjetivos	Verbos
cis-	*cisbordo, Cisjordânia*	*cisalpino, cisandino*	—
meta-	*metacarpo, metafalange metageometria, metateoria metalinguagem, metatexto*	*metaficcional metageométrico*	*metagrafar*
trans-	*transfobia, transfronteira transcontaminação*	*transexual transiberiano*	*transfretar transpor*
ultra-	*ultramar, ultrassom*	*ultraleve*	*ultrapassar*

PREFIXAÇÃO NA LÍNGUA PORTUGUESA CONTEMPORÂNEA   151

Em casos pontuais, e devido à sua primitiva semântica de localização 'acima de' e, por extensão, de 'além de', alguns derivados portadores de *sobre-* também podem apresentar um sentido de translimiaridade. Assim acontece com:

(290) *sobredormir*, verbo formado (6 de março de 2013) por aluno vietnamita de PL2 (B2), da FLUC, para significar 'dormir para além da hora de referência (prevista ou desejada)';

(291) *sobrevigência*, 'vigência para além do limite x' (cf. vigência, sobrevigência e caducidade das convenções de trabalho ...)

Um tal sentido também está presente em *sobrevivência*, 'qualidade do que resiste à passagem do tempo; continuidade, subsistência; conservação da vida celular por algum tempo após a morte do organismo; direito de herdar o cargo ou emprego alheio', mas o derivado deve ter por base o verbo *sobreviver*, e não o nome *vivência*.

7.8   Transversalidade: 'através de'

O sentido de 'através de' é codificado pelo prefixo grego *dia-*, presente em cultismos como *diacronia, diagênese, diagrama, diassistema*. Também *per-*, com este mesmo valor, ocorre em palavras eruditas (*pervasivo*) ou em palavras de estrutura mais próxima das vernáculas, como *pernoitar*, sendo o valor do prefixo de localização e de 'movimento' temporal.

A par com o valor de 'através de' (cf. *percorrer* 'passar através de'), este prefixo acumula também o de 'muito, em grau elevado', 'acima de', visível em *peroxidar*, 'oxidar no mais alto grau'. O prefixo ocorre fundamentalmente em verbos, mas também se registram alguns nomes de sentido eventivo e alguns adjetivos/nomes.

(292) *perequação*: 'distribuição equitativa de algo por várias/muitas pessoas';

(293) *perfusão*: (medicina) introdução lenta e contínua de um líquido terapêutico na circulação sanguínea; passagem de líquido através de um órgão';

(294) *percutâneo*: '(medicamento) que atua através da pele'.

Como se observa através dos exemplos anteriores, e também do seguinte, alguns derivados apresentam sentidos mais especializados, mormente quando associados a léxicos técnicos.

(295) *percolar*: 'fazer passar lentamente um líquido através de materiais sólidos para o filtrar (coar) ou para extrair substâncias desses materiais'; 'Linguística: mecanismo de atribuição ou de distribuição de propriedades morfológicas, como tempo, pessoa, número, de um constituinte, à totalidade da palavra de que este faz parte'.

7.9 Localização temporal

A **localização temporal** é assegurada por um conjunto mais restrito de constituintes. Dos 17 prefixos que constam do quadro geral dos operadores de localização espácio-temporal, apenas cinco (*ante-, ex-, pré-, pós-, retro-*) denotam também localização temporal.

Recém- tem sentido exclusivamente temporal. Dos demais prefixos descritos neste capítulo, *ante-, ex-, pré-, pós-* e *retro-* são os que podem denotar **localização espacial e também temporal**:

(296) *ante-: antenupcial, antedatar, antegosto, antemanhã, anteontem, anteparto, antepenúltimo, anterrepublicano, antever, antevéspera, antevisão*;

(297) *ex-: ex-patrão, ex-professor, ex-voluntário*;

(298) *pré-: pré-avisar, pré-escola, pré-primária, pré-nupcial, pré-organizar, pré-universitário*;

(299) *pós-: pós-cirurgia, pós-data, pós-editar, pós-escolar*;

(300) *recém-: recém-doutoramento, recém-nascido, recém-chegar*;

(301) *retro-: retrovírus, retroativo, retrodatar.*

Também *sobre-*, em casos pontuais, tem valor temporal: *sobreparto*, 'período imediatamente a seguir ao parto'.

O prefixo *ex-* tem sentido cessativo, de tal modo que o produto passa a denotar 'que deixou de ser', 'que já não é x'. Os verbos portadores de *ex-*, como *ex-comandar, ex-organizar, ex-presidir*, com sentido de 'deixar de V' não estão dicionarizados, mas são bem formados.

No quadro seguinte reúnem-se os prefixos com valor temporal.

PREFIXAÇÃO NA LÍNGUA PORTUGUESA CONTEMPORÂNEA 153

Quadro 44. Expressão prefixal de temporalidade

Prefixo	Base: N	Base: A	Base: V
ante-	anteparto, antevéspera	antenupcial	antever, antepropor
ex-	ex-direção, ex-mandato	exorbital, exsolar	ex-presidir
pré-	pré-escola pré-oferta pré-candidato	pré-andino pré-ministerial pré-universitário	pré-organizar
pós-	pós-cirurgia	pós-escolar, pós-palatal	pós-editar
recém-	recém-doutoramento	recém-nascido	recém-chegar

7.10 Quadro de prefixos de localização espácio-temporal e de movimento

O quadro 45 a seguir reúne os prefixos (i) de localização espacial e/ou temporal e (ii) de expressão de movimento, quando acoplados a verbos.

Quando são localizadores espaciais, os prefixos combinam-se com nomes que denotam entidades não eventivas (*antecâmara, intramuros, subcave, transfronteira*). Já a eventividade é consubstancial da localização no tempo (*anteparto, circum-navegação, pré-oferta, pós-cirurgia, sobrevida*), e assim também as unidades lexicais são elas próprias denotadoras de espaços temporais (*anteontem*).

Quando em adjetivos denominais, os operadores de localização espacial ou temporal caracterizam-se por um paradoxo de escopo, comum a outros prefixos (cf. *inter-*, por exemplo). Com efeito, *antenupcial, anterrepublicano, pós-cirúrgico* denotam algo 'antes de *núpcias*', 'antes da *República*', 'posterior a uma *cirurgia*', ou seja, o escopo semântico do prefixo recai sobre o nome que se encontra incorporado no adjetivo, mas o produto final é formatado à luz da função que exerce: sendo adjetival, é o padrão denominal (*núpcias > nupcial, república > republicano, cirurgia > cirúrgico*) que é usado.

Quadro 45. Expressão prefixal de localização (espacial e/ou temporal)

Prefixo	Base: N	Base: A	Base: V
	locatividade		movimento
ante-	*antecâmara, antessala*	*antediluviano* *antenupcial*	*antever, antepropor*
circum-	*circuncentro* *circum-navegação* *circunsessão*	*circunlabial* *circunvizinho*	*circundistanciar* *circunfluir* *circunvagar* *circunvoar* *circunzajer*
cis-	*cisbordo, Cisjordânia*	*cisalpino, cisandino*	—
ex-	*ex-direção, ex-mandato*	*exorbital, exsolar*	*excurvar, expatriar*
extra-	*extraprograma*	*extracurricular*	*extravasar*
infra-	*infrassom*	*infraglótico*	*infracotar*
inter-	*intercidades*	*intercontinental*	*inter-relacionar*
intra-	*intramuros*	*intrauterino*	*intracomunicar*
meso-	*mesoderme*	*mesogástrico*	—
peri-	*periapendicite* *periencefalite* *perioftalmia* *peripneumonia*	*peridental, perimedular* *periovular, periurbano*	*periambular*
pré-	*pré-escola, pré-oferta* *pré-candidato*	*pré-andino* *pré-ministerial* *pré-universitário*	*pré-organizar*
pós-	*pós-cirurgia*	*pós-escolar* *pós-palatal*	*pós-editar*
retro-	*retrocarga, retrovírus*	*retroinsular* *retrouterino*	*retrodatar*
sobre-	*sobrecapa, sobrevida*	*sobrevivo*	*sobrepor, sobrevoar*
sub-	*subcave*	*subcervical*	*subcitar*
supra-	*supraestrutura*	*supraglótico* *suprapartidário*	*supracitar* *supramencionar*
trans-	*transfobia, transconta-* *minação, transfronteira*	*transexual* *transiberiano*	*transfretar* *transpor*
ultra-	*ultramar, ultrassom*	*ultraleve*	*ultrapassar*

São considerados ora prefixos, ora constituintes de composição, os predicadores de temporalidade *paleo-*, *proto-* e *neo-*, que se combinam com nomes e adjetivos.

- *paleo-*: 'antigo' (*paleobiologia, paleobotânica, paleocristão, paleoecológico, paleogénese*);
- *proto-*: 'primitivo, primeiro, anterior' (*protocloreto, protogalático, proto-história, protolíngua, protoneurônio, protoplaneta, proto-orgânico*); e
- *neo-*: 'novo' (*neocolonial, neofobia, neogênese, neogótico, neoliberal, neonatal, neonazi*).

Se *proto-* significa intrinsecamente algo de temporal, mais propriamente, 'que se situa num momento remoto, primitivo', *paleo-* 'novo' e *neo-* 'velho, antigo' só indiretamente remetem para temporalidade. Em todo o caso, é com um sentido essencialmente cronológico com que são usados em denominações de especialidade (*paleolítico, neolítico, mesolítico*), e já não com um sentido qualitativo.

Tenha-se em conta que *proto-* e *pré-* também apresentam sentidos diferenciados, denotando fases específicas de temporalidade:

(302) *proto-história*: 'período da pré-história anterior à escrita, e que se conhece por ser descrito em algumas das primeiras fontes escritas. Praticamente coincide com a Idade dos Metais';

(303) *pré-história*: 'período que abrange a atividade humana desde as suas origens até o aparecimento da escrita. A atividade humana inicial foi a predatória, passando depois para a de subsistência agrícola'.

Em todos os setores do léxico, seja no âmbito da derivação ou da composição, a semântica do produto construído não se circunscreve à mera conjunção da informação de cada um dos constituintes. Assim também acontece no âmbito da prefixação. Não raro a palavra adquire sentidos cristalizados, que estão muito para além da conjugação dos sentidos literais das partes. Tal acontece sobretudo com recursos que sofreram algum desgaste e/ou com tendência para perda de representatividade. Por exemplo, o valor de 'por cima de' típico de *sobre-* não é já muito visível em *sobreviver*, pois este verbo não significa 'viver por cima de x', em que x denote algo de habitável, um *container*. Com efeito, *sobreviver* significa 'viver acima das condições mínimas e/ou das condições adversas, ultrapassando-as, vivendo para além ou por cima delas; subsistir a condições de vida mínimas'. O primitivo valor locativo só figuradamente se entrevê, e tal só acontece quando se tem uma competência metamorfológica fina. O mesmo se aplica ao neologismo *sub-viver* 'viver abaixo do limiar mínimo das condições humanas' (cf. Cristina Rolim, "Sobreviver ao desemprego e não subviver no desemprego" (https://www.youtube.com/watch?v=sAHpxCzyP1U, acesso em: 29 ago. 2014)).

8

Expressão prefixal de ordenação escalar (hierarquia, taxonomia, avaliação)

8.1 Prefixos e bases

Alguns dos constituintes de origem neoclássica, como *arqui-*, *extra-*, *hemi-*, *hiper-*, *hipo-*, *infra-*, *sobre-*, *sub-*, *super-*, *ultra-*, funcionam como operadores de relações de ordem ou de ordenação escalar, permitindo situar o que a base denota numa escala de valores distribuídos por diferentes patamares. A ordenação pode configurar uma hierarquia, uma taxonomia e/ou uma ordenação avaliativa das propriedades em jogo (cf. secção 1.10 deste livro e quadro 6, em 1.10.2).

Esses prefixos são isocategoriais, pelo que não provocam alteração da categoria da base a que se anexam, e combinam-se com bases simples (*hiperdote*, *sobrecusto*, *superluxo*) ou complexas (*arquimilionário*, *hipocalórico*, *supercorrosivo*, *ultrapressionar*), como se observa no quadro seguinte.

Quadro 46. Expressão prefixal de avaliação

Prefixo	N	A	V
arqui-	*arquiduque*	*arquimilionário*	
extra-	*extrachocolate* *extraqueijo*	*extralargo* *extravirgem*	*extrainterpretar* (web)
hiper-	*hipertensão, hiperdote*	*hipercaro, hipertenso*	*hipervalorizar*
hipo-	*hipotensão*	*hipocalórico*	*hipovalorizar* (web)
infra-	*infraestrutura*	*infra-humano*	*infra-avaliar*
médio-	*média-luz*	*médio-baixo*	
meso-	*mesossoprano*	*mesogástrico*	
semi-	*semicírculo, semivogal*	*semideserto* *semierudito*	*semicerrar*
sobre-	*sobrecusto* *sobrelotação*	*sobre-humano*	*sobrevalorizar*
sub-	*subproduto* *subdesenvolvimento*	*sub-humano*	*subestimar*
super-	*superluxo* *supercérebro*	*supercorrosivo* *superlimpo* *superluxuoso*	*superdecorar*
ultra-	*ultracorreção* *ultrapressão*	*ultracompetente* *ultramoderno*	*ultrafiltrar* *ultrapressionar*

Em geral, estes prefixos selecionam bases nominais, adjetivais e verbais. Só mais recentemente *extra-* começa a surgir acoplado a bases nominais para denotar excepcionalidade (*extrachocolate/extraqueijo*, 'com grande abundância de chocolate/queijo').

Estes prefixos comportam-se preferencialmente como adjetivos, modificando nomes, e como advérbios, quando modificam adjetivos ou verbos.

Na sua origem, alguns destes afixos têm valor locativo, explicitando que algo 'está acima de' (*sobre-*: *sobrepeliz*), 'abaixo de' (*sub-*: *subcave*), 'para além de' (*ultra-*: *ultrassom*, (raios) *ultravioleta*; *sobrenatural*), 'aquém de' (*infra-*: *infrassom*, (raios) *infravermelhos*) um marco de referência.

Transitando de uma ordenação e hierarquia locativas para uma ordenação numa escala, nomeadamente de valores avaliativos, os afixos passam a explicitar a existência ou manifestação de uma propriedade (i) num grau majorado até num grau excessivo, ou para além dos limites expectáveis, (ii) num grau mediano ou (iii) num grau minorado, num grau diminuto ou aquém dos limites expectáveis.

Em alguns prefixos faz-se sentir de forma mais aguda essa trajetória da ordenação locativa para a hierarquia taxonômica e para a hierarquia avaliativa e a consequente dualidade de valores que podem coexistir num mesmo prefixo e nos respectivos derivados em que aquele ocorre[1].

O prefixo *ultra-*, em *ultraperigoso*, tem um valor tipicamente intensificador, de avaliação em grau superlativo ou excessivo, equivalendo o adjetivo a 'muito ou muitíssimo perigoso'; mas na denominação de *ultradireita*, equivalente a *extrema-direita*, tem valor taxonômico, delimitando de forma classificatória uma organização e/ou ideologia de contornos referenciais unívocos. (cf. "Julgamento de neonazista expõe 'ponto cego' da ultradireita alemã: Uma neonazista começou a ser julgada na segunda-feira por vários homicídios racistas que escandalizaram a Alemanha e expuseram a incapacidade ou relutância das autoridades em reconhecer crimes da ultradireita", sublinhados nossos (http://noticias.terra.com.br/mundo/julgamento-de-neonazista-expoe-ponto-cego-da-ultradireita-alema,8ac85abb5c97e310VgnCL-D2000000ec6eb0aRCRD.html. Acesso em: 6 maio 2013).

De igual modo, *infra-*, em *infra-humano*, equivale a 'abaixo do patamar mínimo do humano ou do humanamente aceitável', e em *infrapolítica* denota uma política de qualidade inferior. Já em *infraestrutura*, o valor do prefixo é taxonômico, pois não está em causa uma estrutura de qualidade inferior, mas '1. conjunto de instalações ou de meios prévios necessários ao funcionamento de uma atividade ou conjunto de atividades; 2. (economia) conjunto

---

1. Observe-se a ambivalência de sentidos, em que se cocompaginam locatividade com hierarquia 'acima de, para além de': "Demonstramos ainda que esta **sobre-coisa** se exprime também no comportamento do protagonista, por meio das energias que escapam do controle de sua vontade e que identificamos: são as forças que regem o conjunto do Cosmos, ritmando a vida nos tempos de expansão e de retração — e isto em todos os níveis, com o movimento do Microcosmos correspondendo, da sístole à diástole [...]" (*par=59023*: http://www.linguateca.pt/CHAVE/, acesso em: 31 mar. 2014); "Esse equilíbrio foi rompido com as declarações do empresário Abílio Diniz, do Grupo Pão de Açúcar, praticamente conclamando o setor a proceder a um **sobre-reajuste** de 25% sobre os preços já urvirizados" (*par=Dinheiro--94b-1*: http://www.linguateca.pt/CHAVE/, acesso em: 31 mar. 2014).

de equipamentos e estruturas que possibilitam a produção e a circulação de bens de consumo e a troca de serviços; 3. (marxismo) organização económica da sociedade, constituída fundamentalmente pelas forças e relações de produção e considerada como o fundamento da ideologia (a superestrutura); 4. (militar) conjunto das instalações e equipamentos necessários à atividade de forças militares; 5. parte inferior de uma construção; fundação (http://www.infopedia.pt/lingua-portuguesa/infra-estrutura, In: Infopédia [Em linha]. Porto: Porto Editora, 2003-2013. [Consulta em: 8 maio 2013]).

Também *super-*, em *supercorrosivo*, equivale a 'muito corrosivo', e em *superavó* corresponde a 'avó espetacular, com qualidades acima de média, pelo que muito querida'. Já em *superestrutura* o prefixo pode ter (i) um valor avaliativo, quando *superestrutura* denota uma estrutura de elevada qualidade, de qualidade superior, acima da média, e (ii) um valor taxonômico, quando significa '(marxismo) elaborações de carácter mais ou menos imaterial (políticas, filosóficas, religiosas, morais, culturais) que exprimem e assentam nas estruturas económicas (modo de produção e de distribuição da propriedade), que constituem a base das relações sociais [...]' (http://www.infopedia.pt/linguaportuguesa/ superstrutura In: Infopédia [Em linha]. Porto: Porto Editora, 2003-2013. [Consulta em: 8 maio 2013]).

Assim, nas denominações *infraestrutura* e *ultradireita,* os prefixos são usados com valor taxonômico, mais do que que com valor avaliativo de teor subjetivo, presente em *infra-humano* e *ultracorrosivo*; em *superestrutura* ambas as leituras (a avaliativa e a taxonômica) são possíveis.

Também *sub-* em *subcave* tem valor locativo, em *sub-21* ou em *sub-16* valor hierárquico e taxonômico, e em *sub-humano* valor avalitivo.

Ao serviço da ordenação e hierarquias taxonômicas estão *supra-* (termo *supraordenado*), *super-* (*superordem*), *infra-* (*infrassom*), *sub-* (*subespécie*), e os gregos *hiper-* (*hiperônimo*) e *hipo-* (*hipônimo*). Os derivados denominam subclasses/subtipos do que as bases denotam ou macroclasses, classes de abrangência maior, do que as bases representam. As relações de ordem são análogas (mas em menor número) às que se verificam no reino dos seres vivos, que são classificados, por ordem decrescente, em classes, ordens, famílias, gêneros e espécies.

Os prefixos avaliativos não provocam alterações de fundo na classe denotacional das bases com as quais se combinam; não codificam classes taxonômicas, mas verbalizam uma modulação avaliativa do semantismo da base, inflectindo-o numa determinada direção escalar, majorada ou minorada, sem produzir alterações na estrutura semântico-referencial da base. A propriedade ou a dimensão em jogo distribui-se por uma escala, que mais não é do que uma representação abstrata de medição, e cujos (intervalos de) graus se encontram ordenados polarmente.

Estes operadores prefixais de escala codificam a existência de uma dada propriedade em diferentes níveis, graus ou patamares de valor, pelo que funcionam como modificadores de grau.

Uma propriedade pode manifestar-se de várias formas e em vários graus, situando-se em diferentes intervalos ou patamares de existência ou de ocorrência: (i) pouco, pouquíssimo ou nada, (ii) nem muito nem pouco, medianamente, (iii) bastante, muito, muitíssimo, (iv) aquém ou abaixo de um dado valor de referência, (v) além ou acima desse referencial (Rio-Torto, 1993, p. 365-372). Porque as fronteiras entre os diversos patamares são porosas e porque os referenciais são por vezes não unívocos, torna-se difícil delimitar em que nível da escala se situam alguns produtos. Para essa dificuldade contribui também o facto de a ordenação poder envolver hierarquia, taxonomia e avaliação mais subjetiva.

Em estudo anterior, Rio-Torto (1993) diferenciou os seguintes níveis de manifestação de grau, patentes no quadro seguinte.

Quadro 47. Patamares de ordenação escalar avaliativa

Patamares superiores	Patamares intermédios	Patamares inferiores
– nível excessivo, excepcional, 'além de' – nível extremo, máximo, superlativo – nível de ocorrência elevada ou aumentativo – nível de manifestação assaz, bastante intensa	– nível de ocorrência moderada, média, mediana – nível de ocorrência equativa e/ou aproximativa	– nível de ocorrência diminuta ou diminutivo – nível inferior, 'aquém de'

As sobreposições, o caráter tênue de fronteiras entre alguns dos patamares contíguos e a pluralidade interpretativa de alguns produtos avaliativos faz com que aqui consideremos apenas as seguintes zonas de avaliação: patamar de excessividade, excepcionalidade, 'além de' (cf. 8.2.), nível extremo, máximo, superlativo (cf. 8.3.), nível de mediania, de limiaridade (cf. 8.4.), nível de ocorrência diminuta, inferior, 'aquém de' (cf. 8.5.).

Os **nomes** que se combinam com prefixos de ordenação denotam entidades, estados, processos, qualidades (*hiperacidez, hiperinflação, super-chefe, superideia, supermulher, subliteratura, subproduto, ultraconfiança, ultracorreção*) que possuem alguma propriedade que pode ser objeto de ponderação, de avaliação, sendo normalmente nomes contáveis.

A ordenação assente em avaliação, seja intensificadora ou mitigadora, não carreia informação quantitativa ou numérica, uma vez que a avaliação incide sobre propriedades graduáveis, e não sobre o número de referentes em causa: em "estes pais são verdadeiros *super-homens*", *super-homens* denota um conjunto de seres humanos machos que têm em grau elevado as propriedades associadas a 'homem', e não quantifica o número de homens a que é feita referência.

No âmbito dos **adjetivos**, os relacionais não são tipicamente compatíveis com avaliação (**arquimilitar, *hiperpresidencial, *infra-hepático*), pois denotam relações, e não propriedades graduáveis, como acontece com os qualificativos (*arquicapitalista, arquileve, hiperativo, hipercansado, infra--humano, superdinâmico*).

Quando o adjetivo admite duas leituras, é a qualificativa a que é ativada quando da avaliação: em "uma mãe superespetacular", o adjetivo equivale a "muito empática, muito fixe, muito bacana", e não a "que faz muito espetáculo".

As bases **verbais**, qualquer que seja a sua natureza aspectual, podem ser objeto de avaliação, desde que seja possível avaliar (intensificar ou minorar) cada fase do desenrolar do evento (*hipervalorizar, infra-avaliar, supra-alimentar, ultrapressionar*).

As combinatórias entre prefixos de intensidade deparam-se com limitações de não redundância e de combinabilidade de um prefixo de grau

PREFIXAÇÃO NA LÍNGUA PORTUGUESA CONTEMPORÂNEA 163

intenso ou superlativo com outro de grau excessivo: *superarquirrepetido*, *superultraextremista*.

A avaliação do grau de manifestação duma propriedade 'acima de' (*hiper-*, *sobre-*, *super-*, *ultra-*), 'abaixo de' (*infra-*, *hipo-*, *sub-*) ou 'no limiar intermédio de' (*entre-*, *medio-*, *quase-*, *semi-*), pode fazer-se acompanhar de valoração favorável ou desfavorável, em função dos valores de referência do avaliador face ao avaliado.

Passamos agora a descrever a correlação entre as diferentes modalidades de manifestação de grau e os prefixos que se encontram ao serviço delas.

8.2 Patamar excessivo, excepcional, 'além de' alguma(s) propriedade(s) do que a base denota

No presente, são essencialmente *ultra-* (*ultra-alimentar*, *ultracomodismo*, *ultrarrigoroso*), *hiper-* (*hiperarreliar*, *hiperdosagem*, *hipersensibilidade*) e *extra-* (*extralargo*) que exprimem um grau excessivo, excepcional, de alguma(s) propriedade(s) do que a base denota. O sentido de 'para além de' que caracteriza originalmente *ultra-* e *extra-* é transposto, no âmbito da avaliação, para um grau excessivo, para além de qualquer escala. A estes operadores acresce *sobre-* que, tendo parentesco etimológico com *super-*, é descrito na secção seguinte.

Os prefixos *ultra-* e *hiper-* selecionam bases nominais, adjetivais e verbais (cf. quadro 46).

Os nomes que se combinam com estes prefixos denotam algo cujas propriedades pode ser objeto de ponderação, de avaliação. Assim acontece também com as bases adjetivas.

(304) *hiper-* com bases nominais: *hiperacidez*, *hiperabraço*, *hipercapitalismo*, *hiperexposição*, *hiperinflação*;

(305) *hiper-* com bases adjetivais: *hiperengraçado*, *hiperimportante*, *hiperinflacionário*, *hiperotimista*, *hipersonolento*, *hipertóxico*, *hiperviolento*, *hipervulnerável*;

(306) *ultra-* com bases nominais: *ultracorreção*, *ultraexposição*, *ultrainflação*, *ultraproteção* (solar), *ultravácuo* 'vácuo muito intenso obtido em laboratório', *ultramaratona* 'maratona de distância superior a 42.195 metros, a distância oficial da maratona';

(307) *ultra-* com bases adjetivais: *ultracompacto, ultracompetitivo, ultraconservador, ultradesleixado, ultradisciplinado, ultraeficiente, ultraespecializado, ultrafeminino, ultrafino, ultranítido, ultraortodoxo, ultrapreciso, ultrarrelaxante, ultrarresistente, ultrarrival, ultrarrigoroso, ultrassilencioso, ultravantajoso.*

Em nomes como *hipersecretaria, hiper-* codifica 'enorme, demasiado grande', equivalendo a *mega-*, em *megassecretaria* (cf. *megaministério*). São poucos os casos registrados de *ultra-* acoplado a nomes; o seu sentido ora é especializado (cf. *ultracorreção,* [sistema/embaladora] *ultravácuo*), ora oscila entre o intensivo, o superlativo, o excessivo.

Como ficou dito, *extra-* não se acopla, pelo menos de forma produtiva e prototípica, a bases nominais para denotar excepcionalidade. Tal só acontece em situações e com efeitos específicos, como na publicidade, em que *extra* adjunto a nome, como em *extraconforto*, equivale a extra+A (*extraconfortável*) em que A é denominal e corradical de N.

(308) "Dakota. Extraconforto (*Gloss* 18, março 2009): "comprei um sapato da empresa dakota linha extraconforto, o sapato é excelente" (http://www.reclameaqui.com.br/3436177/dakota--calcados-s-a/sapato-extraconforto-novo-que-nao-tem-conserto, acesso em: 8 maio 2013);

(309) "Calças extralargas, corte extraconforto. Adaptam-se particularmente a mulheres que usam tamanhos grandes!" (http://www.laredoute.pt/calcas-extralargas-corte-extraconforto/prod-324248938-377713.aspx, acesso em: 8 maio 2013).

Quando modifica um nome, ocorrendo à sua esquerda, *extra-* equivale a 'fora de' (*extracasamento, extraprograma*). Com um adjetivo (*extraeconômico, extralongo, extraplano, extrasssuave*) significa 'de valor excepcional, acima do normal'.

Quando ocorre à direita, e trata-se de uma situação muito representada na atualidade, equivale a 'para além do previsto, supletivo', e não 'com propriedades de exceção':

(310) [*dia, dinheiro, edição, hora, jogo, pagamento, programa, taxa, tempo*] *extra.*

De todos, provavelmente *arqui-* é o menos representado, ainda que ocorra em formações do tipo de *arquiadversário, arquiconservador, arqui-inimigo,*

PREFIXAÇÃO NA LÍNGUA PORTUGUESA CONTEMPORÂNEA 165

arquirrival, *arquitraficante*, *arquivilão*, para denotar a presença da propriedade da base em grau excessivo.

8.3 Patamar supremo, máximo de alguma(s) propriedade(s) do que a base denota

O prefixo *super-* está ao serviço da expressão de grau supremo, traduzido por 'de qualidade excelente, suprema, ótima', 'em grau máximo' quando modifica **nomes** (cf. *superadvogado, superbólide, superchocolate, superideia, supersalário, supertenista*), e de 'em intensidade suprema', quando modifica **adjetivos** (cf. *superacessível, superamigo, superdesgastado, superelegante,* [estrela] *supergigante, superespontâneo, superluxoso, superprático, supersurpreendente*) ou verbos (cf. *superalimentar, superdotar*). O seu uso intenso tem desgastado a sua primitiva carga de excessividade ou de superioridade, aproximando-o de 'muito' (*supercômodo, superconfortável, superdedicação, superdesconto, superpromoção, super-refrescante*). Com nomes de objetos o prefixo pode incidir sobre a qualidade e/ou sobre as dimensões, denotando então 'enorme, de dimensões muito acima da média', como *supercampo* (de tiro), *superdecote, superfavela, superministério, superpiscina*.

As bases com que este prefixo se combina (e também poderiam ser arrolados exemplos de *hiper-* e de *ultra-*) podem ser morfologicamente simples, derivadas e até compostas sintagmáticas:

Quadro 48. Natureza morfológica das bases com que *super-* se combina

Bases simples	Bases derivadas	Bases compostas
superamigo	*superabsorvente*	*super campo de treino*
superfácil	*supercauteloso*	*superbem-feito*
superfixe	*superespetacular*	*superbenfeitoria*
supersimples	*superinformativo*	*superbem-guardado*
superverde	*superprotetor*	*supermaltrapilho*

Na sociedade atual, em que os valores medianos não são valorizados, tudo tem de ser *super-* 'acima de', sejam:

(311) **Propriedades:** *superabrasivo, superabsorvente, superatrapalhado, superatual, superautomático, superbaixinho, superbem-feito, superbem-guardado, superblindado, supercauteloso, supercharmoso, supercolorido, supercompetente, supercurioso, superdançável, superdigital, superemocionante, superespetacular, superfácil, superfixe, superfuncional, superganhador, superinfluente, superinformativo, superintrigante, superlógico, superpatriota, superpremiado, supersazonal, supersofisticado, superprotetor, supertolo, superverde;*

(312) **Objetos:** *superambulância, superbalão, superbanco, superbrinde, supercampo de treino, supercarro, superdecote, superfavela, superfeira do riso, superfilme, supergatilho, supermansão, supermáquina, superpilha, super-remédio, supersociedade;*

(313) **Seres:** *superagricultor, superbactérias, supercraque, superespião, supertenista;*

(314) **Processos, eventos:** *superaventura, superampliação, superarrecadação, supercampanha, supercongelamento, superconsumo, superdesconto, superdesempenho, supersucesso.*

A flutuação de valores de um mesmo prefixo pode observar-se através de exemplos vários.

Nos anos recentes em que a Europa sofreu as consequências da desenfreada especulação financeira, foram criados em Portugal *megaministérios,* ou *superministérios,* como o da Agricultura, Mar (Pescas) e Ordenamento do Território, ou o da Economia, cada um dos quais cobre várias e demasiadas valências. Também no Brasil se fala de um *superministério* da Infraestrutura ("O cogitado Ministério da Infraestrutura assimilaria ações abrigadas hoje nas pastas das Cidades e dos Transportes, por exemplo, além de iniciativas na área de saneamento e moradia. Resumindo: um superministério onde estariam concentrados os programas que são a menina dos olhos de Dilma, como o Minha Casa, Minha Vida e boa parte do PAC" (http://noticias.r7.com/blogs/christina-lemos/2010/11/04/dilma-estuda-super-ministerio-da-infra-estrutura/, acesso em: 8 maio 2013).

Tratando-se de um "superministério" de Finanças da Europa, o valor de *super-* acumula o de 'enorme' com o de 'superordenado' em relação aos demais ministérios nacionais das Finanças: "As autoridades da União Europeia (UE) sugeriram a criação de uma entidade europeia que teria poderes sobre os orçamentos nacionais dos países do bloco. Pelo plano, Bruxelas ganharia poderes sobre a soberania dos países da Zona do Euro para mudar orçamentos fora das metas de déficit. Seria uma espécie de superministério de Finanças a vasculhar as contas dos 17 membros do bloco, que teria um prazo de dez anos para ser criado" (http://www.cartacapital.com.br/internacional/criacao-de-superministerio-de-financas-na-europa-divide-paises/, acesso em: 8 maio 2013).

O desgaste de *super-* e o seu lugar na escala pela qual se distribuem os prefixos em análise é testemunhável no uso concreto de língua contemporânea.

Em buscas aleatórias na web, *super-* ocorre no patamar mais baixo da escala que tem *hiper-*, *ultra-* e *mega-* nos patamares sucessivamente mais elevados, mas também ocorre o contrário.

(315) "Quem é o cara super-hiper-ultra-mega-gostoso que aparece no clipe de this kiss da Carly Rae Jepsen?" (http://br.answers.yahoo.com/question/index?qid=20121208090651AAsceMy, acesso em: 6 maio 2013);

(316) "Minecraft — Super, hiper, ultra, mega aventura e mais pokemons na mochila! — Pokecube 7" (http://www.youtube.com/watch?v=6kAsShj-pK8, acesso em: 6 maio 2013).

Com efeito, em outros anúncios da mesma marca no Youtube, ocorre uma ordem diversa dos prefixos, como se observa no exemplo seguinte:

(317) "Master Ultra Hiper Super Mega Aventura! — Minecraft!" (http://www.youtube.com/watch?v=MsX3-Fbs3eM, acesso em: 6 maio 2013).

A escala ora surge ordenada como /super, hiper, ultra, mega/, ora como /ultra, hiper, super, mega/, começando pelo mais excessivo, certamente em atenção ao seu maior impacto, em foco, porque em início do texto.

Mas o contraste entre *hiper-* e *super-* tende a fixar-se, como se observa através da diferença entre *hipermercado* e *supermercado*, por exemplo, ou entre *hiperlíngua* e *superlíngua*.

(318) *hipermercado* vs. *supermercado*: um *supermercado* é menor em extensão e mais limitado na gama de mercadorias do que um *hipermercado*;

(319) *hiperlíngua* e *superlíngua*: o inglês é uma hiperlíngua, devido ao facto de ser a língua de maior difusão global; quando se fala da língua portuguesa como superlíngua, está-se a falar da língua comum, de diálogo entre o Português do Brasil, o Português de Angola, o Português de Moçambique, o Português de Portugal, etc.

O prefixo *super-* acopla-se a bases já prefixadas, como *super-hiper-mãe, supermicrocomputador, superminicomputador,* atestando o seu relativo desgaste semântico.

Sobre-, a configuração vernácula de *super-*, é usado com sentido ou locativo (*sobrecasaca, sobrepeliz, sobressaia*) ou de hierarquia (*sobrejuiz*). O sentido avaliativo de excesso está presente em bases verbais (*sobrealimentar,* 'alimentar em excesso'; *sobre-endividar,* 'endividar em excesso, para além dos limites do aceitável'; *sobrepensar,* 'pensar demais'), deverbais (*sobreamostragem,* (turbo) *sobrealimentador, sobre-endividamento,* 'endividamento excessivo'; *sobrepolitização*), e nominais como *sobrelucro, sobrefôlego, sobrepesca, sobrerrega.* Em alguns casos, há uma diferenciação entre *sobre-* e *super-: sobreconfiante,* 'mais confiante do que se esperaria ou do que efetivamente é' (J. Duque, *Expresso Economia,* 1º jul. 2017, p. 12) e *superconfiante,* 'demasiado, muito confiante'.

8.4 Patamar de limiaridade, de medianidade, de 'proximidade/mais ou menos próximo' de alguma(s) propriedade(s) do que a base denota

8.4.1 Da partição equativa à medianidade, 'mais ou menos'

Os constituintes neoclássicos *hemi-, semi-* (de origem grega e latina, respetivamente), *mei-* (*meia-lua, meio-dia*) e o correspondente erudito *medi-* (*médio-dorsal, médio-aberto, médio-fechado*) denotam inicialmente 'divisão, partição em metade' (*hemisfério, hemiplégico, semicilindro, semicírculo*) ou 'no meio de' (*meio-campo, médio-oriente*). Nestes casos, o sentido dos prefixos é unívoco e denota uma partição em dois ('metade de') de um *cilindro* (*semicilindro*), de um *hemisfério* (*hemiciclo, hemicilindro, hemisfera, hemiesfério*), de uma *dose* (*meia-dose*), pelo que se trata de prefixos de fracionaridade[2].

---

2. Não é com uma convicção sólida que aqui se consideram os constituintes *hemi-, mei-* e *semi-* como prefixais. De todos, *mei-*, porque varia em gênero com o nome que modifica, tem uma natureza adjetival mais clara, pelo que não será de estranhar que também se entenda como configurando um caso de adjetivo composto AN (cf. Ranchhod, 2003).

A partir do sentido de 'partição equitativa', o alargamento da combinatória destes prefixos a denominações de entidades e de propriedades marcáveis pela não fracionaridade matemática permitiu que se tenham desenvolvido outros sentidos conexos ('parcialidade', 'não totalidade', '[no intervalo] mediano', 'nem acima nem abaixo de'), de tal modo que *hemi-*, *mei-* e *semi-* passam a explicitar também a existência em grau mais ou menos próximo, mediano, parcial, 'no limiar de', ou até deficitário de alguma ou algumas das propriedades do objeto avaliado. Este conjunto de valores sofre adaptações e inflexões em função da natureza semântica da base.

Quando a base é nominal, o derivado traduz a manifestação de apenas uma parte/metade de algo, que se traduz por 'metade de'/'meio' (*meio-limão, meia-dose, meio-dia*) ou por 'de nível intermédio', como se observa em *semiclandestinidade, semiobscuridade,* e até mesmo nos termos musicais *meio-tenor, meio-contralto, meio-soprano*[3]. Tenha-se em conta que as vozes femininas e masculinas são classificadas numa escala de tessitura de seis tipos: da mais aguda para a mais grave, como soprano, meio-soprano e contralto (vozes femininas); e tenor, barítono e baixo (vozes masculinas).

(320) *meio-contralto*: 'timbre de voz intermédio entre o meio-soprano e o contralto. Corresponde ao baixo-barítono: é um contralto com âmbito de meio-soprano, não o contrário';

(321) *meio-soprano*: 'timbre de voz feminina mais claro, mais sonoro e mais grave que o soprano; é a voz feminina intermédia entre o soprano e o contralto. O *meio-soprano* geralmente apresenta um timbre mais encorpado que o soprano e tem uma extensão maior na região central-grave'.

Cada metade não tem de corresponder a uma metade rigorosa, em termos matemáticos ou exatos, como se comprova em produtos portadores de *semi-* (*semidemocracia,* 'democracia não plena, não total, parcial'; *semiférias,* 'férias não plenas, não totais'), mas também de *hemi-*:

(322) *hemicorpo*: 'cada metade do corpo', em que este não é divisível em partes rigorosamente iguais;

---

3. No equivalente erudito, *meso-* (cf. *mesossoprano,* 'timbre de voz feminina mais claro, mais sonoro e mais grave que o soprano' (http://www.infopedia.pt/lingua-portuguesa/mesossoprano> Infopédia [Em linha]. Porto: Porto Editora, 2003-2013. [Consult.: 8 maio 2013]) é o valor taxonômico que sobressai.

(323) *hemicelulose*: 'Química: substância intermediária em complexidade entre os açúcares e a celulose que ocorre principalmente nas gomas'; as hemiceluloses são polissacarídeos que, junto com celulose, pectina e as glicoproteínas, formam a parede celular das células vegetais;

(324) *hemiencéfalo*: 'Teratologia: ser fetal com cérebro rudimentar e sem os órgãos dos sentidos'.

O quadro seguinte mostra que *hemi-* se encontra mais associado a unidades lexicais técnicas e eruditas e que, pelo facto, as possibilidades combinatórias de *hemi-* são mais restritas que as de *mei-* e *semi-*. Em todos os casos, a combinabilidade com bases nominais e adjetivais está mais representada que com bases verbais.

Quadro 49. Combinatórias de *hemi-*, *mei-* e *semi-*

Prefixo	Nome	Adjetivo
hemi-	*hemicorpo, hemicelulose, hemiencéfalo*	*hemiacéfalo, hemicordado, hemimetabólico, hemimórfico, hemiprismático*
mei-	*meio-faqueiro, meio-gás, meio-sal, meio-tempo, meio-termo*	*meio calado, meio tonto*
semi-	*semicadáver, semiclausura, semicolosso, semiditongo, semidivindade, semieixo, semifavor, semifinal, semi-iluminação, semi-interno, semimorte, seminegação, seminudez, semipatrão, semiperiferia, semipoeta, semivogal*	*semiculto, semifluido, semimaluco, semioval, semiperiférico, semiprecioso, semirrígido, semirroto, semisselvagem, semissonolento, semitonado, semitonto, semivítreo, semivulnerável*

Quando a base é um adjetivo, *semi-* (cf. *semiautomático, semidestruído, semi-inconsciente, seminovo, semioculto, semisselvagem*) ou *mei-* (cf. *meio maluco/instável*) exprimem um grau parcial, (inter)médio, não pleno do que a base denota: *semimaluco* ou *meio tolo* significam não inteiramente maluco ou tolo, apenas parcialmente maluco ou tolo. Assim acontece também com *meio cheio, meio próximo, meiossolúvel, meio vazio, semivazio*; não é um valor de medianidade ou de 'medianamente' que é ativado, mas um valor de 'mais ou menos', 'não cabalmente'.

Quando *semi-* modifica bases verbais (*semiabrir, semicerrar*), estas implicam não apenas um subevento de 'processo/de mudança de estado de coisas', mas também um subevento de estado resultante, codificado sob a forma (de)participial (*semiaberto, semicerrado*), como se comprova através da agramaticalidade de *semirreincidir, *semirrepetir (cf. Feliú Arquiola, 1999). Com tais bases verbais, *semi-* explicita que a realização daquilo que a base denota é levada a cabo apenas parcialmente, de forma não totalmente ou não inteiramente acabada (cf. *semicerrar, semidestruir, semierguer, semiobscurecer, semiocultar*); o mesmo se aplica a *entre-*, em *entreabrir*, 'não abrir completamente, abrir incompletamente, semiabrir'.

8.4.2 Limiaridade

A língua dispõe ainda de *quase-* (*quase delito, quase namoro, quase morto, quase perfeito*) para exprimir incompletude e de *para-* (*paracelulose, paracéfalo, paraelétrico, paranormal, paraolímpico, parassocial*) denotando 'semelhança, proximidade' (cf. cap. 14), e não apenas em cultismos, como *paradoxo, paradigma, parasita*.

Em ambos os casos, e mormente quando associados a bases nominais, o derivado significa algo ontologicamente 'aquém' do que, em plenitude, a base denota. Tal como *quase-*, *para-* funciona como um codificador de 'proximidade ontológica' (*parafarmácia, paramédico*), de semelhança, de quase identidade ('quase x': *paranormal, paraolímpico*), de algo que está 'aquém de x' mas muito próximo de x' (cf. *parainfeccioso*). Os nomes em *quase-* explicitam um grau de deficitariedade em algumas circunstâncias não diferente dos prefixados em *para-*.

Uma instituição *quase empresarial* ainda não é bem empresarial, ainda não tem todos os requisitos necessários e suficientes para ser catalogada legalmente como *empresarial*; está ainda na esfera do 'aquém de x'; uma instituição *paraempresarial* já está dentro da esfera do empresarial, mas situa-se na sua periferia, tendo por exemplo organização horizontal e/ou vertical, estatutos, órgãos, estando nas 'franjas' do protótipo de empresarialidade, e por isso dele mais próxima. Faltam-lhe algumas propriedades de caráter mais acessório para ser inteiramente ou plenamente empresarial. Em termos não técnicos, podem ser usados como equivalentes.

O mesmo se aplica a *quase oficial*. Se compararmos com *extraoficial*, verificamos que *extra-* denota 'fora de' e *quase oficial* 'próximo, mas ainda aquém de'.

(325) "A *oficialidade* desse emblema [da Bienal de SP], seu caráter em outras palavras governamental ou **quase-governamental** (*oficioso*, como dizemos no Brasil), é evidente desde o início" (Teixeira Coelho, *Revista USP*, n. 52, p. 78-91, 2000-2001. p. 80)

(326) "O "amigopólio": Cristina Kirchner mantém estruturas governamentais e **para-governamentais** de mídia: Do total de seis canais de TV de presença nacional [...], somente um não está sob o controle direto ou indireto do governo da presidente Cristina Kirchner". [...]" (http://blogs.estadao.com.br/ariel-palacios/o-amigopolio-cristina-kirchner-mantem--estruturas-governamentais-e-para-governamentais-de-midia/)

A diferença entre *para-* e *sub-* é observável nas denominações para os níveis de organização social das abelhas:

(327) "**parassocial**: várias abelhas adultas de uma mesma geração convivem num só ninho. Cada fêmea pode ser responsável pelas suas próprias células (subnível comunal) ou haver cooperação (subníveis quase-social e semi-social), mas não existe contato entre fêmeas adultas de diferentes gerações, o aprovisionamento continua sendo único e mais de uma fêmea ou todas são capazes de produzir ovos; **subsocial**: ocorre aprovisionamento progressivo, ou seja, há cuidado parental e portanto existe contato entre o adulto de uma geração e a larva de outra; **eussocial**: quando apenas uma fêmea no ninho é capaz de produzir ovos (rainha), várias fêmeas cooperam na construção do ninho e dividem tarefas (operárias), e existe o contato entre gerações (a rainha é mãe da maioria das operárias)" (http://zoo.bio. ufpr.br/ polinizadores/Textos/abelhas_geral.htm, acesso em: 8 maio 2013).

As bases nominais com as quais *quase-* se combina são de espectro semântico mais amplo que as selecionadas por *para-*, por certo devido à temporalidade associada a *quase-* (*quase acidente, quase colisão, quase consenso, quase falência, quase morte, quase pânico, quase unanimidade*) e não a *para-* (cf. secção 14.). O sentido de aproximação ontológica a x, de intencionalidade, de atuação proativa, que parece estar mais presente em *para-* (cf. sentido matricial de movimento) do que em *quase-*, ajuda também a explicar tal assimetria.

PREFIXAÇÃO NA LÍNGUA PORTUGUESA CONTEMPORÂNEA

173

Cruzam-se, pois, nos produtos desta secção, algumas das dimensões presentes na avaliação e nos valores de localização que são matriciais a estes prefixos, como 'aquém *vs.* além de', 'proximidade *vs.* afastamento', 'perifericidade', 'limiaridade', 'quase x' e, por extensão, 'deficitariedade', 'semelhança', 'quase identidade'.

8.5 Patamar 'abaixo/aquém de' alguma(s) propriedade(s) do que a base denota

Sub-, *infra-* e *hipo-* explicitam a existência de uma propriedade 'abaixo/ aquém do nível típico em que ela ocorre na base'. Atestam-no derivados como *subalimentação, subalimentar, subcidadania, subdesenvolvido, subdesenvolvimento, subdividir, subexistir, sub-habitação, sub-humano, subfaturação, subfinanciamento, subliteratura, subnutrir, subproduto, subproletário, subvalorizar; infra-humano, infra-avaliado, infra-alimentar, infraconsumir, infradesenvolver, infrafaturar; hipodesenvolvimento, hipomobilidade* ('mobilidade deficitária ou insuficiente'), *hipotensão*.

Estes prefixos combinam-se com nomes, adjetivos e verbos (cf. quadro seguinte).

Quadro 50. Combinatórias de *hipo-*, *infra-* e *sub-*

Prefixo	Nomes	Adjetivos	Verbos
hipo-	*hipodesenvolvimento* *hipomobilidade*	*hipotenso* *hipotônico*	*hipodesenvolver* *hipogerir*
infra-	*infracidadão* *infrapolítica*	*infra-humano* *infra-avaliado*	*infraconsumir* *infrafaturar*
sub-	*subcidadania* *subfinanciamento*	*subdesenvolvido* *sub-humano*	*subdividir* *subnutrir*

Quando a base é um nome, como *afluente, chefe, comissário, divisão, estação, lanço, sub-* (*subafluente, subcentro, subchefe, subcomissário, subdivisão, subestação, sublanço, subpartícula, subsecção, subsede*), o prefixo funciona como codificador de hierarquia taxonômica, e o derivado denota um (sub-)hipônimo da base (*subafluente* hipônimo de *afluente*). A par com a ordenação taxonômica é possível que coexista um sentido de 'inferioridade', de 'abaixo do limiar aceitável', como em *subdesenvolvimento, subproduto*.

Em teoria, *hipo-* e *sub-*, um de origem grega e outro de origem latina, podem funcionar como equivalentes, como em *hipoalimentação* e *subalimentação, hipodividir* e *subdividir, hipofinanciamento* e *subfinanciamento, subconfiante* 'menos confiante do que realmente é' (J. Duque, *Expresso Economia*, 1º jul. 2017, p. 12) e *hipoconfiante*. Na prática, em alguns pares verifica-se alguma diferenciação semântica, que talvez seja indício de uma tendência que começa a fixar-se: por um lado, *sub-* (com valor locativo) combina-se mais que *hipo-* com bases que denotam entidades [-abstratas]: *subcave, sub-habitação*, mas não **hipocave* e **hipo-habitação*, razão pela qual *hipo-* não opera de forma prototípica como operador de localização; por outro lado, em alguns pares instala-se progressivamente uma diferença entre *sub-* e *hipo-* com valores taxonômicos: em *hipodesenvolvimento* vs. *subdesenvolvimento* há uma marca disfórica neste que o primeiro não exibe (cf. *hipotenso, hipotônico*).

Por vezes *sub-* e *vice-* funcionam como equivalentes (*subdiretor, vice-diretor, subgovernador, vice-governador*), mas é com sentido de 'em vez de, em substituição de' que *vice-* funciona em *vice-almirante, vice-reitor*. Também *pro-* pode denotar 'que está em substituição de' (*pró-cônsul, pronome*).

Dadas as significações dos prefixos, as fronteiras entre *sub-*, 'abaixo/aquém do nível típico em que ela ocorre na base', e *para-*, 'aquém de', 'quase x', não são inteiramente unívocas; mas quando coexistem os derivados corradicais portadores destes dois prefixos, as significações dos produtos são diferenciadas.

(328) *paratexto*: 'aquilo que rodeia ou acompanha marginalmente um texto; elementos que estão para além do texto, ou seja informações que acompanham uma obra e que contribuem para a motivação da sua aquisição ou leitura';

(329) *subtexto*: 'conteúdo(s) implícito(s) num texto, num filme, numa obra de arte';

(330) *paraliteratura*: 'produções textuais não canônicas de literatura e/ou excluídas pelo julgamento social da literatura propriamente dita (literatura cor-de-rosa, romance ultralight)';

(331) *subliteratura*: 'literatura de baixa qualidade, medíocre'

9

Expressão prefixal de dimensão

Os constituintes *macro-*, *micro-*, *maxi-*, *mini-* e *mega-* denotam propriedades de natureza dimensional, genericamente parafraseáveis por:

(i) 'de envergadura enorme/excepcional' (*macroespectáculo*; *maxicolar*, *maxicone*, *maxiobra*, *maxipizza*, *megaconcerto*, *megaevento*, *megajornada*, *megajulgamento*); e

(ii) 'de envergadura mínima', 'reduzida' (*microcrédito*, *miniférias*).

Com exceção de *mega-*, para o qual não encontrei abonações com bases verbais, os demais prefixos combinam-se com nomes, com adjetivos e também, ainda que em menor escala, com verbos. Note-se que não seria anômalo registrar, nomeadamente em linguagem mais expressiva *mega--angariar*, *megaimplorar*, *megaconvidar*, *megaconsumir*, com sentido de intensidade acentuada que se reconhece em *maxi-*.

Associados a nomes, os constituintes *macro-*, *micro-*, *maxi-*, *mini-* e *mega-* podem ter valor taxonômico, denotando subespécies relativamente unívocas de entidades denominadas pela base, como *macroeconomia*, *macroestrutura*, *microclima*, *microfilme*, *micro-onda*, *minigolfe*; mas comportamento idêntico também pode verificar-se em alguns avaliativos, como se comprova em *subconsciente*, *superestrutura* (ideológica), *hiperdomínio*, em que os constituintes da esquerda não são avaliativos de qualidades, mas de localização hierárquica ou até taxonômica.

Por outro lado, a alguns nomes em *macro-* (*macromonitor*), *mega-* (*megaespetáculo*), *maxi-* (*maxicelebridade*), estão associadas marcas avaliativas, favoráveis ou desfavoráveis, em função dos valores da comunidade e da subjetividade dos falantes.

Em alguns casos, *mega-* tem valor quantificador preciso:

(332) *megabit*: 'unidade de medida de dispositivos de armazenamento, igual a 1.048.156 *bits*, ou 131.072 *bytes*, uma vez que o comprimento de um *byte* corresponde a 8 *bits*';

(333) *mega-hertz*: 'unidade de medida de frequência, equivalente a um milhão de hertz ou ciclos por segundo';

(334) *mega-ampere*: 'um milhão de amperes'.

Quadro 51. Expressão prefixal de dimensão

Prefixo	Nomes	Adjetivos	Verbos
macro-	*macroclima, macrocarpo, macroestrutura, macronúcleo, macropavilhão*	*macroestrutural macrogástrico macrossaturado*	*macroavaliar macrossaturar*
maxi-	*maxiconsola, maxiconta, maxidesvalorização, maxidose, maxiganga, maxijogo, maxipombo, maxissaia*		*maxidesvalorizar*
mega-	*megabarragem, megaciclo, megacólon, megainvestimento, megajazida, megaleilão, megarroubo*	*mega-amiga mega-acéfalo megarrival*	*megainvestir*
micro-	*microalga, microcircuito, microclima, microestado, microexpressão, microfilme, microinstante, microssonda*	*microbiológico microcapsular microcéfalo microclimático*	*microcronometrar micromanipular*
mini-	*minibasquete, miniconcurso, miniférias, minigolfe, minissérie, minitorneio*	*mini-hídrico*	*minibasear minifaturar*

PREFIXAÇÃO NA LÍNGUA PORTUGUESA CONTEMPORÂNEA

O domínio da publicidade é terreno fértil para o uso de *macro-*, *maxi-* e *mega-*, verificando-se uma natural tendência para a sua acoplagem a nomes, eventivos ou não: *macrodosagem, macrodrenagem, macroexploração, macroespécies, macrossolução, maxichuveiro, maxitorneira, megacenário, megacomemoração, megaconjunto habitacional, megacrédito, megaempreendimento, megaempresa, megaestrela, megaexcursão, megainvestigação, megamanobra, meganegócio, megapacote, megaproduções, megaprodutora, megaprojeto.*

Em quaisquer casos, as bases podem ser simples (*macroespécie, megaestrela, maxicama*), derivadas (*macrodosagem, maxidesvalorização, megainvestigação*) ou pluriverbais (*maximanobra financeira, megaconjunto habitacional, minicampo de férias, mini-hidorelétrica*).

Quando associado a nomes de ser humano, *mega-* funciona como um intensificador, e não como um codificador de dimensão física: *megacampeão, megacantor, megacostureiro, megaempresário, megaexportador, megamilionário.* Também um sentido quantitativo pode estar associado: uma *maxiexperiência amorosa* inclui várias/múltiplas relações amorosas.

Por seu turno, *micro-* é valorizado nos mais diversos setores especializados, sendo igualmente crescente a sua combinatória com nomes de entidades concretas: *microaspersão, microbarragem, microbrigada, microcápsula, microcassette, microcoletor de dados, microcomponente, microfratura, microfusão, microinformática, microlâmina, microlegenda, micromundo, micropaís, micropartícula, micropeça, micropropagação, microrrega, microsserralheria, microshorts, microtransplante, microuniverso, microválvula.* No mundo das entidades e atividades altamente especializadas, tudo o que é *micro-* (*microcarbono, microfibras,* aparelho *microfino/microleve, micro-óleo* anticorrosivo) é altamente valorizado, porque resulta de processos avançados de optimização de produtos de alta tecnologia em escala *micro-* ou até *nano-*.

Todavia, é uma dimensão qualitativa que emerge quando a base denota ser humano (*microcandidato, microdiretor, microministro, micropresidente*) ou uma atividade que deveria ser prestigiada, como *política* vs. *micropolítica.*

No domínio do *mini-*, a expressão da dimensão reduzida é acompanhada de valorização ou de desvalorização, em função do sentido positivo ou negativo associado à base: *miniaspirador, minibanco de dados, miniblusa, minicafeteira, miniCD, minicoleção, minidose, miniexecutivo, miniforno, mini-hidroelétrica, mini-impressora, minimaratona, miniparque, miniprodutor, minirregadio, minirreunião, minirroupa, minissérie.*

Em virtude da sua natureza semântica, *macro-, maxi-, mega-, micro-* e *mini-* tendem preferencialmente a combinar-se com nomes, e menos com predicadores adjetivais ou verbais.

10

Expressão prefixal de quantificação

Neste conjunto incluem-se constituintes que se combinam com bases nominais que denotam quantidades precisas e unívocas, sejam cardinais (*bi-*, *mono-*, *tri-*, *quadri-*), múltiplas (*deca-*, *hecto-*, *quilo-*), submúltiplas (*deci-*, *centi-*, *mili-*) ou fracionárias, quantidades imprecisas, como *multi-*, *pluri-* e *poli-* e quantidade holonímica (*omni-* e *pan-*). São quantidades elevadas as que a prefixação de quantidades imprecisas ou indefinidas denota; exclui-se, pois, no âmbito da prefixação, a codificação de quantidades parciais, tal como agenciada pelos quantificadores *alguns*, *algumas*.

Com exceção dos monossílabos *bi-*, *tri-* e *di-* (estes dois só ocorrem em palavras eruditas, como *díptero*, *diedro*), os demais constituem domínios acentuais (*deca-*, *mono-*, *omni-*, *poli-*, *tetra-*) e combinam-se com nomes e adjetivos (cf. quadro seguinte). Estas propriedades distanciam-nos dos prefixos mais prototípicos, caraterizados pela máxima combinatoriedade categorial ou, pelo menos, por uma maior policategorialidade, e por serem marcados por atonicidade.

Quadro 52. Expressão prefixal de quantificação

Prefixos	Base nominal	Base adjetival
ambi-	*ambidestreza, ambiversão*	*ambidestro, ambivalente*
bi-	*bicampeão, biface, bimotor, biturbo*	*bianual, bifocal, bi-horário, bilateral, bipolar*
mono-	*monobloco, monocasta, monocomando, monomotor*	*monoparental, monotônico*
multi-	*multifunções, multimarca(s), multiplataforma, multirriscos, multiusos*	*multidirecional, multifacetado*
omni-	*omnicanal, omnipresença, omnividência*	*omnipotente, omnividente*
pluri-	*plurifunções*	*plurianual, plurissexual*
poli-	*politraumatismo*[1]	*polivalente, polivitamínico*
quadr-	*quadricentenário, quadrípolo, quadrivetor*	*quadriangular, quadricórneo*
tri-	*tricampeão, trifosfato*	*trifásico, trissemestral*
uni-	*unicheque, unicorne, unidose*	*unifamiliar, unilinear, univalve*

A quantificação pode ter escopo sobre o nome que está na base do adjetivo, como se observa em *bifocal, bipolar, multicolor* (a par com *multicor*), *multirracial, omnidirecional, pluricêntrico, pluricontinental, polivitamínico, trifásico, unicelular,* 'de uma só célula'.

Uma restrição conhecida (cf. Casteleiro, 1981) é a que se prende com o facto de os adjetivos usáveis em contexto predicativo ou pós-cópula, com *ser* e/ou *estar* (*amável, feliz, humilde, inteligente, sincero, tolo, útil*) e os departicipais (*aceso, calado, construído, desprezado, farto, oculto*) não aceitarem a combinatória com prefixos numéricos, como *bi-, tri-, multi-* (*bi-aceso,

---

1. Registre-se o neologismo *poliamor*, um tipo de relação em que cada pessoa tem a liberdade de manter mais do que um relacionamento ao mesmo tempo (cf. Google).

*bifeliz, *multicalado, *multiamável, *tri-sincero, *bi-tolo, *tri-útil); a possibilidade combinatória com prefixos numéricos e quantificadores é restrita a adjetivos usáveis com função atributiva, e portanto usáveis em contexto tipicamente não predicativo[2]:

(335) bi- (biangular, bianual, biatômico, biauricular, bicelular, bicolor, biconvexo, bifásico, bifocal, biglobular, bilateral, bipolar);

(336) quadr- (quadriangular);

(337) tri- (trifásico, trissemestral);

(338) multi- (multiangular, multirracial);

(339) pluri- (plurianual, pluricelular, pluricêntrico, pluricontinental, pluripartidário).

Alguns destes constituintes prefixais têm vindo a acusar crescente combinabilidade com bases verbais, sendo os produtos ainda algo neológicos, uma vez que não dicionarizados: ambiavaliar, ambivaler, bidirecionar, monodirecionar (além dos eruditos monologar, monografar), multidirecionar, multifiscalizar, multilateralizar, multirregulamentar, pluriatacar, polidimensionar, polifaturar, unidialogar, unigerir. De todos, por certo multi- é o mais usado. Para tal contribui o facto de combinar com bases verbais resultativas (que implicam não apenas um subevento de 'processo/de mudança de estado de coisas', mas também um subevento de estado resultante, como multicriticar, multipremiar), igualmente com bases (de)verbais não resultativas (multirreincidente, multirrepetente) (cf. Felíu Arquiola, 1999).

---

2. Deve aqui salientar-se que a possibilidade de um adjetivo ocorrer em contexto pós-cópula não faz dele um adjetivo predicativo, pois adjetivos há que funcionam dos dois modos, sendo tipicamente mais de uma classe que de outra. Por exemplo, elétrico ou nuclear funcionam quer como atributivos (a corrente elétrica...; a energia nuclear), quer em posição copulativa (cf. o fogão é elétrico; o João hoje está elétrico; este reator é nuclear, não termodinâmico); e elétrico, nuclear ou termodinâmico são tipicamente não predicativos, quando contrastados com feliz, doente, calado, marcados por uma predicatividade nada mitigada, como se comprova pela compatibilidade com SER e ESTAR (ser/estar feliz, ser/estar doente, ser/estar calado). A não predicatividade intrínseca de nuclear (no seu sentido literal), termodinâmico ou elétrico, atesta-se em *estar nuclear/termodinâmico ou *estar elétrico, não no sentido figural de 'impaciente', mas no sentido literal de 'alimentado a eletricidade': *esta fonte de energia está elétrica/nuclear. Por isso no texto falamos de adjetivos 'usáveis em contexto predicativo ou pós-cópula' e de 'adjetivos usáveis com função atributiva, e portanto em contexto tipicamente não predicativo'.

10.1 Quantidade holonímica

Denotam quantidade holonímica os totalizadores, que denotam a totalidade do que a base codifica, e que têm um valor similar ao dos quantificadores universais, pois predicam todo o universo denotado pela base a que se acoplam.

Em virtude do seu semantismo, *omni-* e *pan-* acoplam-se a nomes e a adjetivos, funcionando como predicadores de 'totalidade', e não a verbos.

(340) *omni-* (*omnicriador, omnidirecional, omniforme, omnigênero, omnilíngue, omnipotente, omnipresente*)

(341) *pan-* (*pan-africano, pan-asiático, pancromático, pan-eslávico, pan-islâmico, panlatino*)

10.2 Quantidade precisa

Denotam quantidade precisa os cardinais multiplicadores e os submúltiplos ou fracionários.

10.2.1 Cardinalidade multiplicativa

Os operadores de cardinalidade multiplicativa denotam quantidades precisas e associam-se a bases nominais e adjetivais para explicitar a existência das propriedades em número de um (*uni-*), dois (*bi-*), três (*tri-*), quatro (*quadr-*), cinco (*penta-*), seis (*hexa-*), sete (*hepta-*), oito (*octo-*), dual (*ambi-*), etc., como exemplificado pelos dados seguintes:

(342) *ambi-* (*ambidestro, ambivalente, ambiversão*)[3];

(343) *bi-* (*biangular, bianual, biatômico, biauricular, biaxial, bicampeão, bicapsular, bicéfalo, bicelular, bicentenário, bicolor, bicorne, biconvexo, biface, bifásico, bifocal, bifronte, biglobular, bilateral, bimatéria, bimotor, bipolar, bissexto, biturbo* [motor]);

---

3. Segundo Lopes (2018), este prefixo encontra-se um pouco mais representado no português apenas a partir do séc. XVII (neste século somente em *ambiesquerdo*), e sobretudo a partir do séc. XX (*ambianular, ambitendência, ambis(s)exuado, ambissinistro*).

PREFIXAÇÃO NA LÍNGUA PORTUGUESA CONTEMPORÂNEA

(344) *hexa-* (*hexapétalo, hexassílabo*);
(345) *mono-* (*monocomando, monomotor, monotônico, monovalve*);
(346) *penta-* (*pentacampeão*);
(347) *quadr-* (*quadriangular, quadrúpede*);
(348) *tetra-* (*tetracampeão, tetraplégico*);
(349) *tri-* (*tricampeão, trifásico, trifosfato, trissulfacto, trissemestral*);
(350) *octo-* (*octocórneo, octodecimal, octolíngue*);
(351) *uni-* (*unicaule, unicelular, unicheque, unicorne, unidisciplinar, unilinear, unipartidarismo, unipessoal, univalve*).

O sentido de *uni-* está a sofrer **especialização** quando, no mundo do *marketing* da banca, pretende denotar 'único, exclusivo, personalizado':

(352) *uniagência*: 'balcão/agência privativo, onde o cliente tem conta e atendimento personalizado';
(353) *unicheque*: 'cheque especial com os maiores limites de crédito e de garantia possíveis';
(354) *uniconta*: 'conta personalizada'.

Estes prefixos continuam a ser usados nas linguagens técnicas (*hexametilenotetramina*) e não técnicas (*hexacampeão*), ou até na literária, como se observa no exemplo seguinte (sublinhados nossos)

(355) "multidões de pais, avós, bisavós, trisavós, tetravós, pentavós, hexavós..." (José Saramago, *As intermitências da morte*. Lisboa: Caminho, 2005, p. 34)

A versão vernácula *bis-*, presente em *bisneto, bisavô* desde o português arcaico, assume nestes nomes um valor não propriamente cardinal ou multiplicativo, mas de "grau imediatamente adjacente relacionado com x", numa linha de sucessividade imediata de genealogia entre *neto*, 'filho de filho', e *bisneto*, 'filho de neto'.

Os multiplicadores que se seguem são de uso mais técnico e explicitam dez vezes mais/maior (*deca-*), cem vezes mais/maior (*hecto-*), mil vezes mais/maior (*quilo-*), um milhão/10^6 de vezes mais/maior(*mega-*), um bilião/10^9 de vezes mais/maior (*giga-*) o que a base denota:

(356) *deca-* (*decagrama, decalitro*);
(357) *hecto-* (*hectograma, hectolitro, hectopascal*);
(358) *quilo-* (*quiloampere, quilocalorias, quilociclo, quilograma, quilo-hertz*);

(359) *mega-* (*mega-ampere*, *megâmetro* 'um milhão de metros');
(360) *giga-* (*gigabytes*, *gigagrama* 'um bilião de gramas').

A fronteira entre codificação linguística da multiplicação (por dez, por cem ou por mil) e a da cardinalidade (de dez, de cem ou de mil unidades) pode não parecer, em termos não técnicos, pouco unívoca, até porque a língua usa as mesmas unidades prefixais para ambas as situações (cf. *quilo* = mil e = 10^3). Mas, ontologicamente, a soma de dez unidades iguais e a multiplicação, por dez vezes, de uma unidade, não são a mesma coisa.

Tenha-se em conta que alguns destes nomes denotam já não quantidades, mas metonimicamente as medidas destas. Assim:

(361) *decagrama*: 'peso ou massa de dez gramas';
(362) *decalitro*: 'medida de dez litros';
(363) *hectograma*: 'massa ou peso de cem gramas';
(364) *hectolitro*: 'medida de capacidade equivalente a cem litros';
(365) *quiloampere*: 'unidade de medida de corrente elétrica, igual a mil amperes';
(366) *quilociclo*: 'Física: antiga unidade equivalente a mil ciclos, isto é, à frequência de mil vibrações por segundo';
(367) *quilograma*: 'unidade de medida de massa do Sistema Internacional, equivalente a mil gramas';
(368) *quilo-hertz*: 'unidade de medida da frequência das ondas radioelétricas, igual a 1000 hertz'.

Como foi dito, *mega-*, em *mega-ampere*, por exemplo, denota um milhão. Este sentido é usado nas linguagens de especialidade; na língua comum, o prefixo codifica apenas 'grande', 'enorme' (*megacidade*, *megaconcerto*, *megaconcurso*).

10.2.2 Submúltiplos e divisores

Os submúltiplos ou fracionários explicitam um valor de dez vezes menos/menor (*deci-*), cem vezes menos/menor (*centi-*), mil vezes menos/menor (*mili-*), um milhão de vezes menos/menor (*micro-*), um bilonésimo ou um bilião de vezes menos/menor (*nano-*) do que a base denota.

PREFIXAÇÃO NA LÍNGUA PORTUGUESA CONTEMPORÂNEA

(369) *deci-* (*decilitro, decigrama, decímetro*);
(370) *centi-* (*centigrama, centímetro*);
(371) *mili-* (*mililitro, miligrama, milímetro*);
(372) *micro-* (*micrograma, microlitro, microssegundo*);
(373) *nano-* (*nanograma, nanolitro, nanoplâncton, nanossegundo*).

Na escala existem ainda *pico-, fento-, atto-, zepto-, yocto-*, usados em linguagem de especialidade.

Como acontece amiúde, alguns derivados exibem sentidos que estão para além da soma dos sentidos dos seus constituintes. É o caso de *nanocefalia* e de *nanotecnologia*, por exemplo.

(374) *nanocefalia*: a par com a *microcefalia*, é uma condição neurológica em que o tamanho da cabeça é menor do que o tamanho típico para a idade do feto ou da criança. A *nanocefalia* representa portanto um déficit do crescimento cerebral, pelo pequeno tamanho da caixa craniana e pelo diminuto desenvolvimento do cérebro;

(375) *nanotecnologia*: 'estudo de manipulação da matéria numa escala atômica e molecular; a nanotecnologia tem capacidade de criar coisas a partir de nanomatéria'; neste caso, não é a tecnologia que é *nano-* ou *micro-*, mas o objeto do seu estudo.

Os constituintes neoclássicos *hemi-, semi-* (de origem grega e latina, respectivamente), *mei-* e o correspondente erudito *medi-* (*médio-dorsal*) significam matricialmente 'divisão, partição em metade' (*hemisfério, hemiplégico, semicilindro, semicírculo*), 'metade de' (*meio-bilhete*). Nestes casos, o sentido dos prefixos é unívoco e denota uma partição em dois ('metade de') de um *cilindro* (*semicilindro*), de um *hemisfério* (*hemiciclo, hemicilindro, hemiesfera, hemiesfério*), de uma *dose* (*meia-dose*), pelo que se trata de prefixos de fracionaridade.

Os exemplos seguintes atestam o valor de fracionaridade estrita dos prefixos:

(376) *hemi-*: *hemiciclo, hemicilindro, hemisfera, hemiesfério*;
(377) *mei-*: *meia-irmã, meio-bilhete, meio-ciclo, meio-irmão, meio-tom*;
(378) *semi-*: *semicilindro, semicírculo, semicolcheia, semifusa*.

Como ficou dito em 8.4., estes sentidos sofreram uma inflexão, denotando os prefixos 'aproximadamente metade de, mais ou menos x', quando combinados sobretudo com adjetivos, pelo que, neste caso, se situam mais no âmbito da denotação de valores imprecisos.

10.3 Quantidade imprecisa

Denotam quantidades imprecisas *multi-*, *pluri-* e *poli-*, que se combinam com nomes e com adjetivos:

(379) *multi-*: *multiangular, multibanco, multic(ol)or*, (lâmina) *multicorte, multifacetado*, (aparelho) *multifunção, multimeios*, (terminal) *multiponto, multirracial, multirriscos*, (funcionário) *multitarefa*, (setor) *multitarefas*;

(380) *pluri-*: *plurianual, pluriatividade, pluricarpelar, pluricontinental, pluricelular, pluricêntrico, pluridisciplinaridade, plurifacial, pluriforme, plurifunções, pluriglandular, plurilateral, plurilingue, plurilinguismo, pluriocular, pluripartidário, pluripartidarismo, plurirrendimento, plurissecular, plurissépalo, plurissexual, plurivalve*;

(381) *poli-*: *poliadenoma, policêntrico, policolorido, policultura, polirrítmico, polilesado, politraumatismo, polivalente, polivitamínico*.

Na atualidade, os prefixos *multi-* e *pluri-* são os mais usados, e ocorrem em nomes em aposição com valor predicativo (cf. Rio-Torto, 2013) e/ou em estruturas adjetivais:

(382) (espaço) *multiambiente*;

(383) (renegociação) *multianual*;

(384) (calculadora) *multiárea*;

(385) (chave) *multicanal*;

(386) (gel) *multicremoso*, 'com vários/múltiplos tipos de creme';

(387) (contabilidade) *multiempresa*;

(388) (elenco) *multiestelar*;

(389) (complexo) *multifabril, multimarca*;

(390) (consórcio) *multi-industrial*;

(391) *multimulher* ("X [Marca de eletrodoméstico], a marca de multimulher", revista *Cláudia* 12, ano 47, 2008);

(392) (um) *multipresidente* ou (um) *pluripresidente* (de várias empresas ou instituições);

(393) (aparelho) *multiprogramável*;

(394) (creme) *multiprotetor*;

(395) (óleo) *multiviscoso*, 'com vários/múltiplos tipos de matéria viscosa'.

PREFIXAÇÃO NA LÍNGUA PORTUGUESA CONTEMPORÂNEA

Todavia, como os exemplos anteriores permitem observar, *multi-* ocorre em construções nominais e adjetivais (*multivitaminas* e *multivitamínico*, *multirraça* e *multirracial*), ao passo que *pluri-* se encontra dominantemente atestado em produtos de estrutura adjetival:

(396) (contrato) *plurianual*;
(397) (ser) *pluricelular*;
(398) (língua) *pluricêntrica*;
(399) (transporte) *pluricontinental*;
(400) (falante) *plurilíngue*;
(401) (complexo) *pluripartidário*;
(402) (ser) *plurissexual*;
(403) (ser) *plurivalve*.

Com exceção de (aparelho) *plurifunções*, de (movimento) *pluripartido*, de (motor) *pluriválvulas*, as estuturas nominais corradicais destes adjetivos portadores de *pluri-* não se encontram atestadas, sendo de aceitabilidade ou até de gramaticalidade muito duvidosa (cf. (contrato) *?pluriano*, (ser) *?pluricélula*, (língua) *?pluricentro*, (transporte) *?pluricontinente*, (escola) *?plurilíngua*, (ser) *?plurissexo*), o que denota a menor receptividade da língua a estas estruturas nominais em aposição, quando prefixados por *pluri-*.

Tenha-se em conta que quer *multi-*, quer *pluri-* se combinam com bases de estrutura erudita (*multiforme*, *multilíngue*, *multiocular*, *multivalve*, *pluriforme*, *plurilíngue*, *pluriocular*, *plurivalve*).

Em áreas do conhecimento mais técnico, pode registrar-se diferenciação de sentido entre *multi-* e *pluri-*. Veja-se o exemplo abaixo transcrito (**bold** nosso).

(404) "existem dois tipos de células estaminais: as **pluripotentes**, que dão origem a todos os tipos de células e não existem num ser humano adulto, e as **multipotentes** que geram só alguns tipos de células" (*Correio da Manhã*, 2 nov. 2014, 'Células raras podem curar o cancro').

Neste exemplo sobressaem sentidos técnicos dos prefixos, em que *pluri-* equivale a *omni-*, tendo uma leitura de tipo universal, e *multi-* a múltiplos'. Mas em textos científicos, *pluripotentes* e *multipotentes* são usados como equivalentes (cf. http://www.clinicajoelhoombro.com/ficheiros/noticias/ celulas_estaminais_em_ortopedia_aplicacoes_clinicas.pdf).

11

Expressão prefixal de valor de identidade ((dis)semelhança, falsidade) e de dissonância/ desconformidade

Os constituintes aqui reunidos, e que se encontram na fronteira com a composição, denotam sentidos diversos, tais como semelhança/igualdade (*equi-*, *hom(e)o-*, *iso-*), diferença (*hetero-*), desconformidade (*dis-*) e falsidade (*pseudo-*). Na falta de melhor denominação comum a estes semantismos, optamos pela de 'valor de identidade ou de verdade', ainda que conscientes de esta não corresponder de forma unívoca ao sentido hiperonímico do todo.

De origem grega, *iso-*, 'igual, equitativo', forma essencialmente nomes (*isocronia*, *isômetro*) e adjetivos (*isocêntrico*, *isoclínico*, *isocromático*, *isocrônico*, *isoelétrico*, *isoeletrônico*, *isófono*, *isográfico*, *isométrico*, *isomorfo*, *isosférico*, *isotérmico*), muitos dos quais marcadamente eruditos. Os demais constituintes combinam-se com bases nominais, adjetivais e, em menor número, verbais.

Tendo originalmente um sentido locativo, de 'à margem de, ao lado de', *para-* veio a funcionar como um codificador de semelhança, de quase identidade ou de proximidade ontológica, traduzível por 'próximo de, parecido com, quase x', e é muito produtivo no presente, nomeadamente na linguagem médica, da anatomia, da botânica, e acopla-se a nomes e a adjetivos.

(405) nomes: *paracelulose, paraelétrico*$_{(N/A)}$, *parafiscalidade, parafosfato, paraglobulina, paragênese, paramedicina, paramilitar*$_{(N/A)}$, *paramorfina, paramédico*$_{(N/A)}$, *paraolimpíadas, parapsicologia, parassimpático*;

(406) adjetivos: *paracêntrico, paraescolar, paraempresarial* (estrutura), *paraestatal, parafiscal, parafosfórico, paranormal, paraolímpico.*

Pervive em palavras de estrutura ou de influência clássica, como *paracárpio, paracéfalo, paradáctilo, parafonia* ('voz de timbre desagradável', 'modificação inesperada da voz motivada por afonia parcial'), *paragrama* 'erro ortográfico proveniente da troca de uma letra por outra, como em *visinho* e *vizita*'

O par *hetero-*, 'outro, diferente, um de dois', e *homo-*, 'o mesmo, semelhante, parecido', combina-se apenas com nomes (*heteroavaliação, heteroinfecção, homocentro* 'centro comum a vários círculos') e adjetivos (*heteropolar, heterotérmico, homocíclico, homotermal*).

Já *equi-*, 'igual', se combina com nomes (*equivalência*), com adjetivos (*equiangular*, 'com ângulos iguais', *equidistante*) e com verbos (*equidistar, equidistanciar*).

O prefixo *dis-*, de origem grega (dys-), codificando 'dificuldade, mal, mau estado', está presente em cultismos (cf. *disenteria, disforme, dispepsia, dispneia, dissidente, distrofia*), mas também em nomes e em adjetivos do português, e no verbo erudito *dissimular.*

(407) *dissabor, disfunção, discromático.*

Ao primitivo sentido associa-se o de desconformidade, de anomalia, de antagonismo ou de diferenciação em relação ao padrão (cf. exemplos seguintes), assim se sobrepondo parcialmente ao sentido de *dis-* com origem latina, e representado no português atual por *des-.*

(408) *disfunção*: 'anomalia no funcionamento de órgão, glândula, etc.';

(409) *discapacidades*: 'dificuldades provocadas por disfunções cognitivas, neurológicas';

PREFIXAÇÃO NA LÍNGUA PORTUGUESA CONTEMPORÂNEA   191

(410) *discromático*: 'que não tem boa cor; que altera as cores';
(411) *disforme*: 'com má forma, com aparência deformada'.

Por fim, *pseudo-*, 'falso, suposto', é o constituinte mais produtivo, não tendo restrições categoriais nem semânticas, pois de todas as realidades se pode predicar a falsidade, sejam:

(412) seres e objetos: *pseudoálcool, pseudoescritor, pseudorromance, pseudossafira*;
(413) propriedades: *pseudoculto, pseudomodesto, pseudorrico*;
(414) eventos: *pseudodirigir, pseudolutar, pseudoprogredir*.

O quadro seguinte sintetiza os dados antes descritos.

Quadro 53. Expressão prefixal de identidade ((dis)semelhança, falsidade)

Prefixos	Nomes	Adjetivos	Verbos
dis-	*disfunção*	*discromático*	*dissimular*
equi-	*equivalência*	*equiangular, equidistante*	*equidistar*
hetero-	*heteroavaliação* *heteroinfecção*	*heteropolar* *heterotérmico*	*heteroinfectar*
homo-	*homocentro*	*homocíclico, homotermal*	
pseudo-	*pseudoálcool* *pseudoescritor*	*pseudoculto*	*pseudodirigir* *pseudolutar*

12

Expressão prefixal de reflexividade

O prefixo *auto-* denota reflexividade e combina-se com bases verbais, nominais e adjetivais, todas relacionáveis semântica e/ou morfologicamente com um predicador, e estabelece uma relação de reflexividade entre os argumentos deste.

(415) bases verbais: *autoadministrar, autoafirmar-se, autocensurar-se, autodeslocar-se, autodefinir-se, autoproclamar-se, autovalorizar-se*;
(416) bases nominais: *autocolante, autoconhecimento, autodisciplina, autoestima, autoexame, autofinanciamento, autopropulsão, autorregulação*;
(417) bases adjetivais: *autoadesivo, autoconfiante, autodestrutivo, autoextinguível, autoimune, autoimposto*.

Quadro 54. Expressão prefixal de reflexividade

Prefixo	Nomes	Adjetivos	Verbos
auto-	*autocontrole* *autofinanciamento*	*autoextinguível* *autoimune*	*autodestruir-se* *autoproclamar-se*

Este marcador de reflexividade equivale a "a si mesmo, a si próprio", e implica a correferencialidade entre os argumentos envolvidos: "x autocensura-se" equivale a "x autocensura x"; "x faz um autoexame" equivale a "x faz um exame a/de si mesmo"; "doença autoimune" é aquela que se imuniza a si própria, e na qual a resposta imunitária é efetuada contra alvos existentes no próprio indivíduo".

Como assinala Felíu (2003), *auto-* combina-se com bases verbais que não são inerentemente reflexivas, como *administrar, afirmar, censurar, colar, conhecer, confiar, destruir, disciplinar, estimar, financiar, impor, regular,* mas que são diádicas ou triádicas, e cuja estrutura argumental é preenchida com argumento externo tipicamente agentivo (ou com interpretação agentiva) e um argumento interno tipicamente TEMA (*autoconhecer- -se, autoiludir-se*). Os verbos inacusativos (**autonascer*, **automorrer*) e os inergativos (**autocaminhar*, **autosorrir*) não são compatíveis com *auto-*. Os nomes (*autocolante, autoconhecimento, autodisciplina, autofinanciamento, autorregulação*) e os adjetivos (*autoadesivo, autoconfiante, autodestrutivo, autoextinguível, autoimposto*) com que *auto-* se combina têm de estar léxico-conceptualmente associados a estruturas predicativas congêneres das dos verbos. A base nominal compatível com *auto-* deve possuir na sua estrutura léxico-semântica dois argumentos, o que é claro nos nomes deverbais mas também em nomes argumentais como *análise, exame, estima* (*autoanálise, autoestima, autoexame*). Os nomes deverbais que denotam produtos ou objetos materiais (*bebida, comida, repasto*), os nomes de evento simples com um só argumento (*riso, sorriso*), ou nomes não argumentais (*banco, cadeira, mesa*) não são compatíveis com este prefixo.

O prefixo não altera a estrutura argumental do predicado ou do evento, mas a relação semântica entre os participantes, que passa a ser de correferencialidade e de reflexividade.

13

Expressão prefixal de bilateralidade/reciprocidade

Inter- é, por excelência, o prefixo usado para codificar a bilateralidade e a reciprocidade. Combina-se com bases nominais (*interajuda, intercomunicador*), com bases verbais (*interagir, intercomutar*) e com bases adjetivais (*interétnico, interlabial, interoceânico, interuniversitário*).

Este prefixo, circunstanciadamente descrito por Nunes (2011), pode ter um sentido locativo (rota *intermunicípios,* espaço *interdepartamentos,* fronteira *intermunicipal*) e um sentido de bilateralidade/ reciprocidade, em função da natureza [±eventiva] do nome de base (*interajuda*) e/ou da natureza [±eventiva] do nome que funciona como núcleo do SN (cf. colaboração *intermunicipal*). Os exemplos seguintes ilustram o contraste entre as duas leituras do adjetivo portador de *inter-*; em ambos os casos, o adjetivo é modificador de N, sendo que num exemplo este é [-eventivo] e noutro [+eventivo].

(418) átrio *interdepartamental* (valor locativo) [cf. secção 7.4];
(419) torneio *interdepartamental* (valor eventivo, de reciprocidade).

O sentido locativo é ativado quando as bases e/ou os nomes nucleares de SN são [-eventivo], denotando entidades locativas e estáticas, como em *intertítulo, intercidades, interilhas*, átrio *interdepartamental*. É ativado o sentido de reciprocidade quando as bases (*interajuda, intercomunicação departamental*) ou os nomes nucleares de SN (comunicação *interdeparta-mental*) forem [+eventivo], envolvendo dinamicidade e interação interpessoal.

Quando se combina com itens lexicais que codificam o argumento dum verbo, como em certos adjetivos relacionais (dependência/ajuda *interbancá-ria/interministerial*), a leitura locativa está bloqueada, sendo apenas possível a argumental: *dependência/ajuda recíproca entre bancos ou ministérios*.

Quando se combina com um verbo, *inter-* pode não modificar a grelha argumental daquele (*a rodovia transamazônica liga/interliga o estado ocidental de Amapá à fronteira oriental colombiana; x comunica/interco-munica com y*), mas pode alterá-la, bem como o preenchimento semântico dos argumentos envolvidos, que passam a ser dois (*agir* [um argumento] vs. *interagir* [dois argumentos]), ao mesmo tempo que codifica uma relação de reciprocidade e de bidirecionalidade. A agramaticalidade de (421) ilustra a necessidade de o argumento do verbo prefixado com *inter-* ser dual.

(420) O técnico *fixa* o cabo à parede;

(421) *O técnico *interfixa* o cabo à parede;

(422) O técnico *interfixa* o cabo de uma parede a outra/entre uma parede e outra.

Como antes se disse, o recurso a um adjetivo ou a um nome corradical prefixado por *inter-* (cf. *intermunicipal* e *intermunicípios*, respectivamente) não tem as mesmas motivações e consequências semânticas e informativas. Com efeito, a construção de um adjetivo (cf. fórum *intergovernamental*) codifica uma propriedade que se afeta ao nome (fórum) de forma consubs-tancial, de tal modo que a propriedade é vista como estável, permanente e à margem de qualquer restrição espacial ou temporal (este fórum é *intermuni-cipal/intergovernamental*); a atribuição da propriedade a uma realidade passa a ser a esta interna, enquanto vigorar a situação denotada pelo nome. Já a codificação de uma realidade sob a forma de N1N2 (cf. fórum *intergover-nos/intermunicípios*) em que N2 predica uma propriedade a N1, sugere uma situação de alguma acidentalidade, desde logo porque o nome não é aceitável em cotexto predicativo (*?/?este fórum é *intergovernos/intermunicípios*).

PREFIXAÇÃO NA LÍNGUA PORTUGUESA CONTEMPORÂNEA

Em todo o caso, é possível encontrar ocorrências em que *inter*-N e *inter*-adjetivo denominal se encontram ligados por coordenação, o que indicia equivalência funcional entre ambas as construções:

(423) "Revela também as dificuldades de interação e integração **inter-empresas** e **inter-institucional** que também são presentes no modelo japonês" (*par=40003*: http://www.linguateca. pt/CHAVE/, pesquisa em 30 mar. 2014).

Já *entre*- se encontra em clara regressão, não obstante se combinar com bases verbais (*entreabrir, entreajudar-se, entrechocar, entrecruzar-se, entreolhar, entressonhar*), adjetivais (*entrefino* 'entre o fino e o grosso, nem fino nem grosso', *entremaduro*) e nominais (*entrecoro, entrefolha, entreforro, entrelinha, entremeio*). O prefixo *entre*- está presente em palavras mais antigas e de sentido cristalizado, observável em Infopédia [Em linha: http://www. infopedia.pt/pesquisa-global/]. Porto: Porto Editora, 2003-2014. Acesso em: 6 ago. 2014]. (cf. *entrecosto*, 'carne entre as costelas da rês; espinhaço com carne e parte da costela da rês'; *entremeio*, 'tira rendada que liga dois espaços lisos de tecido'; *entretela*, 'pano forte que se mete entre o forro e o tecido exterior'; *entremanhã*, 'o crepúsculo matinal'), tendo perdido disponibilidade.

Com bases verbais, o seu sentido é de reciprocidade (*entreajudar*-se), envolvendo uma relação bidirecional entre membros (oceanos que se *entre-chocam*...; "Criatividade e universidade *entrecruzam-se*?" *Sísifo*. Revista de Ciências da Educação 7, p. 51-62 (disponível em: http://sisifo.fpce.ul.pt, acesso em: 3 set. 2017), ou de incompletude, como em *entreabrir*.

Do par *entre*- e *inter*- (Nunes 2011, p. 158-162), *entre*- tem perdido disponibilidade, acantonando-se dominantemente na esfera do locativo (*entrededo, entrefolha, entremeio*) e do avaliativo (*entreabrir*). Fica assim o caminho aberto a *inter*- para a expressão da reciprocidade interativa (*intercomunicar, interministerial*) e, por certo em menor escala, da locatividade (*interdental*). Tal não significa que não coexistam exemplos de valores de reciprocidade expressa através de *entre*- (*entreajuda, entreolhar*), uma vez que o funcionamento da língua não é o de uma ciência exata[1].

---

1. Um exemplo de derrogação do sentido mais prototípico de *entre*- ocorre em *entre-lugar,* em que o semantismo locativo não se manifesta pela presença de dois marcos balizadores, mas de um só,

Mais representado, nomeadamente no Brasil, está o adjetivo *entremaduro*, que equivale a 'incompletamente maduro', tendo portanto um sentido avaliativo de incompletude, de limiaridade, que situa a propriedade avaliada num grau intermédio abaixo do limiar de referência:

(424) "Os frutos "de vez" ou entremaduros, em início de maturação e de mudança de coloração da casca são mais ácidos" (www.cnpmf.embrapa.br/index.php?)

O quadro seguinte sintetiza as combinatórias possíveis de ambas as formas, mas importa sublinhar a enorme assimetria de representatividade entre os dois operadores, pois apenas *inter-* se mantém produtivo e disponível no presente, funcionando sobretudo na expressão da reciprocidade interativa (*intercomunicar, interministerial*) e, em menor escala, na da locatividade (*interdental*).

Quadro 55. Expressão prefixal de bilateralidade/reciprocidade

Prefixos	Nomes	Adjetivos	Verbos
inter-	*interajuda*	*intercontinental*	*interagir, interligar*
entre-	*entreajuda*	*entremaduro*	*entrecruzar-se*

tomado figurativamente. Silviano Santiago, "O **entre-lugar** do discurso latino-americano [...]", *Uma literatura nos trópicos*, São Paulo: Perspectiva, 1978 (*par=Mais--94a-2*: http://www.linguateca.pt/CHAVE/, pesquisa em 30 mar. 2014).

14

Da marginalidade locativa à limiaridade e proximidade ontológicas

Como antes foi exposto, o sentido originariamente locativo de alguns prefixos sofre ampliações e translações, de tal modo que um prefixo que matricialmente denotava proximidade ou aproximação topológica passa a codificar proximidade ontológica. As oscilações inerentes a este valor fazem com que um prefixo como *para-* possa atuar nas esferas da localização, da avaliação (cf. 8.4.2), e da expressão da semelhança ou da proximidade ontológicas.

Originalmente, *para-* denotava um sentido locativo de marginalidade, ainda presente em palavras de estrutura ou de influência clássica, como *paracárpio, paracéfalo, paradáctilo*. Mas esse sentido de 'à margem de, ao lado de' tem vindo a ser largamente suplantado pelo de 'marginalidade, semelhança, quase identidade ou de proximidade ontológica', traduzível por 'próximo de, parecido com, quase x'. Estes sentidos, de resto já registrados nas línguas clássicas (*paradoxo, paradigma, parasita*), são os únicos produtivos no presente, nomeadamente na linguagem médica, da anatomia, da botânica, mas também na língua comum.

Para- combina-se com nomes (cf. *paracelulose, parafiscalidade, paraglobulina, paramedicina, paramorfina, paraolimpíadas, parapsicologia),* com adjetivos (*paracêntrico, paraescolar, paraempresarial* (estrutura), *paraestatal, parafiscal, parafosfórico, paranormal, paraolímpico, parassocial*), e com adjetivos/nomes, como *paramilitar*$_{(N/A)}$, em "a estrutura paramilitar", "os paramilitares".

Quando associado a bases nominais, o derivado denota algo ontologicamente 'aquém' do que, em plenitude, a base denotaria, funcionando como um codificador de 'proximidade ontológica' (*parafarmácia, paramédico*), e de semelhança, de quase identidade ('quase x': *paranormal, paraolímpico*), de algo que está 'aquém de x' mas muito próximo de x' (cf. *parainfeccioso*), mormente quando associado a bases adjetivais.

Os exemplos seguintes mostram essas variantes semânticas:

(425) *parafarmácia*: 'estabelecimento comercial similar a uma farmácia, mas cuja esfera de atuação está limitada à venda de medicamentos que não necessitem de receita médica');

(426) *paramédico*: 'profissional que exerce a sua profissão no campo da medicina, realizando atividades auxiliares ou complementares das de um médico';

(427) *parainfeccioso*: 'que se relaciona com uma infecção, sem estar diretamente ligado às causas desta', 'que assume característicos de infeccioso, mas não se enquadra ainda num quadro prototípico ou pleno de infecção';

(428) *parassocial*: um acordo parassocial é um contrato celebrado entre sócios de uma sociedade, visando regular relações que decorrem da qualidade de sócio (cf. artigo 17º, nº 1 do Código das Sociedades Comerciais). O acordo parassocial é complementar ao contrato de sociedade (por isso é "parassocial"), não se substituindo ao pacto social.

As bases nominais com as quais *quase-* se combina são de espectro mais amplo que as selecionadas por *para-*, seguramente devido à temporalidade associada a *quase-* (*quase acidente, quase colisão, quase consenso, quase falência, quase morte, quase pânico, quase unanimidade*) e não a *para-*. A aceitabilidade duvidosa (sinalizada através das interrogações) de ?para-acidente, ?paracolisão, ?paraconsenso, ?parafalência, ?paraimobilidade, ?paramorte, ?paraunanimidade, por contraste com a plena legitimidade de *quase acidente, quase colisão, quase consenso, quase falência, quase imobilidade, quase morte, quase unanimidade*, atesta essa menor capacidade combinatória de *para-* em relação a *quase-*. Para a assimetria assinalada, deve contribuir o sentido de intencionalidade, de atuação proativa no sentido de aproximação ontológica, que está implícito em *para-*, e não em *quase-*.

15

Conspecto final

Muito fica ainda por explorar no campo de prefixação. O estudo mais completo deste setor do léxico só fica preenchido com um conhecimento diacrônico da evolução de cada prefixo[1], das mudanças nas suas possibilidades e restrições combinatórias, nos processos de (des)gramaticalização que alguns constituintes com origem preposicional sofreram, rumo a um valor de maior prefixalidade.

Em todo o caso, esta reflexão mostra que os prefixos se organizam e trabalham em rede, numa teia de inter-relações que envolvem localização, hierarquização, taxonomia, avaliação, atitudinalidade que, de forma por vezes complementar, por vezes intersectiva e por vezes sobreposta se mesclam e se enriquecem mutuamente. O desenho a seguir permite visualizar (através das setas bilaterais) que todos os domínios envolvidos se relacionam uns com os outros, sendo as condições específicas determinadas em função das unidades lexicais envolvidas.

---

1. Cf. Lopes (2018), onde se identificam os prefixos mais representativos no período arcaico (*a(d)-*, *des-*, *ex- (es-)*, *in- <en>* e *re-*) e as redes semânticas dos que então operavam no galego-português.

Quadro 56. Relações de interface heterossêmica

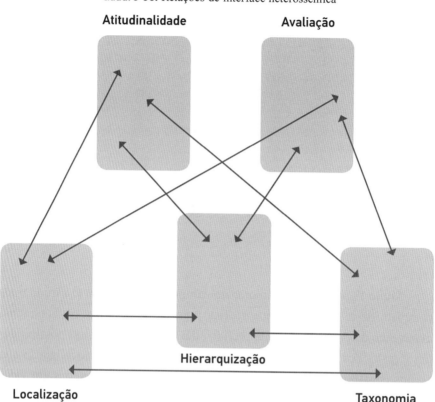

Nas palavras prefixadas, como em muitas outras unidades lexicais compósitas, a semântica do todo raramente é a soma das partes: tanto quanto os sentidos dos prefixos, a semântica das bases condiciona o semantismo do todo, e os próprios produtos adquirem significações cristalizadas que disfarçam o sentido composicional latente, mas por vezes adormecido. Os exemplos seguintes ilustram as cristalizações de sentido que as palavras exibem.

(429) *antebraço*: 'parte do braço situada entre a articulação do cotovelo e o pulso';
(430) *antepassados*: 'antecessores; parentes precedentes';
(431) *concunhado*: 'cunhado de um dos cônjuges ou companheiro (em relação ao outro cônjuge ou companheiro)';
(432) *contramestre*: 'imediato do mestre, substituto do mestre';

PREFIXAÇÃO NA LÍNGUA PORTUGUESA CONTEMPORÂNEA

(433) *contra-almirante*: '(posto de) oficial general da Marinha, superior ao de comodoro e inferior ao de vice-almirante';

(434) *contrassenso*: 'ato ou dito contrário à boa lógica, à razão; disparate';

(435) *conviver*: 'conversar informalmente, manter uma conversa informal', 'divertir-se';

(436) *degelo*: 'derretimento do gelo, descongelação' (nome converso de *degelar*);

(437) *demolhar*: 'pôr de molho; cobrir (um alimento) com água de modo a eliminar o excesso de sal;

(438) *desmultiplicar*: 'dividir um trabalho em múltiplas tarefas para incrementar as possibilidades de alcançar um objetivo; na condução automóvel, denota fazer uma mudança para uma engrenagem de menor velocidade, mas com maior segurança e eficácia';

(439) *entrecortar*: 'cortar ou dividir de forma descontínua; interromper com cortes, interromper de vez em quando';

(440) *entrecosto*: 'espinhaço com carne e parte da costela da rês; carne entre as costelas da rês';

(441) *entremeio*: 'espaço entre dois extremos ou dois pontos genéricos; tira rendada que liga dois espaços lisos de tecido';

(442) *proeminente*: 'que se eleva acima do que o cerca; saliente; notável, superior';

(443) *rebuscar*: 'apurar com o máximo cuidado, requintar', 'empolar, afetar';

(444) *ressentir*: 'sentir o efeito de, melindrar-se';

(445) *retocar*: 'dar retoques em; limar; corrigir; aperfeiçoar', e já não 'tocar novamente';

(446) *reter*: 'deter; impedir; conservar em seu poder; conservar na memória';

(447) *retomar*: 'tomar de novo; recuperar, reaver; assumir novamente, dar continuidade a (algo interrompido); continuar';

(448) *sobretarde*: 'os últimos momentos da tarde, o princípo da noite';

(449) *sobremesa* ou *pospasto*: 'parte final da refeição geralmente constituída por fruta e/ou doces';

(450) *sobressalto*: 'perturbação repentina, susto; estremecimento involuntário; aumento brusco, em geral de fraca duração (da ordem do segundo) de intensidade de emissão solar no domínio das frequências radioelétricas';

(451) *submarino*: 'navio de guerra próprio para navegar debaixo de água'; com este valor não equivale a *subaquático*, 'que está ou anda debaixo das águas do mar';

(452) *ultradireita*: 'extrema-direita';

(453) *ultravioleta*: 'radiação de ondas eletromagnéticas não perceptíveis pelo olho humano e que se situa entre as radiações luminosas de cor violeta e os raios x'.

A cristalização dos sentidos pode fazer-se sentir a vários níveis, traduzindo-se também numa lexicalização do semantismo dos derivados em causa: há um congelamento semântico do prefixo e/ou da base e/ou do produto, que pode até desembocar numa total opacidade do valor do todo face ao das partes.

Em todo o caso, do ponto de vista genético, trata-se de palavras derivadas que, na sua fase inicial de construção[2], terão exibido sentidos composicionais (cf. Rodrigues; Rio-Torto, 2013), ou cujos sentidos composicionais podem ser recuperados, quando o falante é ensinado a possuir uma consciência (meta)linguística que lhe permite a realização de tal tarefa. Ou seja, a idiomaticidade de sentido que tais produtos agora revelam não anula a sua natureza compósita, do ponto de vista quer morfológico, quer semântico (cf. Rodrigues, 2013; Rio-Torto, 2016; Rio-Torto, 2014a). Por isso, tanto quanto reconhecer o seu grau de idiomaticidade e de lexicalização semântica, importa adquirir competências para descortinar o seu sentido matricial e subliminar. Desse processo ninguém sai prejudicado. De resto, se envolvido numa aprendizagem da língua como língua estrangeira ou como língua segunda, não há como evitar o confronto com a idiomaticidade que tem de ser explicitamente apreendida, mas o confronto com a composicionalidade que lhe está subjacente facilita em muito a memorização da singularidade que cada sentido lexicalizado constitui.

O quadro seguinte apresenta um conspecto geral dos prefixos distribuídos por classes semânticas.

---

2. Do ponto de vista estrutural, algumas das palavras portadoras de prefixos (cf. *compressão*) são sentidas, na presente sincronia, como complexas não derivadas ou até como palavras simples (quando o falante não tem consciência da presença de um prefixo e muito menos da matricial composicionalidade semântica entretanto perdida, como em [o] *sobretudo* 'casaco comprido').

PREFIXAÇÃO NA LÍNGUA PORTUGUESA CONTEMPORÂNEA 205

Quadro 57. Conspecto geral da distribuição dos prefixos por classes semânticas

1. Negação: *a(n)-, anti-, contra-, des-, in-, não*		**3. Iteratividade:** *re-*
2. Atitudinalidade: *anti-, contra-, pró-*		**4. Conjunção:** *co-*
5. Movimento		• Adlatividade/'em direção a' (*a(d)-*), ilatividade/'para dentro de' (*en-, endo-, intro-*) • Elatividade/'procedência, afastamento', 'para fora de': *de-, des-, es-, ex-, exo-* • Movimento descendente (*cata-, de-*) e ascendente (*so(b), sub-*) • Movimento retroativo/'para trás' (*retro-*) e movimento 'para diante, tendente a' (*pró-*) • Movimento 'através de' (*dia-, per-, trans-*) • Movimento 'para além de' (*trans-*)
6. Localização espácio-temporal	Localização espacial	• Verticalidade: 'acima de' (*epi-, sobre-, supra-*) *vs.* 'abaixo de' (*infra-, soto-/a-, sub-*) • Horizontalidade: frontalidade/anterioridade ('face a/em frente a': *ante-, pré-*) *vs.* posterioridade espacial ('atrás de/por trás de': *pós-*) • Interioridade/'dentro de' (*en-, endo-, intra-*) *vs.* exterioridade/'fora de' (*ex-, extra-*) • Limiaridade: cislimiaridade/'aquém de' (*cis-, infra-*) *vs.* translimiaridade/'além de' (*meta-, trans-, ultra-*) • Medialidade: 'no meio de, entre': (*entre-, inter-, meso-*) • Marginalidade: 'à margem de' (*para-*) • Adjacência, lateralidade: 'adjunto a', 'ao lado de' (*justa-*) • Circundância: 'circundante a, à volta de' (*circum-, peri-, anfi-*) • Transversalidade: 'através de' (*dia-, per-*)
	Localização temporal: *ante-, ex-, pré-, pós-, recém-*	
7. Ordenação escalar, hierarquia, avaliação		Patamar excessivo, excepcional, 'além de' *extra-, hiper-, ultra-* Patamar supremo: *super-, sobre-* Patamar de 'limiaridade', de medianidade, de 'proximidade' (mais ou menos próximo) de: *hemi-, mei-, para-, semi-* Patamar inferior/'abaixo/aquém de': *hipo-, infra-, sub-*
8. Dimensão: *macro-, maxi-, mega-, micro-, mini-*		
9. Quantificação	Quantidade precisa	• Cardinais: *ambi-, bi-, hexa-, mono-, octo-, penta-, tetra-, tri-, uni-* • Multiplicadores: *deca-, giga-, hecto-, mega-, quilo-* • Submúltiplos/divisores: *centi-, deci-, hemi-, micro-, mili-, nano-, semi-* • Totalizadores: *omni-, pan-*
	Quantidade imprecisa	*multi-, poli-, pluri-*
10. Identidade: (dis)semelhança, falsidade: *dis-, equi-, hetero-, homo-, iso-, pseudo-*		
11. Reflexividade: *auto-*		**12. Bilateralidade, reciprocidade:** *inter-, entre-*

16

Exercícios:
propostas e resolução

Os exercícios que aqui se propõe destinam-se a um público que tenha lido e assimilado os tópicos contidos neste livro. Estou concretamente a pensar em professores e em alunos dos ensinos superior e pré-superior, ou em conhecedores da língua portuguesa, como são muitos dos falantes mais idosos que, fruto do contexto em que viveram, não tiveram acesso a graus de instrução muito elevados, mas que têm da língua portuguesa uma consciência aguda e um desempenho por vezes irrepreensível. Para os demais níveis de ensino, nomeadamente para os níveis mais avançados do básico, os exercícios terão de ser adaptados ao público a que se destinam.

Não se incluem exercícios demasiado simples ou de matérias absolutamente acessíveis, para não sobrecarregar o volume.

16.1 Propostas de exercícios

Ex. 1. O sentido de 'ausência de' pode ser materializado em palavras portadoras dos prefixos *a(n)-*, *des-* e *in-*. Preencha os espaços do quadro seguinte com os prefixos adequados à expressão desse sentido.

Base	Prefixo *a(n)-*	Prefixo *des-*	Prefixo *in-*
amor			
atenção			
conhecimento			
confiança			
conforto			
eficácia			
equilíbrio			
gramaticalidade			
justiça			
norte			
propósito			
pudor			
segurança			
simetria			
sintonia			
tranquilidade			
ventura			

Ex. 2. O sentido de 'ausência de' pode ser materializado pela adjunção dos prefixos *a(n)-*, *des-* e *in-*. Preencha os espaços do quadro seguinte associando as bases da coluna da esquerda aos prefixos *a(n)-, des-* e *in-* com as quais elas se podem combinar, de modo a construir adjetivos gramaticais.

Base	Prefixo *a(n)-*	Prefixo *des-*	Prefixo *in-*
hábil			
contente			
eficaz			
feliz			
formal			
igual			
justo			
leal			
moral			
normal			
parcial			
perfeito			
seguro			
típico			
válido			

Ex. 3. Em português existem alguns pares de verbos corradicais (isto é, construídos com base no mesmo radical) que, em função do prefixo usado, têm sentidos diferentes. Observe os pares dos exemplos seguintes e explique em que consiste essa diferença semântica.

(i) *desativar* e *inativar*

(ii) *desexistir* (Mia Couto, *Cada homem é uma raça*. Lisboa: Caminho, 1998, p. 115) e *inexistir*.

Ex. 4. Os verbos prefixados em *des-* podem ter um valor reversativo, de anulação/cessação da ação denotada pela base, um sentido extrativo, de extração do denotado pelo nome contido na base e um sentido de negação. Preencha os espaços do quadro seguinte com os verbos adequados à expressão de cada um desses sentidos.

Sentido / Verbo	Reversativo	Extrativo	Negativo
desacelerar			
desatar			
desclassificar			
desconhecer			
desconseguir			
desconvocar			
descoser			
desdentar			
desfazer			
desflorestar			
desmatar			
desmontar			
desnatar			
desorganizar			
desossar			
desregular			
destapar			
destronar			

Ex. 5. Uma palavra como *desjuízo*, presente em texto de Mia Couto (*Cada homem é uma raça*. Lisboa: Caminho, 1998, p. 118), é gramaticalmente aceitável? Pode mencionar alguns outros nomes congêneres (do mesmo gênero), estruturalmente semelhantes, que suportem a sua posição?

Ex. 6. Preencha os espaços do quadro seguinte, explicitando os nomes e adjetivos cujos radicais estão na base dos verbos da coluna da esquerda.

Classe da base / Verbo	Prefixo a(d)-	
	Nome	Adjetivo
abotoar		
acalorar		
acautelar		
acardumar		
aclarar		
adensar		
agravar		
alisar		
alunar		
alongar		
amadurar		
apunhalar		
atapetar		
aterrar		
aveludar		
avermelhar		

Ex. 7. Preencha os espaços do quadro seguinte, explicitando os nomes e adjetivos cujos radicais estão na base dos verbos da coluna da esquerda.

Classe da base	Prefixo en- (<in)	
Verbo	Nome	Adjetivo
encabeçar		
encabar		
encaixar		
encerar		
enfardar		
enfartar		
enfracar		
engarrafar		
engordar		
enlatar		
enlutar		
enrolar		
entubar		

Ex. 8. Preencha os espaços do quadro seguinte, explicitando os nomes e adjetivos cujos radicais estão na base dos verbos da coluna da esquerda.

Classe da base / Verbo	Prefixo es- (<ex)	
	Nome	Adjetivo
esboroar		
esburarcar		
esfarelar		
esfarrapar		
esfriar		
esladroar		
espipar		
esquentar		
esvaziar		
esventrar		

Ex. 9. A expressão de 'extração' ou de 'elatividade' é codificada por *des-*, *de-*, *es-* e *ex-*. Preencha os espaços com os verbos portadores destes prefixos que são compatíveis com as bases que figuram na coluna da esquerda.

Base — radical de:	des-	de-	es-	ex-
camisa				
cárcere				
carril				
farrapo				
frio				
ladrão				
pátria				
pipa				
pena				
purga				
quente				
ventre				
via				

PREFIXAÇÃO NA LÍNGUA PORTUGUESA CONTEMPORÂNEA

Ex. 10. Em português coexistem os prefixos *in-* negativo, *in-* ilativo, e uma forma <in> que ocorre no início de algumas palavras, mas que não é um prefixo do português.

Preencha os espaços das colunas da direita, em função do valor do prefixo que julga adequado ao sentido do derivado que figura na coluna da esquerda.

Base — radical de:	*In-* negativo	*In-* ilativo	*In* não prefixo do português
iletrado			
imaterial			
imaturo			
imigrar			
imoral			
impedir			
ímpio			
importar			
inconstante			
incorporar			
incorrer			
incubar			
indeferir			
inflamar			
influir			
inútil			
insalubre			
insuspeitar			
intoxicar			
inventar			
ínvio			
irresponsável			

Ex. 11. Preencha os espaços do quadro seguinte associando as bases da coluna da esquerda aos prefixos *des-* e *in-* com as quais elas se podem combinar, de modo a construir unidades lexicais gramaticais.

	Des-	In-
aconselhável		
agradável		
confortável		
comportável		
consciência		
consciente		
contente		
descartável		
desmentível		
habitável		
habitual		
tolerante		
viável		

Ex. 12. Assinale os verbos cujo sentido é composicionalmente previsível, denotando o verbo repetição, iteração, e aqueles cujo semantismo já se encontra fixado e cristalizado, sendo potencialmente opacos para alguns falantes de português.

	Sentido composicional: 'voltar a V', 'V de novo'	Sentido não composicional
rebuscar		
reconstruir		
recorrer		
reorganizar		
ressentir		
reter		
retocar		
retomar		
revalidar		

Ex. 13. Preencha os espaços em branco com os prefixos de sentido adequado ao contexto.

(i) Estas lentes servem para proteger dos reflexos excessivos da luz: são lentes _____ -reflexo.

(ii) A página que precede o frontispício de um livro e que, geralmente, só contém o título chama-se o _____ rosto.

(iii) O muro construído paralelamente a outro, em contraposição a este para reforçá-lo, é o _____ muro.

(iv) Este movimento manifesta-se como contrário à requisição civil. É um movimento _____ -requisição civil.

(v) O primeiro-ministro deu uma ordem aos militares, mas o chefe maior do Exército deu uma ordem contrária: a _____ ordem ia gerando uma guerra nas chefias.

(vi) O fluxo de ar ou de alimentos é controlado por uma cartilagem que funciona como uma espécie de válvula da laringe, e que se situa por cima da glote: chama-se _____ glote.

(vii) Os _____ sons são ondas sonoras graves, com frequências abaixo dos 20 Hz, ou seja, abaixo da faixa audível do ouvido humano, que é de 20 Hz a 20.000 Hz.

(viii) O trânsito que se registra dentro da muralha da cidade é o _____ citadino, e fora das cidades é o _____ citadino.

(ix) Os torneios entre universidades são _____ universitários.

(x) Por contraste com a internet, a rede interna dentro de um instituição denomina-se _____ net.

(xi) Os passeios antes das refeições são _____ prandiais. Mas eu prefiro os que fazemos depois das refeições, ou seja, os _____ prandiais.

PREFIXAÇÃO NA LÍNGUA PORTUGUESA CONTEMPORÂNEA 219

Ex. 14. Faça corresponder os prefixos da coluna da esquerda aos que devem figurar nos espaços em branco das colunas da direita, de maneira a que estes sejam adequadamente preenchidos.

1. Endo- 2. Epi- 3. Exo- 4. Meso-	a) _____carpo ou b) _____carpo: parte externa ou epiderme dos frutos das angiospérmicas, a porção mais superficial do pericarpo.
	c) _____carpo: região do fruto das angiospermas que fica entre o epicarpo e o endocarpo e que nas bagas é geralmente carnudo.
	d) _____carpo: do fruto das angiospermas que protege a semente e é muitas vezes lenhoso, como nas nozes e nos pêssegos.

Ex. 15. Preencha os espaços em branco com os prefixos de sentido adequado ao contexto.

(i) Os acordos judiciais celebrados antes das núpcias são os acordos _____ nupciais ou _____-nupciais.

(ii) José, enganaste-te no prefixo que usaste antes de *ceder*! _____ ceder e _____ ceder significam o mesmo, e não era isso que querias dizer!

Ex. 16. Qual o prefixo correto em:

(i) "O mar perfura as rochas até as desfazer" ou

(ii) "O mar pré-fura as rochas até as desfazer" ?

Ex. 17. Faça corresponder os prefixos da coluna da esquerda aos que devem figurar nos espaços em branco das colunas da direita, de modo que estes sejam adequadamente preenchidos.

1. ante 2. justa 3. pos- 4. sobre- 5. soto-	a) pôr em/por cima de: _____por
	b) pôr ao lado de: _____por
	c) pôr por baixo de: _____por
	d) pôr antes de: _____por
	e) pôr depois de: _____por

Ex. 18. Faça corresponder os prefixos da coluna da esquerda aos que devem figurar nos espaços em branco das células da direita, de maneira a que estes sejam adequadamente preenchidos.

1. cis- 2. infra- 3. para- 4. meta- 5. trans- 6. ultra-	a) material mais pequeno/por debaixo da célula: _____celular
	b) aquém do douro: _____duriense
	c) os profissionais de saúde (enfermeiros, fisioterapeutas) que auxiliam os médicos, mas que não pertencem ao corpo médico são os _____médicos.
	d) movimento de extrema-direita ou de _____direita
	e) vasar para além de: _____vasar
	f) linguagem e conjunto de conceitos criados para satisfazer a reflexão sobre a linguagem: _____linguagem

16.2 Propostas de soluções

Ex. 1. O sentido de 'ausência de' pode ser materializado em palavars portadoras dos prefixos *a(n)-*, *des-* e *in-*. Preencha os espaços do quadro seguinte com os prefixos adequados à expressão desse sentido.

Base	Prefixo *a(n)-*	Prefixo *des-*	Prefixo *in-*
amor		desamor	
atenção		desatenção	
conhecimento		desconhecimento	
confiança		desconfiança	
conforto		desconforto	
eficácia			ineficácia
equilíbrio		desequilíbrio	
gramaticalidade	agramaticalidade		
justiça			injustiça
norte		desnorte	
propósito		despropósito	
pudor		despudor	
segurança			insegurança
simetria	assimetria		
sintonia	assintonia		
tranquilidade			intranquilidade
ventura		desventura	

Ex. 2. O sentido de 'ausência de' pode ser materializado pela adjunção dos prefixos *a(n)-*, *des-* e *in-*. Preencha os espaços do quadro seguinte associando as bases da coluna da esquerda aos prefixos *a(n)-*, *des-* e *in-* com as quais elas se podem combinar, de modo a construir adjetivos gramaticais.

Base	Prefixo *a(n)-*	Prefixo *des-*	Prefixo *in-*
hábil			inábil
contente		descontente	
eficaz			ineficaz
feliz			infeliz
formal			informal
igual		desigual	
justo			injusto
leal		desleal	
moral	amoral		
normal	anormal		
parcial			imparcial
perfeito			imperfeito
seguro			inseguro
típico	atípico		
válido			inválido

Ex. 3. Em português existem alguns pares de verbos corradicais (isto é, construídos com base no mesmo radical) que, em função do prefixo usado, têm sentidos diferentes. Observe os pares dos exemplos seguintes e explique em que consiste essa diferença semântica.

(i)   *desativar* e *inativar*

(ii) *desexistir* (Mia Couto, *Cada homem é uma raça.* Lisboa: Caminho, 1998, p. 115) e *inexistir.*

O verbo *desativar* significa 'reverter a ação de ativar, anulando-a', como em *'desativar uma mina',* pressupondo portanto uma prévia ação de ativação da mina.

O verbo *inativar* significa 'não ativar', não pressupondo a ativação prévia de algo. Uma chamada de atenção para o facto de o verbo *inativar* poder também significar 'tornar inativo', mas neste caso o processo de construção do verbo não é o de prefixação, mas o de conversão.

O verbo *desexistir* significa 'reverter a ação de existir, deixar de existir'. O verbo *inexistir* significa 'não existir', não pressupondo portanto a situação prévia de 'existir'.

Ex. 4. Os verbos prefixados em *des-* podem ter um valor reversativo, de anulação/cessação da ação denotada pela base, um sentido extrativo, de extração do denotado pelo nome contido na base e um sentido de negação. Preencha os espaços do quadro seguinte com os verbos adequados à expressão de cada um desses sentidos.

Verbo / Sentido	Reversativo	Extrativo	Negativo
desacelerar	desacelerar		
desatar	desatar		
desclassificar	desclassificar		
desconhecer			desconhecer
desconseguir			desconseguir
desconvocar	desconvocar		
descoser	descoser		
desdentar		desdentar	
desfazer	desfazer		
desflorestar		desflorestar	
desmatar		desmatar	
desmontar	desmontar		
desnatar		desnatar	
desorganizar	desorganizar		
desossar		desossar	
desregular	desregular		
destapar		destapar	
destronar		destronar	

Ex. 5. Uma palavra como *desjuízo*, presente em texto de Mia Couto (*Cada homem é uma raça*. Lisboa: Caminho, 1998, p. 118), é gramaticalmente aceitável? Pode mencionar alguns outros nomes congêneres (do mesmo gênero), estruturalmente semelhantes, que suportem a sua posição?

O nome *desjuízo* é gramaticalmente aceitável, pois o prefixo *des-* está presente em outros nomes de propriedade e/ou estado (*desconforto, desequilíbrio, desinteligência, desventura, desvirtude*), de sentimento (*desamizade, desamor, despudor, desvergonha*), atitude (*descaso, despropósito*).

Ex. 6. Preencha os espaços do quadro seguinte, explicitando os nomes e adjetivos cujos radicais estão na base dos verbos da coluna da esquerda.

Nos casos asteriscados, a base do verbo é uma variante alomórfica: *boto*,- de *botão*, e *lun*-, a forma etimológica de *lua* (LUNA).

Classe da base	Prefixo *a(d)*-	
	Nome	Adjetivo
abotoar	botão [boto]*	
acalorar	calor	
acautelar	cautela	
acardumar	cardume	
aclarar		claro
adensar		denso
agravar		grave
alisar		liso
alunar	lua [lun]*	
alongar		longo
amadurar		maduro
apunhalar	punhal	
atapetar	tapete	
aterrar	terra	
aveludar	veludo	
avermelhar		vermelho

Ex. 7. Preencha os espaços do quadro seguinte, explicitando os nomes e adjetivos cujos radicais estão na base dos verbos da coluna da esquerda.

Classe da base	Prefixo *en-* (<in)	
	Nome	Adjetivo
encabeçar	cabeça	
encabar	cabo	
encaixar	caixa	
encerar	cera	
enfardar	fardo	
enfartar		farto
enfracar		fraco
engarrafar	garrafa	
engordar		gordo
enlatar	lata	
enlutar	luto	
enrolar	rolo	
entubar	tubo	

Ex. 8. Preencha os espaços do quadro seguinte, explicitando os nomes e adjetivos cujos radicais estão na base dos verbos da coluna da esquerda.

Classe da base	Prefixo *es-* (<ex)	
	Nome	Adjetivo
esboroar	boroa	
esburarcar	buraco	
esfarelar	farelo	
esfarrapar	farrapo	
esfriar		frio
esladroar	ladrão [ladro]	
espipar	pipa	
esquentar		quente
esvaziar		vazio
esventrar	ventre	

Ex. 9. A expressão de 'extração' ou de 'elatividade' é codificada por *des-*, *de-*, *es-* e *ex-*. Preencha os espaços com os verbos portadores destes prefixos que são compatíveis com as bases que figuram na coluna da esquerda.

Base — radical de:	des-	de-	es-	ex-
camisa	descamisar			
cárcere				excarcerar
carril	descarrilar			
farrapo			esfarrapar	
frio			esfriar	
ladrão			esladroar	
pátria				expatriar
pipa			espipar	
pena		depenar		
purga				expurgar
quente			esquentar	
ventre			esventrar	
via	desviar			

Ex. 10. Em português coexistem os prefixos *in-* negativo, *in-* ilativo, e uma forma <in> que ocorre no início de algumas palavras, mas que não é um prefixo do português.

Preencha os espaços das colunas da direita, em função do valor do prefixo que julga adequado ao sentido do derivado que figura na coluna da esquerda.

Base — radical de:	*In-* negativo	*In-* ilativo	*In* não prefixo do português
iletrado	iletrado		
imaterial	imaterial		
imaturo	imaturo		
imigrar		imigrar	
imoral	imoral		
impedir			impedir
ímpio	ímpio		
importar		importar	
inconstante	inconstante		
incorporar		incorporar	
incorrer			incorrer
incubar		incubar	
indeferir	indeferir		
inflamar			inflamar
influir			influir
inútil	inútil		
insalubre	insalubre		
insuspeitar	insuspeitar		
intoxicar		intoxicar	
inventar			inventar
ínvio			ínvio
irresponsável	irresponsável		

Em *impedir, incorrer, inflamar, ínvio, influir, inventar*, o segmento <in> não funciona como prefixo do português. Além de as palavras terem origem no latim (cf. *ínvio, inflamar*, latinismos claros), os verbos não significam 'não V': *impedir*, *'não pedir'; *incorrer*, *'não correr'; *influir*, *'não fluir'; *inventar*, *'não ventar'. Trata-se de palavras não formadas na língua portuguesa, mas na latina. A consulta de um bom dicionário etimológico (cf. Antônio Geraldo da Cunha, *Dicionário etimológico da língua portuguesa*. Rio de Janeiro: Lexikon Editora Digital, 2007 — 3. edição, 2. impressão) confirma estes dados.

Já o verbo *imigrar* é interpretável como construído em conformidade com os padrões da língua portuguesa, por contraste com *emigrar*. Neste caso, o prefixo é ilativo, denotando o verbo 'migrar para dentro de'.

Ex. 11. Preencha os espaços do quadro seguinte associando as bases da coluna da esquerda aos prefixos *des-* e *in-* com as quais elas se podem combinar, de modo a construir unidades lexicais gramaticais.

Em consonância com o exposto no cap. 1 (1.9.2,) e no cap. 2, para *des-* reversativo (*desfeito*), *des-* negativo (*desleal*) e *in-* negativo (*imortal, inacabar*), os resultados são os que figuram no quadro seguinte.

	Des-	*In-*
aconselhável	desaconselhável	
agradável	desagradável	
confortável	desconfortável	
comportável		incomportável
consciência		inconsciência
consciente		inconsciente
contente	descontente	
descartável		indescartável
desmentível		indesmentível
habitável		inabitável
habitual		inabitual
tolerante		intolerante
viável		inviável

Ex. 12. Assinale os verbos cujo sentido é composicionalmente previsível, denotando o verbo repetição, iteração e aqueles cujo semantismo já se encontra fixado e cristalizado, sendo potencialmente opacos para alguns falantes de português.

Apenas *reconstruir*, *reorganizar* e *ravalidar* são totalmente transparentes, do ponto de vista semântico, denotando 'voltar a V', 'V de novo'. Os demais têm semantismos mais opacos.

O verbo *retomar* ocupa um lugar dúplice, porque não significa * 'tomar de novo', no sentido de 'beber' que *tomar* pode ter, em *tomar um copo*, mas denota 'recuperar, reaver; assumir novamente, dar continuidade a (algo interrompido); continuar'. Ora, *reaver* equivale a 'ter, tomar de novo' e, nesta acepção, o verbo *retomar* é mais transparente que nas demais.

	Sentido composicional: 'voltar a V', 'V de novo'	Sentido não composicional
rebuscar		*buscar duas vezes, *buscar ou procurar novamente, mas 'apurar com o máximo cuidado, requintar', 'empolar, afetar'.
reconstruir	reconstruir	
recorrer		*correr duas vezes, de novo
reorganizar	reorganizar	
ressentir		*sentir de novo, mas 'sentir o efeito de, melindrar-se'
reter		*ter de novo, mas 'deter; impedir; conservar em seu poder; conservar na memória'
retocar		*tocar de novo, mas 'dar retoques em; limar; corrigir; aperfeiçoar',
retomar	*tomar de novo, mas 'recuperar, reaver; assumir novamente, dar continuidade a (algo interrompido); continuar'	
revalidar	revalidar	

Ex. 13. Preencha os espaços em branco com os prefixos de sentido adequado ao contexto.

(i) Estas lentes servem para proteger dos reflexos excessivos da luz: são lentes **antirreflexo**.

(ii) A página que precede o frontispício de um livro e que, geralmente, só contém o título chama-se o **anterrosto**.

(iii) O muro construído paralelamente a outro, em contraposição a este para reforçá-lo, é o **contramuro**.

(iv) Este movimento manifesta-se como contrário à requisição civil. É um movimento **antirrequisição** civil.

(v) O primeiro-ministro deu uma ordem aos militares, mas o chefe maior do Exército deu uma ordem contrária: a **contraordem** ia gerando uma guerra nas chefias.

(vi) O fluxo de ar ou de alimentos é controlado por uma cartilagem que funciona como uma espécie de válvula da laringe, e que se situa por cima da glote: chama-se **epiglote**.

(vii) Os **infrassons** são ondas sonoras graves, com frequências abaixo dos 20 Hz, ou seja, abaixo da faixa audível do ouvido humano, que é de 20 Hz a 20.000 Hz.

(viii) O trânsito que se registra dentro da muralha da cidade é o **intracitadino**, e fora das cidades é o **extracitadino**.

(ix) Os torneios entre universidades são **interuniversitários**.

(x) Por contraste com a internet, a rede interna dentro de um instituição denomina-se **intranet**.

(xi) Os passeios antes das refeições são **pré-prandiais**. Mas eu prefiro os que fazemos depois das refeições, ou seja, os **pós-prandiais**.

PREFIXAÇÃO NA LÍNGUA PORTUGUESA CONTEMPORÂNEA 235

Ex. 14. Faça corresponder os prefixos da coluna da esquerda aos que devem figurar nos espaços em branco das colunas da direita, de maneira que estes sejam adequadamente preenchidos.

Solução: a) 2; b) 3; c) 4; d) 1.

1. Endo- 2. Epi- 3. Exo- 4. Meso-	a) **epicarpo** ou b) **exocarpo**: parte externa ou epiderme dos frutos das angiospermas, a porção mais superficial do pericarpo.
	c) **mesocarpo**: região do fruto das angiospermas que fica entre o epicarpo e o endocarpo e que nas bagas é geralmente carnudo.
	d) **endocarpo**: do fruto das angiospermas que protege a semente e é muitas vezes lenhoso, como nas nozes e nos pêssegos.

Ex. 15. Preencha os espaços em branco com os prefixos de sentido adequado ao contexto.

(i) Os acordos judiciais celebrados antes das núpcias são os acordos **antenupciais** ou **pré-nupciais**.

(ii) José, enganaste-te no prefixo que usaste antes de *ceder*! **anteceder** e **preceder** significam o mesmo, e não era isso que querias dizer!

Ex. 16. Qual o prefixo correto em:

(i) "O mar perfura as rochas até as desfazer" ou

(ii) "O mar pré-fura as rochas até as desfazer" ?

A operação de *pré-furar* é uma operação de preparação de uma furação, prévia a esta, portanto. *Perfurar* significa furar 'através de,' e é esta ação que o mar exerce sobre as rochas, desgastando-as. A resposta correta é a (i), pois o mar não é um instrumento (do tipo de um berbequim ou de uma perfuradora) que o ser humano manipule quando mais lhe convém.

Ex. 17. Faça corresponder os prefixos da coluna da esquerda aos que devem figurar nos espaços em branco das colunas da direita, de modo que estes sejam adequadamente preenchidos.

Solução: a) 4; b) 2; c) 5; d) 1; e) 3.

1. ante- 2. justa 3. pos- 4. sobre- 5. soto-	a) pôr em/por cima de: **sobrepor**
	b) pôr ao lado de: **justapor**
	c) pôr por baixo de: **sotopor**
	d) pôr antes de: **antepor**
	e) pôr depois de: **pospor**

Ex. 18. Faça corresponder os prefixos da coluna da esquerda aos que devem figurar nos espaços em branco das colunas da direita, de maneira que estes sejam adequadamente preenchidos.

Solução: a) 2; b) 1; c) 3; d) 6; e) 5; f) 4.

1. cis- 2. infra- 3. para- 4. meta- 5. trans- 6. ultra-	a) material mais pequeno/ por debaixo da célula: **infracelular**
	b) aquém do douro: **cisduriense**
	c) os profissionais da área da saúde que auxiliam os serviços médicos, mas que não pertencem ao corpo médico são os **paramédicos**
	d) movimento de extrema-direita ou de **ultradireita**
	e) vasar para além de: **transvasar**
	f) linguagem e conjunto de conceitos criados para satisfazer a reflexão sobre a linguagem: **metalinguagem**

Referências

ALVES, Ieda. Formações prefixais no português falado. In: CASTILHO, Ataliba de (org.). *Gramática do português falado 3*. Campinas: Editora da Unicamp/Fapesp, 1993. p. 383-988.

_____. *Um estudo sobre a neologia lexical:* os microssistemas prefixais do português contemporâneo. 365f. Tese (Livre-Docência em Lexicologia e Terminologia) — Faculdade de Filosofia, Letras e Ciências Humanas, Universidade de São Paulo, São Paulo, 2000.

_____ (org.) *Neologia e neologismos em diferentes perspectivas*. São Paulo: Paulistana Editora/CNPq, 2010.

AMIOT, Dany. Préfixes ou prépositions? Le cas de sur(-), sans(-), contre(-) et les autres. *Lexique* 16, p. 67-83, 2004.

ANDERSON, Stephen. *A-morphous morphology*. Cambridge: Cambridge University Press, 1992.

ANTUNES, Mafalda; CORREIA, Margarita; ANTUNES, Vanessa. Neologismos científicos e técnicos na imprensa generalista. *Entrelinhas* [Universidade do Vale do Rio dos Sinos], v. 6, n. 1, p. 4-21, 2012.

ARONOFF, Mark. *Word formation in generative grammar*. Massachusetts: The MIT Press, 1976.

_____. *Morphology by itself*. London/Massachusetts: The MIT Press, 1994.

_____; FUDEMAN, Kirsten. *What is morphology?* Oxford: Blackwell, 2005.

BARBOSA, Ana I. Vieira. *Derivação nominal em português. Denominações em -ismo*. Dissertação (Doutoramento em Linguística Portuguesa) — Universidade de Coimbra. Orientação de Graça Rio-Torto, 2012.

BARBOSA, Jerônimo Soares. *Grammatica philosophica da lingua portugueza ou principios de grammatica geral aplicados à nossa linguagem*. Lisboa: Academia Real das Sciencias, 1822.

BASÍLIO, Margarida. *Formação e classes de palavras no português do Brasil*. São Paulo: Contexto, 2004.

BAUER, Laurie. *Morphological productivity*. Cambridge: Cambridge University Press, 2006.

BECHARA, Evanildo. *Moderna gramática portuguesa*. 37. ed. rev. e ampliada. Rio de Janeiro: Lucerna, 2004.

BISETTO, Antonietta; SCALISE, Sergio. Compounding: morphology and/or syntax?. In: MEREU, L. (ed.). *Boundaries of morphology and syntax*. Amsterdam, Philadelphia: J. Benjamins, 1999. p. 31-48.

_____; _____. The classification of compounds, *Lingue e Linguaggio*, v. IV, n. 2, p. 319-332, 2005.

BLUTEAU, Raphael. *Vocabulario portuguez e latino*. Coimbra: Collegio das Artes da Companhia de Jesus, 8 v. e 2 suplementos, 1712-1728.

BOSQUE, Ignacio. Sobre las diferencias entre los adjetivos relacionales y los calificativos. *Revista Argentina de Humanidades*, v. 9, n. 1-2, p. 10-48, 1993.

BRITO, Ana Maria. Categorias sintáticas. In: MATEUS, Maria Helena Mira et al. *Gramática da língua portuguesa*. Lisboa: Caminho, 2003. p. 323-432.

CARDOSO, Elis A. Os prefixos negativos: criação e expressividade na poesia de Drummond. *Filologia e Lingüística Portuguesa*, n. 8, p. 11-22, 2006.

CARLSON, Gregory N. *Reference to kinds in English*. New York: Garland, 1977.

CARVALHO, J. G. Herculano de. *Teoria da linguagem*. *Natureza do fenómeno linguístico e análise das línguas*. 4. reimp., v. II. Coimbra: Coimbra Editora, 1984.

CASTELEIRO, J. Malaca. *Sintaxe transformacional do adjetivo* regência das construções completivas. Lisboa: Instituto Nacional de Investigação Científica, 1981.

_____. *Dicionário da língua portuguesa contemporânea*. Lisboa: Academia das Ciências de Lisboa/Editorial Verbo, 2001.

CASTILHO, Ataliba T. de. O problema da gramaticalização das preposições no projeto "Para a história do português brasileiro". *Estudos Lingüísticos* XXXIII, p. 982-988, 2004.

_____. *Gramática do português brasileiro*. São Paulo: Contexto, 2010.

CORBIN, Danielle. *Morphologie dérivationnelle et structuration du lexique*. Tübingen: Max Niemeyer Verlag, 1987.

PREFIXAÇÃO NA LÍNGUA PORTUGUESA CONTEMPORÂNEA

CORREIA, Margarita. *A formação de adjetivos em anti- em português*. Dissertação (Mestrado em Linguística Portuguesa) — Faculdade de Letras de Lisboa, 1992.

_____. O comportamento prefixal de *não*. Lorenzo, R. (ed.). *Actas do XIX Congreso Internacional de Lingüística e Filoloxía Románicas*, v. 2. A Coruña: Fundación Pedro Barrié de la Maza, p. 347-356, [1988]1992.

_____. *Denominação e construção de palavras*. Lisboa: Colibri, 2004.

CUNHA, Antônio Geraldo da. *Dicionário etimológico da língua portuguesa*. 3. ed., 2. impres. Rio de Janeiro: Lexikon, 2007.

CUNHA, Celso; LINDLEY CINTRA, Luís F. *Nova gramática do português contemporâneo*. 10. ed. Lisboa: Edições João Sá da Costa, 1984.

DARMESTETER, Arsène. *De la création de mots nouveaux dans la langue française et des lois qui la régissent* (Réimpression de l'édition de Paris, 1877). Genève: Slatkine Reprints, 1972.

DIAS, Augusto Epifanio da Silva. *Grammatica portugueza elementar*. 6. ed. rev. Lisboa: Livraria Escolar, 1884.

DI SCIULLO, Anna Maria; KLIPPLE, Elizabeth. Modifying Affixes. In: HARGUS; MCMENAMIN, R. S.; SAMIIAN, Vida (eds.). *Proceedings of the Western Conference On Linguistics* WECOL 93, v. 6 (The University of Washington, Seattle, October 22-24, 1993). Fresno, CA: Department of Linguistics California State University, p. 68-80, 1994.

DI SCIULLO, Anna Maria; WILLIAMS, Edwin. *On the definition of word*. London, Massachusetts: The MIT Press, 1987.

DICIONÁRIO DA LÍNGUA PORTUGUESA. Porto: Porto Editora, 1989.

DIEZ, F. *Grammaire des langues romanes*. 3. ed. Paris: A. Franck, 1874.

FÁBREGAS, Antonio. Los verbos de realización gradual: estructura léxica. *Revista española de lingüística*, v. 32, n. 2, p. 475-506, 2002.

_____. *The definition of the grammatical category in a syntactically oriented morphology*. 2005. Disponível em: http://uit.academia.edu/AntonioFábregas/Papers/525958/. Acesso em: 20 nov. 2018.

_____. On spanish prepositional prefixes and the cartography of prepositions. *Catalan Journal of Linguistics* 9, p. 55-77, 2010.

_____; FELIÚ ARQUIOLA, Elena; VARELA, Soledad. The lexical integrity hypothesis and the notion of irregularity: the case of Spanish participles. In: BOOIJ, Geert et al. (eds.). *On-line Proceedings of the Fifth Mediterranean Morphology Meeting*, p. 25-46, 2005.

FELIÚ ARQUIOLA, Elena. La formación de palabras mediante el prefijo *semi-* en español. *Interlingüística* 10, p. 115-120, 1999.

_____. *Morfología derivativa y semántica léxica:* la prefijación de auto-, co- e inter-. Madrid: Ediciones de la Universidad Autónoma de Madrid, 2003.

_____; FÁBREGAS, Antonio. Phrasal scope and argument constraints of Spanish inter-prefixation. In: BOOIJ, Geert; DE CESARIS, Janet; RALLI, Angela; SCALISE, Sergio. *Topics in morphology. Selected papers from the Third Mediterranean Morphology Meeting.* Barcelona: Universitat Pompeu Fabra, 2003. p. 165-176.

GONÇALVES, Carlos Alexandre. Compostos neoclássicos: estrutura e formação. *Revista Virtual de Estudos da Linguagem,* v. 9, n. 5, p. 6-39, 2011a.

_____. Composição e derivação: polos prototípicos de um *continuum*? Pequeno estudo de casos. *Domínios de Lingu@gem,* n. 5, p. 62-89, 2011b.

GRÀCIA, Lluïsa; AZKARATE, Miren. Prefixation and the head-complement parameter. In: DRESSLER, Wolfgang et al. (eds.). *Morphological analysis in comparison.* Amsterdam: John Benjamins, 2000. p. 61-75.

GRANDE DICIONÁRIO DA LÍNGUA PORTUGUESA. Porto: Porto Editora, 2010.

HALL, Christopher. Prefixation, suffixation and circumfixation. In: BOOIJ, Geert et al. *Morphology. An international handbook on inflection and word-formation.* Berlin/New York: Walter de Gruyter, 2000. p. 535-545.

HASPELMATH, Martin. *Understanding morphology.* London: Arnold, 2002.

HOUAISS, Antônio. *Dicionário Houaiss da Língua Portuguesa.* Rio de Janeiro: Objetiva, 2009.

IACOBINI, Claudio. Composizione con elementi neoclassici. In: GROSSMANN, Maria; RAINER, Franz (eds.). *La formazione delle parole in italiano.* Tübingen: Niemeyer, 2004. p. 69-95.

JACKENDOFF, Ray. *Foundations of language. Brain, meaning, grammar, evolution.* Oxford: Oxford University Press, 2002.

KASTOVSKY, Dieter. *Old English deverbal substantives derived by means of a zero mor-pheme.* Esslingen/N.: B. Langer, 1968.

KOEFOED, Geert; VAN MARLE, Jaap. Productivity. In: BOOIJ, Geert et al. *Morphology. An international handbook on inflection and word-formation.* Berlin/New York: Walter de Gruyter, 2000. p. 303-311.

LAKOFF, George; JOHSON, Mark L. *Metaphors we live by.* Chicago: University of Chicago Press, 1980.

LEHRER, Adrianne. Prefixes in English word formation. *Folia Linguistica* XXIX, n. 1/2, p. 133-148, 1993.

LIEBER, Rochelle; SCALISE, Sergio. The lexical integrity hypothesis in a new theoretical universe. In: BOOIJ, Geert et al. (eds). *On-line Proceedings of the Fifth Mediterranean Morphology Meeting*, Fréjus, 15-18 September 2005, 2007.

_____; STEKAUER, Pavel. *The Oxford handbook of compounding*. Oxford: Oxford University Press, 2009.

LOPES, Mailson dos Santos. *A prefixação na primeira fase do português arcaico*: descrição e estudo semântico-morfolexical-etimológico do paradigma prefixal da língua portuguesa nos séculos XII, XIII e XIV. 2 v. 943 f. Dissertação (Mestrado em Língua e Cultura) — Instituto de Letras, Universidade Federal da Bahia, Salvador, 2013.

_____. *Estudo histórico-comparativo da prefixação no galego-português e no castelhano arcaicos (séculos XIII-XVI): aspectos morfolexicais, semânticos e etimológicos*. Dissertação (doutoramento em regime de cotutela) — Universidade Federal da Bahia (orientação de Juliana Soledade Barbosa Coelho) e Universidade de Coimbra (orientação de Graça Rio-Torto), 2018.

MARKOVA, Angelina; PADROSA-TRIAS, Susanna. Some remarks on prefixation: evidence from Bulgarian, Catalan and English. *Interlingüística*, n. 19, p. 200-213, 2009.

MARTÍN GARCIA, Josefa. Los valores semánticos y conceptuales de los prefijos ANTI- y CONTRA- del español. *Cuadernos de Lingüística del I.U. Ortega y Gasset* 4, p. 133-150, 1996.

_____. *La morfologia léxico-conceptual:* las palabras derivadas con RE-. Madrid: Ediciones de la Universidad Autónoma de Madrid, 1998.

MARTÍN GARCIA, Josefa. Los nombres prefijados en aposición. *Verba*, n. 32, p. 25-57, 2005.

MATEUS, M. H. Mira; D'ANDRADE, Ernesto. *The phonology of portuguese*. Oxford: Oxford University Press, 2000.

_____; FROTA, Sónia; VIGÁRIO, Marina. Prosódia. In: MATEUS, Maria Helena Mira et al. (2003). *Gramática da língua portuguesa*. Lisboa: Caminho, 2003. p. 1035-1076.

MEL'CUK, Igor. Morphological processes. In: BOOIJ, Geert et al. *Morphologie/Morphology. An international handbook on inflection and word-formation*. Berlin/New York: Walter de Gruyter, 2000. p. 523-535.

_____. Collocations and lexical functions. In: COWIE, A. P. (ed.). *Phraseology:* theory, analysis and applications. Oxford: Clarendon Press, 2001 [1998]. p. 23-53.

MELLONI, Chiara; BISETTO, Antonietta. Parasynthetic compounds: data and theory. In: SCALISE, Sérgio; VOGEL, Irene (eds.). *Cross-disciplinary issues in compounding*. Amsterdam, Philadelphia: John Benjamins, 2010. p. 199-217.

MEYER-LÜBKE, Walter. *Grammaire des langues romanes*. Tome II, *Morphologie*. Traduction par Auguste Doutrepont et Georges Doutrepont. Paris: H. Welter Éditeur, 1895.

MONTERMINI, Fabio. *Il lato sinistro della morfologia. La prefissazione in italiano e nelle lingue del mondo*. Materiali linguistici. Univ. di Pavia: Franco Angeli, 2008.

NEVES, Maria Helena de Moura. *Gramática de usos do português*. São Paulo: Editora da Unesp, 1999.

NUNES, José Joaquim. *Compêndio de gramática histórica portuguesa*. 9. ed. Lisboa: Clássica Ed., [1919] 1989.

NUNES, Susana. *Prefixação espácio-temporal em português*. Dissertação (Mestrado em Linguística Portuguesa) — Faculdade de Letras da Universidade de Coimbra, 2006.

_____. *Prefixação de origem preposicional em português*. Dissertação (Doutoramento em Linguística Portuguesa) Universidade de Coimbra, 2011. Disponível em: https://estudogeral.sib. uc.pt/bitstream/10316/17895/3/Susana%20Nunes%20%20 Prefixação%20de%20Origem%20 Preposicional%20na%20L%C3%ADngua%20Portuguesa.pdf. Acesso em: 18 nov. 2018.

_____. Os prefixos entre- e inter- em português: representatividade dicionarística e conceção lexicográfica desde o século XVIII até à atualidade. V Congreso Internacional de Lexicografía Hispánica. Madrid, 24 a 27 de junho de 2012.

OLIVEIRA, Fernão de. *Gramática da linguagem portugesa*. Edição crítica, semidiplomática e anastática por Amadeu Torres e Carlos Assunção. Lisboa: Academia das Ciências de Lisboa, 2000 [1536].

PENA, Jesús. La palabra: estructura y procesos morfológicos. *Verba*, n. 18, p. 69-128, 1991.

_____. Partes de la morfologia. Las unidades del análisis morfológico. In: BOSQUE, Ignacio; DEMONTE, Violeta (eds.). *Gramática descriptiva de la lengua española*. Madrid: Espasa Calpe, 1999. p. 4305-4366.

PEREIRA, M. Isabel. *O acento de palavra em português. Uma análise métrica*. Dissertação (Doutoramento em Linguística Portuguesa) — Universidade de Coimbra, 2000.

PEREIRA, Rui Abel. *Formação de verbos em português:* afixação heterocategorial. München: Lincom, 2007.

_____. *Formação de verbos por prefixação*. Dissertação (Mestrado em Linguística Portuguesa) — Faculdade de Letras, Universidade de Coimbra, 2000.

PHARIES, David. *Diccionario etimológico de los sufijos españoles y de otros elementos finales*. Madrid: Editorial Gredos, 2002.

PREFIXAÇÃO NA LÍNGUA PORTUGUESA CONTEMPORÂNEA

PIEL, Joseph M. Formação de palavras. In: *Dicionário da língua portuguesa* (Academia das Ciências de Lisboa). 2. ed. Lisboa: Imprensa Nacional-Casa da Moeda, 1976.

PLAG, Ingo. *Morphological productivity. Structural constraints in English derivation.* Berlin/ New York: Mouton de Gruyter, 1999.

_____. *Word-formation in English.* Cambridge: Cambridge University Press, 2003.

PLANK, Franz. *Morphologische (Ir-)Regularitäten:* Aspekte der Wortstrukturtheorie. Tübingen: Günter Narr, 1981.

RANCHHOD, Elisabete. O lugar das expressões fixas na gramática do português. In: *Razões e Emoção. Miscelânia de estudos oferecida a Maria Helena Mira Mateus.* Lisboa: Imprensa Nacional Casa da Moeda, 2003. p. 239-254.

RIBEIRO, Sílvia. *Compostos nominais em português. As estruturas VN, NN, NprepN e NA.* München: Lincom, 2010.

_____. *Estruturas com SE anafórico, impessoal e decausativo em português europeu.* Dissertação (Doutoramento em Linguística Portuguesa) — Universidade de Coimbra, 2011.

_____; RIO-TORTO, Graça. Denominações compositivas de estrutura VN, NN, NprepN e NA: nexos intralexicais. In: ILIESCU, Maria; SILLER-RUNGGALDIER, Heidi; DANLER, Paul (eds.). *Actes du XXV Congrès International de Linguistique et de Philologie Romanes Tome VII.* Berlin/New York: Mouton de Gruyter, 2010. p. 477-486.

_____; _____. From compounds to phrases. Evidence from English, Italian and Portuguese. Comunicação apresentada ao congresso "Universals and typology in word-formation". Kosice 16-19 de agosto de 2009.

RIO-TORTO, Graça. *Formação de palavras em português. Aspectos da construção de avaliativos.* Dissertação (Doutoramento — inédita). Universidade de Coimbra, Coimbra, 1993.

_____. Morfologia, sintaxe e semântica dos verbos heterocategoriais. In: RIO-TORTO, Graça (Org.). *Verbos e nomes em português.* Coimbra: Livraria Almedina, 2004. p. 17-89.

_____. O Léxico: semântica e gramática das unidades lexicais. In: ATHAYDE, M. Francisca (ed.). *Estudos sobre léxico e gramática.* Coimbra: Cadernos do Cieg 23, 2006. p. 11-34.

_____. Atualidade do pensamento de Fernão de Oliveira: léxico e morfologia da língua portuguesa. MORAIS, Carlos (coord.). *Fernando Oliveira:* um humanista genial. Universidade de Aveiro, Centro de Línguas e Culturas, 2009. p. 261-285.

_____. Heterossemia e mudança semântica: da locatividade à reciprocidade. In: ISQUERDO, Aparecida Negri (org.). *As ciências do léxico* 6. Campo Grande, MS: Editora da Universidade Federal de Mato Grosso, 2012. p. 17-33.

RIO-TORTO, Graça. Nouns in apposition. BRITO, Ana Maria (org.). *Linguística (Conversion and mixed categories)*. *Revista de Estudos Linguísticos da Universidade do Porto*, n. 8. p. 17-38, 2013.

_____. Desafios em morfologia: história e (re)conhecimento. In: VIARO, Mário (org.). *Morfologia histórica*. São Paulo: Cortez, 2014a. p. 31-57.

_____. Prefixação e composição: fronteiras de um contínuo. *Verba* 41, *Anuario Galego de Filoloxía* (USCompostela), p. 103-121, 2014b.

_____. A prefixação na tradição gramatical portuguesa. *Confluência*, n. 47, p. 11-39, 2014c.

_____. Léxico, gramática, processamento. In: ALMEIDA, A.; SANTOS, E.; SOLEDAD, J. (org.). *Saberes lexicais. Mundos, mentes e usos.* Bahia: EDUFBA, 2015. p. 367-394.

RIO-TORTO, Graça. Capítulo 7. Prefixação. In: RIO-TORTO, Graça; RODRIGUES, Alexandra Soares; PEREIRA, Isabel; PEREIRA, Rui; RIBEIRO, Sílvia. *Gramática derivacional do português*. 2. ed. Coimbra: Imprensa da Universidade de Coimbra, 2016. p. 411-459.

_____; RODRIGUES, Alexandra Soares; PEREIRA, Isabel; PEREIRA, Rui; RIBEIRO, Sílvia. *Gramática derivacional do português*. 2. ed. Coimbra: Imprensa da Universidade de Coimbra, 2016.

_____; NUNES, Susana. Graus de especialização semântica em espanhol e em português. A propósito da expressão prefixal de temporalidade. In: ECKKRAMMER, Eva (ed.). *La comparación en los lenguajes de especialidad.* Berlin: Frank & Timme, 2009. p. 141-152.

_____; RIBEIRO, Sílvia. Compounds in Portuguese. *Lingua e Linguaggio*, v. VIII, n. 2, p. 271-291, 2009.

_____; _____. Unidades pluriverbais. Processamento e ensino. In: NEVES, Maria Helena de Moura (org.). *As interfaces da gramática.* São Paulo: Editora da Unesp, 2010. p. 151-165.

_____; _____. Portuguese Compounds. *Probus* 24, p. 119-145, 2012.

RODRIGUES, Alexandra Soares. *A construção de postverbais em português.* Porto: Granito Editora, 2001.

_____. Para compreender o mecanismo de formação dos chamados derivados regressivos. In: DUARTE, Isabel et al. (ed.). *Encontro Comemorativo do 25º Aniversário do Centro de Linguística da Universidade do Porto.* v 1. Porto: CLUP, FCT, FLUP, 2002. p. 9-19.

_____. Condições de formação de nomes postverbais em português. RIO-TORTO, Graça (ed.). *Verbos e nomes em português.* Coimbra: Livraria Almedina, 2004a. p. 129-185.

_____. Aspectos da formação dos substantivos postverbais do português. *Filologia e Linguística Portuguesa,* Universidade de São Paulo, n. 6, p. 7-37, 2004b.

RODRIGUES, Alexandra Soares. *Formação de substantivos deverbais sufixados em português*. München: Lincom, 2008. (SRL 57+CD-Rom)

_____. Portuguese converted deverbal nouns: constraints on their bases. *Word Structure* n. 2, p. 69-107, 2009.

_____. *Jackendoff e a "Arquitectura Paralela". Apresentação e discussão de um modelo de linguagem*. München: Lincom (LSTL 49), 2012.

_____. Capítulo 1. Noções basilares sobre a morfologia e o léxico. In: RIO-TORTO, Graça (ed.). *Gramática derivacional do português*. Coimbra: Imprensa da Universidade de Coimbra, 2016. p. 35-133.

RODRIGUES, Alexandra; RIO-TORTO, Graça. Semantic coindexation: evidence form Portuguese derivation and compounding. In: TEN HACKEN, Pius; THOMAS, Claire (eds.). *The semantics of word formation and lexicalization*. Edinburgh: Edinburgh University Press, 2013. p. 161-179.

RONDININI, Roberto Botelho; GONÇALVES, Carlos A. V. Formações X-logo e X-grafo: um caso de deslocamento da composição para a derivação?. *Actas do XXI Encontro Nacional da Associação Portuguesa de Linguística*. Lisboa: APL, 2007. p. 533-546.

SCALISE, Sergio; BISETTO, Antonietta. *La struttura delle parole*. Bologna: Il Mulino, 2009.

_____; FÁBREGAS, Antonio; FORZA, Francesca. Exocentricity in Compounding. *Genko Kenkyu*, n. 135, p. 49-84, 2009.

_____; _____; ÁNGELES CANO, Maria de los. Las paradojas no son paradojas, sino todo lo contrario. In: FÁBREGAS, Antonio et al. (org.). *Los límites de la morfología. Estúdios oferecidos a Soledad Varela*. Madrid: Ediciones de la Universidad Autónoma de Madrid, 2012. p. 413-426.

SCHWINDT, Luiz Carlos. O prefixo no português brasileiro: análise prosódica e lexical. *D.E.L.T.A.*, v. 17, n. 2, p. 175-207, 2001.

SERRANO-DOLADER, David. La derivación verbal y la parasintesis. In: BOSQUE, Ignacio; DEMONTE, Violeta (eds.). *Gramática descriptiva de la lengua española*. Madrid: Espasa Calpe, 1999. p. 4683-4755.

_____. El prefijo anti- en español o la oposición a las soluciones discretas en el análisis morfológico. In: SÁNCHEZ MIRET, F. (ed.). *Actas del XXIII Congreso Internacional de Lingüística y Filología Románicas*. Tübingen: Max Niemeyer Verlag, v. 1, 2003. p. 445-458.

SILVA, Célia Sebastiana. Manoel de Barros: sem margens com as palavras. *Fragmentos de Cultura*, Goiânia, v. 19, n. 7-8, p. 541-550, 2009. Disponível em: http://seer.ucg.br/index.php/fragmentos/article/viewFile/1078/754. Acesso em: 28 jul. 2016.

SPENCER, Andrew. Morphophonological operations. In: _____; ZWIKY, Arnold. *The handbook of morphology*. Oxford: Blackwell, 1998. p. 123-143.

SVENONIUS, Peter. Slavic prefixes inside and outside VP. *Nordlyd*, v. 32, n. 2, p. 205-253, 2004.

TEN HACKEN, Pius. Derivation and compounding. In: BOOIJ, Geert et al. *Morphologie/Morphology. An international handbook on inflection and word-formation*. Berlin/New York: Walter de Gruyter, 2000. p. 349-359.

TERRENI, Rossela. Composti N+N e sintassi: I tipi economici *lista-nozze* e *notizia-curiositá*. In: GROSSMANN, Maria; THORNTON, Anna M. (eds.). *La formazione delle parole*. Roma: Bulzoni, 2005. p. 521-546.

VAL ÁLVARO, José. La Composición. In: BOSQUE, Ignacio; DEMONTE, Violeta (ed.). *Gramática descriptiva de la lengua española*. v. 3. Madrid: Editorial Espasa/Calpe, 1999. p. 4757-4842.

VANNUCCHI, José Duarte. Sintaxe da gradação do adjetivo em português. *Revista Brasileira de Linguística*, v. 4, n. 2, p. 17-44, 1977.

VARELA, Soledad. *Morfología léxica:* la formación de palabras. Madrid: Gredos, 2005.

_____; MARTÍN GARCÍA, Josefa. La prefijación. In: BOSQUE, Ignacio; DEMONTE, Violeta (dir.). *Gramática descriptiva de la lengua española*. v. 3. Madrid: Espasa Calpe, 1999. p. 4993-5040.

_____; HAOUET, Lamia. For a morphological analysis in the privacy of the lexicon: prefixed verbs. *Cuadernos de Linguística del Instituto Universitario Ortega y Gasset*, n. 8, p. 53-69, 2001.

VASCONCELOS, Carolina Michaëlis de. *Lições de filologia portuguesa*. Segundo as prelações feitas aos cursos de 1911/12 e de 1912/13. (Seguidas das Lições Práticas de Português Arcaico.) Lisboa: Edição da Revista de Portugal/Dinalivro, 1916.

VIANA, M. Céu; RANCOSO, Isabel T. et al. Sobre a pronúncia de nomes próprios, siglas e acrônimos em Português Europeu. *Atas do Congresso Internacional sobre o Português* III (Corpora). Lisboa: Edições Colibri, APL, 1996. p. 481-519.

VIARO, Mário. *Das preposições latinas às do português e do romeno:* derivações semânticas. Dissertação (Mestrado em Filologia Românica) — Universidade de São Paulo, São Paulo, 1994.

_____. *Etimologia do português*. São Paulo: Contexto, 2011.

_____. *Por trás das palavras. Manual de etimologia do português*. São Paulo: Globo, 2003.

VIGÁRIO, Marina. *The prosodic word in European Portuguese*. Berlin: Walter de Gruyter, 2003.

_____. Prosodic structure between the prosodic word and the phonological phrase: recursive nodes or an independent domain?. *The Linguistic Review*, v. 27, n. 4, p. 485-530, 2010.

17.1 Fontes eletrônicas

Dicionário Aulete: www.aulete.uol.com.br/

Dicionário Aurélio: www.dicionariodoaurelio.com/

Dicionário Michaëlis: www.michaelis.uol.com.br/

Dicionário da Porto Editora: www.infopedia.pt.

www.corpusdoportugues.org

www.infopedia.pt/lingua-portuguesa/

www.linguateca.pt/CETENFolha

www.linguateca.pt/CETEMPublico/

www.portaldalinguaportuguesa.org

17.2 Fontes literárias

José Saramago. *As intermitências da morte*. [IM] Lisboa: Editorial Caminho, 2005.

Manoel de Barros. *Poesia completa*. [PC] São Paulo: Leya, 2010.

Manoel de Barros. *Retrato do artista quando coisa*. [RAQC] Rio de Janeiro: Record, 2002.

Mia Couto. *Cada homem é uma raça*. [CHR] Lisboa: Editorial Caminho, 1990.

Mia Couto. *Contos do nascer da terra*. [CNT] Lisboa: Editorial Caminho, 1997.

Mia Couto. *Estórias abensonhadas*. [EA] Lisboa: Editorial Caminho, 1994.

GRÁFICA PAYM
Tel. [11] 4392-3344
paym@graficapaym.com.br